Pater Michael E. Gaitley MIC

33 Tage zur barmherzigen Liebe

Aus dem Amerikanischen von
Mechtild Neiske

Die Übersetzung des Buches
33 Days
To
Merciful
Love
von Michael E. Gaitley MIC

habe ich unternommen

zur größeren Ehre Jesu,
der barmherzig wie der Vater ist,

und

in tiefer Dankbarkeit,
großer Wertschätzung, Hochachtung
und zärtlicher Liebe
für meine Mutter
Theresia Neiske

im Jubiläumsjahr der Barmherzigkeit 2016

Pater Michael E. Gaitley MIC

33 Tage zur barmherzigen Liebe

Selbstmach-Exerzitien

als Vorbereitung zur

Weihe an die Göttliche Barmherzigkeit

fe

MARIAN PRESS
STOCKBRIDGE MA 01263

IMPRIMATUR
Very Rev. Kazimierz Chwalek, MIC
Provincial Superior
The Blessed Virgin Mary, Mother of Mercy Province
1. Januar 2016

1. Auflage 2021
© fe-medienverlags GmbH
Hauptstr. 22, 88353 Kisslegg
www.fe-medien.de

Layout: Renate Geisler

Umschlagbild: Heilige Theresia von Lisieux, Edgar Maxence (1871–1954), © 2015 Artists Rights Society (ARS), New York

Fotos: Bilder aus den Lebensstationen der heiligen Theresia von Lisieux, © Office Central de Lisieux

Druck: orth-druk, Polen

ISBN: 978-3-86357-322-5

Printed in EU

Inhaltsverzeichnis

Dritte Woche

Vierte Woche

Die letzten fünf Tage

Der Tag der Weihe

Vorwort der Übersetzerin

Liebe Freunde und Freundinnen des barmherzigen Jesus,
liebe Leser und Leserinnen,

das Jubiläumsjahr der Barmherzigkeit 2015/2016 war für mich ein ganz besonderes Jahr. Ich durfte u. a. während des Europäischen Kongresses der Göttlichen Barmherzigkeit Pater Kaz Chwalek MIC von den Marianern aus den USA in Rom kennenlernen.

Nachdem sich in unserem Gespräch herausstellte, dass er ein guter Freund von Pater Michael E. Gaitley MIC ist, schlug mein Herz höher und ich erklärte ihm, dass ich bereits mehrere Bücher von ihm gelesen und auch die Selbstmach-Exerzitien „33 Days To Morning Glory und Consoling the Heart of Jesus“ gemacht hätte.

Pater Michael E. Gaitley MIC ist Direktor der Evangelisation für seine Ordensgemeinschaft und Bildungsdirektor für die Marianischen Missionare der Göttlichen Barmherzigkeit. Zugleich ist er Autor mehrerer Bestseller, einschließlich „33 Days to Morning Glory“, „The Second Greatest Story Ever Told“ und „Consoling the Heart of Jesus“. Er lebt und arbeitet in Stockbridge, Massachusetts, in den USA am Nationalen Heiligtum der Göttlichen Barmherzigkeit.

Nachdem ich Pater Kaz erzählt hatte, dass ich gerade damit begonnen hätte, das Buch „The Second Greatest Story Ever Told“ zu übersetzen, sagte er mir, dass Pater Gaitley gerade ein neues Buch zur Vorbereitung auf die Weihe an die Göttliche Barmherzigkeit veröffentlicht hätte. Mein Herz brannte. Zuhause angekommen, lud ich es mir als E-Book herunter und begann diese Exerzitien und … – wie Pater Michael Gaitley sagen würde – es veränderte mein Leben. Der barmherzige Jesus hat mich wieder einmal auf besondere Weise berührt.

In diesem Geist und mit brennendem Herzen habe ich mich an die Übersetzung gemacht. Möge sie Ihr Herz genauso berühren, wie meines berührt wurde.

Ich habe in dieser Übersetzung nicht nur versucht, den Inhalt des Buches von Pater Michael E. Gaitley möglichst wortgetreu wiederzugeben, sondern auch seinen ihm eigenen Schreibstil beizubehalten. Die Zitate, die Pater Gaitley aus anderen englischsprachigen Büchern, wie zum Beispiel „Story of a Soul" (Geschichte einer Seele) übernommen hat, habe ich, soweit möglich, aus deutschsprachigen Büchern übernommen und nicht frei übersetzt.

Zum Schluss möchte ich noch darauf hinweisen, dass es eine tiefe Bereicherung ist, auch jeweils die Anmerkungen zu beachten und zu lesen. Oft handelt es sich dabei nämlich um weitere Erläuterungen und Vertiefungen.

An dieser Stelle möchte ich Pater Michael E. Gaitley und der Marian Press für ihre freundliche Erlaubnis, dieses Buch übersetzen und veröffentlichen zu dürfen, danken.
Danken möchte ich auch allen, die mich mit ihrem Gebet unterstützt und mir mit Rat und Tat zur Seite gestanden haben. Besonderen Dank an die Communio des Friedens, Pastor Markus Berief, Gudrun Hermwille und Finja Handland.

Mechtild Neiske
Hompage der Übersetzerin: www.Communio-des-Friedens.de

Würdigung für

33 Days to Mercyful Love

In den Seiten von *33 Days to Mercyful Love* liegt eine wahrhaft erschütternde Einsicht, die dem Buch seinen Platz unter den bedeutendsten Büchern unserer Generation zurecht einräumt. Es ist diese: Wir leben in einem Zeitalter mit einem Strom von abscheulichen Sünden, welche die ganze Menschheit überfluten, und haben die Fähigkeit zur Wiedergutmachung verloren, sodass wir die Forderungen der Göttlichen Gerechtigkeit nicht erfüllen können. Diesen Augenblick sah der Herr am Kreuz voraus und wünschte sich in seiner barmherzigen Liebe ein neues Zeitalter der Heilsgeschichte, das mit der Morgendämmerung des dritten christlichen Jahrtausends anbrechen sollte. Ein Zeitalter der Göttlichen Barmherzigkeit. Ein Zeitalter, in dem alle Menschen die vollkommene Barmherzigkeit ansprechen können, ohne Angst vor der vollkommenen Gerechtigkeit haben zu müssen. Mit seinem vorzüglichem Timing zeigt Pater Michael Gaitley genau in diesem Jubiläumsjahr dem Leser die Kraft solch einer Aufopferung an die barmherzige Liebe, und zwar durch das Leben der größten Heiligen unserer Zeit; er bereitet uns methodisch darauf vor, ihrer Führung zu folgen, und zeigt, was diese Aufopferung oder Weihe für uns und die Menschen unserer Zeit bedeuten kann und wie wir sie machen können.

Brian J. Gail

Katholischer Vortragsredner und Bestseller-Autor

Für die Marianischen Missionare der

Göttlichen Barmherzigkeit

Mögen wir umso mehr auf Jesus vertrauen

(Meine Gnade) erweist ihre Kraft

in der Schwachheit.

– Jesus –

In Dankbarkeit

Als Erstes möchte ich Fr. Chris Alar MIC und Mark Moran danken, die Gründe werden aus der Einführung ersichtlich. Zweitens fühle ich eine tiefe Dankbarkeit gegenüber Fr. Marc Foley OCD, dessen glänzender Kurs über Theresia von Lisieux meine Augen für die verborgenen Schätze öffnete, die in den Schriften der Heiligen verborgen sind. Drittens bin ich allen dankbar, die die Entwürfe dieses Buches gelesen und Kommentare und Anregungen gegeben haben, vor allem Sarah Chichester, Ann Diaz, Jane Cavolina, Chris Sparks, Felix Carroll und David Came. Viertens geht mein Dank an alle, die für dieses Werk gebetet haben, besonders Sr. Mary John Paul Asemota O.Praem., Greg Staab OMV und die Marianischen Missionare der Göttlichen Barmherzigkeit (besonders jene im Merrell Inn in Lee, Massachusetts). Schließlich werde ich der hl. Theresia selbst für immer dankbar sein, weil sie mir die gelben Rosen geschickt hat, die mein Leben veränderten, und dafür, dass sie mich den „Kleinen Weg" der Barmherzigkeit lehrte, der mein Leben rettete.

P. Michael E. Gaitley MIC, STL
Nationales Heiligtum der Göttlichen Barmherzigkeit
Stockbridge, Massachusetts
8. Dezember 2015
Hochfest der Unbefleckten Empfängnis
Beginn des Jubiläumsjahres der Barmherzigkeit

Danksagung

Wir danken für die Erlaubnis zum Abdruck aus den folgenden Werken:

Story of a Soul, übersetzt von John Clarke O.C.D., © 1975, 1976, 1996 Washington, Province of Discalced Carmelites ICS Publications, 2131 Lincoln Road, N.E. Washington, DC 20002 U.S.A., www.icspublications.org

General Correspondence, Band 1, übersetzt von John Clarke O.C.D., © 1982 Washington, Province of Discalced Carmelites ICS Publications, 2131 Lincoln Road, N.E. Washington, DC 20002 U.S.A., www.icspublications.org

General Correspondence, Band 2, übersetzt von John Clarke O.C.D., © 1988 Washington, Province of Discalced Carmelites ICS Publications, 2131 Lincoln Road, N.E. Washington, DC 20002 U.S.A., www.icspublications.org

With Empty Hands von Conrad de Meester O.C.D., © 2002 Washington, Province of Discalced Carmelites ICS Publications, 2131 Lincoln Road N.E. Washington, DC 2002 U.S.A., www.icspublications.o

Literaturverzeichnis für die deutschen Bücher:

Therese von Lisieux, *Geschichte einer Seele*, herausgegeben, übersetzt und mit Anmerkungen versehen von Andreas Wollbold, Verlag Herder GmbH, Freiburg im Breisgau 2016

Tagebuch der Schwester Maria Faustyna Kowalska aus der Kongregation der Muttergottes der Barmherzigkeit, Misericordia-Verlag, Kraków, Polen

Katechismus der Katholischen Kirche, Neuübersetzung aufgrund der Editio typica Latina, Oldenbourg, St. Benno Verlag, Paulusverlag, 2003

Theresia von Lisieux, *Selbstbiographische Schriften*, Johannes-Verlag, Einsiedeln, [14]1998

Therese Martin, *Ich gehe ins Leben ein*, letzte Gespräche der Heiligen von Lisieux, Johannes-Verlag, Leutesdorf, [5]1998

Briefe der heiligen Theresia von Lisieux, deutsche authentische Ausgabe, Johannes-Verlag, Leutesdorf, [3]1983

Conrad De Meester, *Mit leeren Händen*, die Botschaft der hl. Theresia von Lisieux, Verlag Christliche Innerlichkeit, Wien, 1995

Briefe Zélie Martin, Mutter der heiligen Theresia von Lisieux, Johannes-Verlag, Leutesdorf, [2]1985

P. Maximilian Breig SJ (Hrsg.), *Gedichte der heiligen Theresia von Lisieux*, Johannes-Verlag, Leutesdorf, [2]1997

Prozesse der Seligsprechung und Heiligsprechung der heiligen Theresia vom Kinde Jesus und vom Heiligen Antlitz, Band I, Bischöflicher Informationsprozess, Badenia-Verlag, 1993

Céline Martin, Sr. Geneviéve de la Sainte Face, *Meine Schwester Theresia*, Verlag Herold, Wien-München, 1961

P. Maximilian Breig SJ/Pierre Descouvemont/Helmuth Nils Loose, *Theresia und Lisieux*, herausgegeben vom Theresienwerk e.V. Augsburg, Verlag der Schulbrüder

Einführung

Treffen Sie drei Freunde

Ich möchte damit beginnen, drei Freunde vorzustellen.

Einen priesterlichen Freund: eine Weihe an die Göttliche Barmherzigkeit. Der priesterliche Freund ist Pater Chris Alar MIC, ein Priester meiner Kommunität, der Regularkleriker Mariens von der Unbefleckten Empfängnis.

Eines Tages stürmte Pater Chris in mein Büro, nachdem er gerade die Heilige Messe gefeiert hatte. Er sah aus, als hätte er gerade einen Geist gesehen. So unterbrach ich meine Tätigkeit und schenkte ihm meine volle Aufmerksamkeit.

„Pater Mike, haben wir eine Weihe an die Göttliche Barmherzigkeit?“

„Nein. Zumindest denke ich das“, antwortete ich.

„Gut, wir brauchen eine. Während der Heiligen Messe traf es mich wie eine Tonne Ziegelsteine, dass wir eine Weihe an die Göttliche Barmherzigkeit brauchen, und ich denke, du solltest sie schreiben. Aber wenn du es nicht tust, werde ich es tun. Ich denke, es ist wirklich wichtig, Mike. Nichts hat mich jemals so stark getroffen. Ich fühle, dass der Herr es wirklich will.“

Es war mir klar, dass der Herr zum Herzen von Pater Chris gesprochen hatte. Aber ich fühlte nicht, dass er auch zu meinem Herzen gesprochen hatte, ein solches Buch zu schreiben. So erklärte ich Pater Chris, dass er es tun müsse.

Ein Freund der Hochschule: eine Fortsetzung der Weihe an Maria. Der zweite Freund ist Mark Moran, ein alter Kumpel von der Hochschule. Mark ist in gewissem Sinne einer der wichtigsten Menschen in meinem Leben, weil er mich in das Buch einführte, das mein Leben komplett verändert hat.

Es geschah in meinem ersten Jahr als Student. Ich ging zum Seminar, und war mit meinen eigenen Angelegenheiten beschäftigt, als Mark zu mir kam, mir ein Buch vor das Gesicht hielt und sagte: „Gaitley, das musst du lesen!" Wegen meiner großen Belastung durch das Studium hatte ich keine Zeit, zusätzlich etwas zu lesen, und genau so sagte ich es ihm. Nun, das brachte ihn nicht in Verlegenheit. Er ging mir weiter auf die Nerven. Und um nicht zu spät in die Klasse zu kommen, nahm ich das Buch.

Das Buch hieß *„Die vollkommene Hingabe an Maria"* von Ludwig Maria Grignion von Montfort und beschreibt einen Weg zur Heiligkeit, der „Marienweihe" oder auch „Die vollkommene Hingabe an Jesus durch Maria" genannt wird.

Für mich war das Wichtigste, dass von Montfort im Grunde behauptete, dass solch eine Weihe der kürzeste und leichteste Weg sei, ein Heiliger zu werden. Als ich diese Behauptung auf der Rückseite des Buches sah, war ich überzeugt. Nach alldem glaubte ich, dass nur der „kürzeste und leichteste" Weg helfen könnte, dass so jemand wie ich ein Heiliger werden könnte. So folgte ich den Empfehlungen von Montforts und weihte mich ganz Jesus durch Maria, und mein Leben war nicht mehr dasselbe. Sicher, ich bin immer noch kein Heiliger, aber letztendlich habe ich die Hoffnung, dass es möglich ist.

Nach der Hochschule hörte ich kaum etwas von Mark. Aber dann, eines Tages zu Beginn dieses Jahres, rief er mich aus heiterem Himmel an. Obwohl es großartig war, von ihm zu hören, musste ich ihm sagen, dass ich nicht mit ihm sprechen könnte, weil ich sehr in Eile wäre, da ich am nächsten Tag ein neues Buch vorstellen müsste. Mark sagte, „Kein Problem. Aber das ist der Grund, warum ich anrufe." Ich fragte ihn, was er meinte. Er fuhr fort: „Nun, ich betete gerade und hatte die Eingebung, dich anzurufen, weil ich weiß, was das Thema deines nächsten Buches sein muss."

Ich dachte bei mir: „Ich weiß bereits, was das Thema meines nächsten Buches sein soll. Es würde Theresia von Lisieux und ihren ‚Kleinen Weg' behandeln." Dennoch antwortete ich, um ihm eine Freude zu machen: „Oh ja, was für ein Buch soll es sein?"

Zum zweiten Mal veränderte Mark mein Leben. Er sagte: *„Du musst für die Aufopferung an die barmherzige Liebe nach der heiligen Theresia von Lisieux das tun, was du für die Marienweihe getan hast.* Das ist alles, was ich dir erzählen wollte. Wir sprechen später wieder."

Mit diesen Worten verbanden sich sofort alle Punkte. Ich dankte Mark und legte den Hörer auf. Aber bevor ich diese Punkte für dich verbinde, lassen Sie mich Ihnen einen dritten Freund vorstellen.

Heiliger Freund: eine Quelle der Hoffnung. Der dritte Freund ist Theresia von Lisieux, die Heilige, die ich während meiner Zeit im Seminar kennenlernte. Sie ist einer der wichtigsten Menschen in meinem Leben, weil sie meine priesterliche Berufung schützte und mir Hoffnung gab.

Nun, ich erwähnte bereits, dass das Buch „*Die vollkommene Hingabe an Maria*“ mein Leben veränderte und mir in der Hochschule Hoffnung gab, weil es behauptete, der kürzeste und leichteste Weg zu sein, um ein Heiliger zu werden. Aber kurz, nachdem ich ins Seminar eingetreten war, fing ich an zu merken, dass selbst der kürzeste und einfachste Weg mir nicht genügte. Und das war für mich ein Problem. Ich sage das, weil ich nicht Priester werden wollte, wenn ich nicht zumindest die Hoffnung gehabt hätte, ein heiliger Priester zu werden. Aber ich verlor diese Hoffnung und fühlte mich versucht aufzugeben.

Zu der Zeit, als die Versuchung, das Seminar zu verlassen, am schlimmsten war, begann ich „*Die Geschichte einer Seele*“, eine geistliche Autobiografie der heiligen Theresia von Lisieux zu lesen. Es veränderte mein Leben, weil Theresias geistliche Lehre (genannt „Der Kleine Weg“) mir die Hoffnung gab, dass sogar jemand wie ich ein Heiliger werden kann. Das einzige Problem war, dass ich, auch nachdem ich dies gelesen hatte, vielen „Hoffnungsdieben“ begegnete. Diesen Namen gab ich jenen Menschen, die ich traf und die mir die Lehre von Theresia nicht als den „Kleinen Weg“ für Seelen wie mich präsentieren wollten, sondern als den „Großen Weg“ für die geistliche Elite. Zum Beispiel sagten sie Dinge wie: „Die kleine Theresia ist nicht so klein. Sie ist eigentlich sehr groß!“ Und dann begannen sie zu erklären, wie heroisch sie in ihren Opfern, Leiden, Tugenden und Sehnsüchten war.

Nachdem ich das gehört hatte, dachte ich bei mir: „Vielleicht ist der ‚Kleine Weg‘ zu groß für mich“, und war niedergeschlagen. Doch dann kehrte ich zu Theresias Schriften zurück und fand wieder Hoffnung … und dann hörte ich wieder auf die Hoffnungsdiebe. So wurde mein geistliches Leben zu einer Art

Achterbahnfahrt – in einer Minute im Hoffnungsrausch oben und in der nächsten Minute hinunter in die Entmutigung.

Als dann für mich die Zeit kam, meine Lizentiatsarbeit (eine große wissenschaftliche Arbeit zur Erlangung eines theologischen Grades, von dem die meisten Menschen noch nie etwas gehört haben) zu schreiben, entschied ich mich, diese zum Anlass zu nehmen, aus dieser Achterbahn auszusteigen. Mit anderen Worten, ich durchsuchte sorgfältig der Reihe nach nahezu alle Schriften der heiligen Theresia, um ein für alle Mal herauszufinden, ob der „Kleine Weg" tatsächlich die Hoffnung geben kann, dass selbst so einer wie ich ein Heiliger werden kann oder nicht.

Also, was habe ich gefunden? Ich fand Hoffnung. Große Hoffnung. Ich entdeckte in Theresias Lehren versteckte Schätze, die mich immer und immer wieder sagen ließen: „Warum habe ich das nicht schon eher gehört?!" Ich las Dinge, die die Argumente der Hoffnungsdiebe völlig zerstörten, und diese Erkenntnisse veränderten mein Leben komplett. Um Theresias eigene Worte zu benutzen, ihre Lehre schickte mich „mit geblähten Segeln hinaus auf die Wogen des Vertrauens und der Liebe."[1]

Mit diesem Buch möchte ich jetzt jene erstaunlichen Schätze teilen, die mir im Seminar Hoffnung gaben und mich immer noch inspirieren. Aber bevor wir damit anfangen, lassen Sie mich zuerst die verschiedenen Punkte miteinander verbinden, die aufkamen, während ich meine drei Freunde vorstellte.

Verbindung der Punkte

Weihe an die Göttliche Barmherzigkeit – hl. Theresia-Stil Nachdem mein Freund Mark mich angerufen und mir erklärt hatte, dass mein nächstes Buch von der Aufopferung an die barmherzige Liebe handeln sollte, wusste ich, was ich zu tun hatte: Ich musste Abbitte leisten. Mit anderen Worten, ich musste zu meinem Freund Pater Chris gehen und ihn fragen, ob ich nach alldem das Buch über die Weihe an die Göttliche Barmherzigkeit schreiben könnte. Zum Glück war er äußerst erfreut von meinem Herzenswandel und gab mir begeistert grünes Licht.

Also, dieses Buch ist eine echte Weihe an die Göttliche Barmherzigkeit – *aber im Stil der heiligen Theresia von Lisieux.* Es folgt ausdrücklich der Theologie ihrer Aufopferung an die barmherzige Liebe, welche im Wesentlichen eine Weihe an die Göttliche Barmherzigkeit ist. Aber bevor ich dazu komme zu beschreiben, wovon ihre Aufopferung handelt, sollte ich zuerst etwas darüber sagen, was eine Weihe an die Göttliche Barmherzigkeit ist.

Weihe an die Göttliche Barmherzigkeit im Allgemeinen. Das Wort „Weihe" bedeutet, sich absondern für Gott. Beispielsweise bezieht sich in der Kirche das „geweihte Leben" auf solche, die die Gelübde der Armut, der Keuschheit und des Gehorsams ablegen mit dem Ziel, Gott zu dienen gemäß des Charismas einer religiösen Gemeinschaft. Zum Beispiel: Eine Nonne aus dem Karmel (wie die heilige Theresia) legt Gelübde ab, um sich für Gott abzusondern, ihn zu lieben und ihm zu dienen durch ein Leben des kontemplativen Gebetes.

Natürlich ist eine persönliche Weihe an die Göttliche Barmherzigkeit nicht dasselbe, wie die Gelübde der Armut, der

Keuschheit und des Gehorsams. Vielmehr ist es eine Hingabe an Gott (ein Sich-selbst-Absondern für Gott), die jeder machen kann, – egal ob die Person ein Mitglied des Klerus ist, eine gottgeweihte Person oder ein Laie – und sie tun es mit dem besonderen Ziel, *Gottes Barmherzigkeit zu verherrlichen.*

Eines der besten Beispiele einer persönlichen Weihe an die Göttliche Barmherzigkeit ist die uns vom heiligen Maximilian Kolbe gelehrte Form, die in Wirklichkeit eine *Marien*weihe ist.

Für Kolbe bedeutet die Marienweihe, sich selbst Gott hinzugeben durch Maria, mit dem besonderen Ziel, *ein Instrument der Barmherzigkeit* in Mariens Unbefleckten Händen zu werden, so wie sie ein Instrument der Barmherzigkeit in Gottes Händen ist.[2] In diesem Sinne entspricht eine Marienweihe gemäß der Spiritualität des heiligen Maximilian Kolbe – Marienweihe im Kolbe-Stil – bereits einer Weihe an die Göttliche Barmherzigkeit. Mit anderen Worten, es ist ein Sich-Absondern für Gott mit dem Ziel, ein Instrument seiner Barmherzigkeit zu werden durch Maria, die Mutter der Barmherzigkeit. Aber was ich mit der Weihe an die Göttliche Barmherzigkeit nach dem „Theresia-Stil" meine, geht noch tiefer.

Eine Weihe an die Göttliche Barmherzigkeit nach dem heilige Theresia-Stil. Über die Jahre stieß ich auf unterschiedliche Hingabegebete, die mit „Weihe an die Göttliche Barmherzigkeit" überschrieben waren, und sie waren großartig. Aber die heilige Theresia von Lisieux, die Kirchenlehrerin, brachte ein solches Hingabegebet zu neuen und wunderbaren Höhen. Tatsächlich ist ihre Weihe an die Göttliche Barmherzigkeit, die sie ihre „Aufopferung an die barmherzige Liebe" nannte, wirklich der Höhepunkt ihrer ganzen geistlichen Lehre des „Kleinen Weges", die Krönung ihres Weges zur Heiligkeit und ich wage noch zu sagen, *die kraftvollste Form der Weihe an die Göttliche Barmherzigkeit.*

Während ich in der dritten Woche der Exerzitien mehr auf die Einzelheiten der Aufopferung der heiligen Theresia eingehe, möchte ich hier nur die drei wichtigsten Basispunkte zusammenfassen.

Erstens, Theresias Aufopferung an die barmherzige Liebe basiert auf ihrem tiefen Einblick in die Liebe des Herzens Jesu. Sie hat insbesondere festgestellt, dass Jesu Herz voller Barmherzigkeit ist und dass Er sich danach sehnt, Seine barmherzige Liebe auszugießen, besonders auf die Sünder.

Zweitens, sie realisierte, dass Sünder oft ihre Herzen gegenüber der liebenden Barmherzigkeit des Herrn verschließen und dass ihre Ablehnung Jesus großes Leiden verursacht.

Drittens, wegen des Zieles, *Jesus zu trösten*, bat die heilige Theresia den Herrn, in ihre kleine Seele all die abgelehnte Barmherzigkeit, die andere nicht wollten, zu ergießen – und Er gab sie ihr. Diese Erfahrung entzündete in der heiligen Theresia das Feuer der barmherzigen Liebe.

Nun, wie der Herr dieses wunderbare Geschenk der Barmherzigkeit gibt, wie wir es erhalten können und was all das bedeutet, wird das Thema dieser Exerzitien sein. Das führt uns zum nächsten Punkt, den es zu verbinden gilt.

Eine Fortsetzung der „33 Tage zum Morgen-Gloria". Mein alter Freund von der Hochschule sagte mir am Telefon: „Du musst für die Aufopferung an die barmherzige Liebe nach der heiligen Theresia von Lisieux das tun, was du für die Marienweihe getan hast." Lassen Sie mich das ein wenig erläutern.

Mark bezog sich auf mein Buch „*33 Tage zum Morgen-Gloria*“, welches eine aktualisierte und leicht zu benutzende Vorbereitung auf die vollkommene Weihe an Jesus durch Maria ist. Der Gedanke war im Grunde, dass das Buch helfen sollte, vielen Menschen die Marienweihe leichter durchführbar zu machen. Mit diesem Gedanken im Hinterkopf wusste ich genau, worauf er bezüglich der Aufopferung an die barmherzige Liebe hinauswollte. Lassen Sie mich das erklären.

Leider ist die Aufopferung an die barmherzige Liebe eines der bestgehüteten Geheimnisse in der katholischen Kirche. Aber ich verstehe nicht, warum. Meiner Meinung nach ist die Aufopferung der Höhepunkt der zentralen Lehre der größten und bekanntesten Heiligen der modernen Zeit – sogar einer Kirchenlehrerin. Bis jetzt hat kaum jemand irgendwann etwas gehört von der Aufopferung an die barmherzige Liebe! Ich weiß das, denn wenn ich während meiner Reisen Vorträge über die Aufopferung gehalten habe, fragte ich oft: „Wer hat hier jemals etwas über die Aufopferung an die barmherzige Liebe gehört?“ Um die Wahrheit zu sagen, haben nie mehr als fünf Prozent der Leute ihre Hände erhoben.

So wusste ich, was Mark meinte. Er wusste, dass die Aufopferung an die barmherzige Liebe nicht sehr bekannt war. Aber er wusste auch, dass sie ein großes Fass geistlichen Dynamits war und dass nur jemand die Lunte entzünden musste. Mit anderen Worten, er wollte diese wunderbare Lehre in der katholischen Szene explodieren lassen und die Herzen mit Hoffnung und Heiligkeit erfüllen. Er glaubte wirklich an ihre Kraft, die Welt verwandeln zu können – und das tue ich auch.

Ich glaube wirklich, dass dieses Buch helfen kann, die Lunte der großen Gnade-und-Barmherzigkeits-Bombe zu entzünden, welche die Aufopferung an die barmherzige Liebe ist – und gerade ich bin die Person, die es schreibt! Bitte? Ich sage das, weil ich einer derjenigen bin, welche die heilige Theresia „Die kleinen Seelen“ nennt. Und eine Sache ist klar in ihrer Lehre: Gott benutzt gerne solche Seelen als spezielle Streitkräfte in Seiner Armee. Weil ich also an ihre Lehre glaube, bin ich überzeugt, dass ich die Welt verändern kann – und dass Sie es auch können. Wirklich. Auf diesen Punkt gehe ich später in diesen Exerzitien ein, aber zuerst sollte ich einige Dinge über die Verbindung zwischen diesem Buch und dem Buch *33 Tage zum Morgen-Gloria* sagen.

Eine Fortsetzung, die unabhängig ist – aber sie sollte es nicht sein. Das Buch *33 Tage zum Morgen-Gloria* müssen Sie nicht gelesen haben, bevor Sie dieses Buch lesen – aber ich empfehle es Ihnen. Ich sage das, weil es das Wesen der Marienweihe ist, Maria zu erlauben, uns zur geöffneten Seitenwunde Jesu zu bringen, welche die Quelle der Barmherzigkeit ist. *33 Tage zum Morgen-Gloria* ist ein Buch, das uns auf unsere Weihe an Maria vorbereitet, sodass sie uns wirklich zu dieser Quelle bringen kann.

Dieses Buch handelt auf der anderen Seite vom *Trinken* aus dieser Quelle. Und während wir zur Quelle der Barmherzigkeit kommen können, ohne die Marienweihe zu vollziehen, ermöglicht uns eine solche Weihe, viel tiefer und einfacher aus dieser Quelle zu trinken. Wir werden die Gründe dafür in der 1. Woche dieser Exerzitien kennenlernen. – Das leitet mich zum Aufbau dieses Buches über und zu seiner Funktion.

Exerzitien, die dem Morgen-Gloria ähneln. Wie das Buch *33 Tage zum Morgen-Gloria* beinhaltet dieses Buch 33 Tage Selbstmach-Exerzitien als Vorbereitung auf die Weihe, die auf im *Herzen zu erwägenden Gebeten* basieren. Mit anderen Worten, sie konzentrieren sich nicht auf täglich viele mündliche Gebete, vielmehr auf kurze geistliche Lesungen, die Sie über den Tag verteilt leicht im Herzen erwägen können. So können Sie die täglichen Lesungen jeden Morgen oder am Abend davor absolvieren. Auf diesem Wege haben Sie den ganzen Tag Zeit, um darüber nachzudenken. Natürlich sollten Sie keinen Tag auslassen, aber wenn Sie es tun, sorgen Sie sich nicht. Lesen Sie am nächsten Tag weiter.

Wie ich bereits erwähnte, dauern diese Exerzitien 33 Tage, aber Sie sollten nicht einfach an irgendeinem Tag beginnen. Vielmehr sollten Sie die Vorbereitung idealerweise 33 Tage vor einem angemessenen Feiertag beginnen. Natürlich ist das für eine Marienweihe ein Marienfeiertag – und genauso ist es bei einer Weihe an die Göttliche Barmherzigkeit. Ich sage das, weil wir gerade gelernt haben, dass Maria uns zur Göttlichen Barmherzigkeit führt. Aber es gibt auch andere Tage, die eine spezielle Verbindung zur Göttlichen Barmherzigkeit haben, die genauso angemessen für einen Weihetag sind. Der offensichtlichste ist der zweite Sonntag nach Ostern, der Sonntag der Göttlichen Barmherzigkeit. Ein weniger offensichtlicher Tag ist der Dreifaltigkeitssonntag, welcher der Jahrestag ist, an dem die heilige Theresia das erste Mal die Inspiration erhielt, sich selbst Gottes barmherziger Liebe hinzugeben.

Um Ihnen zu helfen, einen guten Tag herauszufinden, an dem Sie mit Ihrer 33-Tage-Vorbereitung auf die Weihe an die Göttliche Barmherzigkeit beginnen können, schauen Sie bitte in der folgenden Tabelle mit vorgeschlagenen Feiertagen und deren Starttermine nach:

Start der 33 Tage	Feiertag	Weihe/Fest
9. Januar	Unsere Liebe Frau von Lourdes	11. Februar
20. Februar*	Die Verkündigung des Herrn	25. März
Unterschiedlich	Barmherzigkeitssonntag	Sonntag nach Ostern
10. April	Unsere Liebe Frau von Fatima	13. Mai
Unterschiedlich	Pfingsten	50 Tage nach Ostern
Unterschiedlich	Dreifaltigkeitssonntag	Sonntag nach Pfingsten
Unterschiedlich	Heiligstes Herz Jesu	2. Freitag nach Fronleichnam
Unterschiedlich	Unbeflecktes Herz Mariens	2. Samstag nach Fronleichnam
27. Mai	Heilige Petrus und Paulus	29. Juni
30. Mai	Mariä Heimsuchung	2. Juli
13. Juni	ULF vom Berge Carmel	16. Juli
19. Juni	Heilige Maria Magdalena	22. Juli
29. Juni	Heiliger Alfons von Liguori	1. August
12. Juli	Heiliger Maximilian Kolbe	14. August
13. Juli	Mariä Himmelfahrt	15. August
20. Juli	Maria Königin	22. August
3. August	Hl. Mutter Teresa von Kalkutta	5. September
6. August	Mariä Geburt	8. September
10. August	Mariä Namen	12. September
13. August	Schmerzen Mariens	15. September
27. August	Heilige Thérèse von Lisieux	1. Oktober
2. September	Heilige Faustyna Kowalska	5. Oktober
4. September	ULF vom Rosenkranz	7. Oktober
13. September	Heilige Margareta M. Alacoque	16. Oktober
19. September	Heiliger Johannes Paul II.	22. Oktober
19. Oktober	ULF in Jerusalem	21. November
5. November	Unbefleckte Empfängnis	8. Dezember
9. November	ULF von Guadalupe	12. Dezember
22. November	Weihnachten	25. Dezember
29. November	Gottesmutterschaft Mariens	1. Januar
23. Dezember	Bekehrung des Hl. Paulus	25. Januar
31. Dezember	Mariä Lichtmess	2. Februar

*während eines Schaltjahres, wenn der Februar 29 Tage hat, ist der 21. Februar der Beginn.

Weil natürlich das Geheimnis der Göttlichen Barmherzigkeit alle Mysterien des Glaubens und das Leben jedes Heiligen betrifft, können Sie jeden kirchlichen Feiertag, jeden Festtag und jeden Gedenktag, der eine Bedeutung für Sie hat, wählen. Denken Sie nur daran, 33 Tage vom Festtag ab rückwärts zu zählen; mit dem Tag der Weihe (dem Festtag) sind es 34 Tage.

Was ist der Unterschied zum Morgen-Gloria? Anders als bei *33 Tage zum Morgen-Gloria* beinhaltet dieses Buch nicht vier Wochen mit vier verschiedenen Heiligen, sondern die verschiedenen Wochen konzentrieren sich auf eine Heilige: Theresia von Lisieux und ihre geistliche Lehre. Und das ist auch in Ordnung so, weil die heilige Theresia *eine Meisterin* in dieser Angelegenheit ist, *eine Kirchenlehrerin*. Ich möchte auch einige Lehren der heiligen Schwester Maria Faustyna Kowalska einfügen, einer weiteren großen Heiligen der Barmherzigkeit, deren Mission mit jener der heiligen Theresia nahe verwandt ist.[3]

Weil im Zentrum dieser Exerzitien Theresia von Lisieux steht, befassen wir uns in jeder Woche mit einem anderen Thema. So werden wir uns in der ersten Woche auf die Hintergrundgeschichte der Lehre Theresias konzentrieren, eine Hintergrundgeschichte, die den Weg zurückgeht zum Garten Eden, zum Patriarchen Abraham und zu Maria, der Muttergottes. Die zweite Woche führt uns dann zu Theresias „Kleinem Weg". Die dritte Woche wird die Aufopferung an die barmherzige Liebe behandeln. Die vierte Woche wird das Thema der Dunkelheit als eines bittersüßen Mysteriums in unserem eigenen Leben genauso wie im Leben der heiligen Theresia behandeln. Okay, aber vier Wochen sind nur 28 Tage, also haben wir noch fünf Tage extra. Wir werden vier von den fünf Tagen dafür nutzen, die Hauptlehre jeder Woche zu wiederholen. Dann werden wir den letzten Tag dazu verwenden, uns selbst darauf vorzubereiten, die Aufopferung an die barmherzige Liebe als Weihe an die Göttliche Barmherzigkeit zu vollziehen. Natürlich müssen wir, bevor wir zu diesem letzten Tag kommen, mit dem ersten starten, und das geschieht jetzt.

Erste Woche

Was ist Vertrauen?

Bei der heiligen Theresia geht alles um das Vertrauen. Aber was ist Vertrauen? Das ist es, worüber wir in dieser Woche nachdenken, indem wir die Heilige Schrift und ihre „Großen“ des Vertrauens betrachten. (Übrigens, ich werde die Worte „Vertrauen“ und „Glaube“ als ziemlich austauschbar benutzen, weil es in Theresias Lehre mehr oder weniger dasselbe ist.) Nächste Woche beginnen wir damit, etwas über die heilige Theresia und ihre geistliche Lehre zu lernen; dies baut auf dem Fundament der Stellen aus der Heiligen Schrift dieser Woche auf.

1. Tag

Die Eva der Dunkelheit[4]

Wir beginnen am Anfang mit Eva und dem Fall der Menschheit, der Eva, die uns das Gegenteil von Vertrauen zeigt, der Eva, welche die Zeit der Dunkelheit verursachte.

Nun, Evas erster Fehler war es, dem Lügner zuzuhören – dem Vater der Lüge. Und was erzählte er ihr? Natürlich erzählte er ihr eine Lüge:

> (Die Schlange) sagte zu der Frau: „Hat Gott wirklich gesagt: Ihr dürft von keinem Baum des Gartens essen?“ Die Frau entgegnete der Schlange: „Von den Früchten der Bäume im Garten dürfen wir essen; nur von den Früchten des Baumes, der in der Mitte des Gartens steht, hat Gott gesagt: Davon dürft ihr nicht essen und daran dürft ihr nicht rühren, sonst werdet ihr sterben.“ Darauf sagte die Schlange zur Frau: *„Nein, ihr werdet nicht sterben. Gott weiß vielmehr: Sobald ihr da-*

> *von esst, gehen euch die Augen auf; ihr werdet wie Gott und erkennt Gut und Böse*“ (Gen 3,1-5).[5]

„Ihr werdet nicht sterben.“ Die Schlage widerspricht kühn den Worten Gottes. Denn Gott hatte Adam und Eva gesagt, wenn sie von dem verbotenen Baum äßen, würden sie sterben (Gen 2,17). So macht Satan, der Vater der Lüge, *Gott zu einem Lügner.* Und er fährt fort, Gott eifersüchtig, egoistisch und hinterhältig darzustellen: „Gott weiß vielmehr: Sobald ihr davon esst, gehen euch die Augen auf und ihr werdet wie Gott …“ Kurz gesagt, Satan wirft Zweifel an Gottes Güte auf, lässt ihn böse und nicht vertrauenswürdig aussehen.

Wir kennen den Rest der Geschichte. Eva gehorcht Gott nicht und verführt auch Adam. Aber der Schlüssel zum Verständnis dieser Bibelstelle ist zu beachten, wie alles begann: Es begann mit einer Lüge, einer Lüge über das Wort Gottes, einer Lüge, die Zweifel aufwarf an Gottes Güte und Vertrauenswürdigkeit.

Der Katechismus der katholischen Kirche, der die erste Sünde von Adam und Eva kommentiert, trifft ins Herz all dessen:

> Vom Teufel versucht, *ließ der Mensch in seinem Herzen das Vertrauen zu seinem Schöpfer sterben* [Gen 3,1], missbrauchte seine Freiheit und gehorchte dem Gebot Gottes nicht. Darin bestand die erste Sünde des Menschen [Röm 5,19]. Danach wird jede Sünde Ungehorsam gegen Gott und *Mangel an Vertrauen auf seine Güte sein.*[6]

Also, nach dem Katechismus *dreht sich alles um das Vertrauen.* Genauer gesagt, es geht um unseren *Mangel an Vertrauen.* Als Söhne und Töchter von Adam und Eva haben wir alle auf die eine oder andere Weise ein Vertrauensproblem. Wir neigen dazu, Gott zu misstrauen. Mit anderen Worten, genauso wie Adam und Eva sich vor Gott versteckten, als sie Ihn nach dem Sündenfall im Garten gehen hörten, so neigen auch wir dazu, uns vor Gott zu verstecken, besonders wenn unsere Sünde schwer auf uns lastet. Das ist eine der Folgen der Ursünde, eine ihrer „verhängnisvollen Folgen".[7] Und so gilt auf die eine oder andere Weise das, was der Katechismus über Adam und Eva sagt, für uns alle: „Sie fürchten sich vor Gott, von dem sie sich das Zerrbild eines Gottes gemacht haben …"[8]

Und was wurde verzerrt an unserem Gottesbild? Seine Güte. Wir zweifeln an Gottes Güte. Und wenn wir nicht vollständig glauben, dass Gott gut ist, dann vertrauen wir Ihm nicht vollständig – und das ist ein Problem. Warum? Weil *alle Sünde* ein Mangel an Vertrauen auf Gottes Güte ist, wie wiederum der *Katechismus* lehrt.

Um unsere Vertrauensprobleme mit Gott an diesem ersten Tag der Exerzitien zu heilen, lassen Sie uns unsere Aufmerksamkeit auf einen der großen Apostel der Barmherzigkeit für unsere Zeit richten. Es ist eine verwandte Seele der heiligen Theresia: die heilige Maria Faustyna Kowalska. Lassen Sie uns diese demütige Nonne „besuchen" und auf ihre Anweisung hören, wie es eine ihrer Mitschwestern einmal tat:

> Zu Beginn der Exerzitien kam eine der Schwestern zu mir, die zu ihren ewigen Gelübden angereist war, und sie gestand mir, dass sie Gott gegenüber gar kein Vertrauen habe, dass jede Kleinigkeit ihr die Lust raube. Ich erwiderte: „Gut, dass Sie mir das sagen, Schwester, ich werde für Sie beten." Weiter sagte ich ihr einige Worte, wie sehr dem Herrn mangelndes Vertrauen wehtue,

und dies bei einer auserwählten Seele. Sie sagte mir, dass sie, von den ewigen Gelübden angefangen, sich im Vertrauen üben werde. Jetzt weiß ich, dass sogar auserwählte Seelen, die im Ordensleben oder im geistlichen Leben vorangeschritten sind, nicht den Mut haben, Gott zu vertrauen; und das ist deshalb so, weil nur wenige Seelen die unergründliche Barmherzigkeit Gottes und Seine große Güte kennen.[9]

Heutiges Gebet:

Komm, Heiliger Geist, Feuer der Barmherzigkeit! Hilf mir, die große und unübertreffliche Güte Gottes besser kennenzulernen!

2. Tag

Unser Vater im Glauben

Gestern lernten wir, dass es um das Vertrauen geht. Genauer gesagt, wir lernten, dass es um unseren Mangel an Vertrauen geht und dass die Wunde der Erbsünde uns dazu veranlasst, uns vor Gott zu verstecken, weil wir an Seiner Güte zweifeln. Aber es gibt noch etwas mehr über das Vertrauen zu sagen – einen Hauptbestandteil, der uns helfen wird, besser zu verstehen, was es ist, einen Bestandteil, der vom Vater des Glaubens kommt, unserem Vater im Vertrauen: dem Patriarchen Abraham.

Wir alle kennen die Geschichte. Gott stellte Abraham auf die Probe. Er befahl ihm, seinen geliebten Sohn Isaak zu opfern. Und Abraham war gewillt, es zu tun. Er war gewillt, Gott zu beweisen, dass er Ihn mehr als seinen eigenen Sohn liebt. Und so ging es bei dieser Prüfung um die Liebe, richtig?

Falsch. Es ging tatsächlich um den *Glauben*, nicht um die Liebe. Abrahams Probe war vor allem eine Probe des Glaubens. Wie das? Lassen Sie es mich erklären.

Abrahams ganzer Weg mit Gott war ein Weg des Glaubens. Gott rief zum Beispiel Abraham (der da noch Abram hieß) aus seinem Heimatland fort: „Zieh weg aus deinem Land, von deiner Verwandtschaft und aus deinem Vaterhaus in das Land, das ich dir zeigen werde. Ich werde dich zu einem großen Volk machen, dich segnen und deinen Namen groß machen. Ein Segen sollst du sein" (Gen 12,1-2). Abram glaubte Gottes Wort und ging los.

Eines Abends, nachdem er sich auf den Weg gemacht hatte, beschwerte sich Abram beim Herrn, dass er kinderlos war und keinen Erben hatte. Gott lenkte danach seinen Blick auf die Vielzahl der Sterne am Himmel und versprach ihm: „So zahlreich werden deine Nachkommen sein" (Gen 15,5). Abram glaubte dem Wort des Herrn und ihm wurde später durch seine Frau Sarah ein Sohn geschenkt, obwohl sie im fortgeschrittenen Alter waren (Gen 21,1-3). Gott versprach Abram, der jetzt Abraham hieß, dass er durch diesen Sohn Isaak einen immerwährenden Bund mit ihm und seinen Nachkommen schließen werde, sie segnen werde mit seiner sicheren Gegenwart und seinem Schutz (Gen 17,1-21).

Am Ende, in Genesis 22, machte Gott den ultimativen Test mit Abraham, indem Er Abraham auftrug, Isaak zu opfern. Dies war die schwerste Probe des Glaubens, weil es *durch Isaak* geschehen sollte, was Gott versprochen hatte, nämlich aus Abraham eine gesegnete und große Nation zu machen. Aber nun rief Gott Abraham auf, Isaak zu opfern! Wie konnte die Welt gesegnet werden durch einen toten Sohn? Wie konnte Isaak Kinder haben, wenn er als Kind umgebracht wurde? Abrahams Versuchung war ganz klar zu denken, dass Gott ein Lügner sei, dass Er seine Versprechen nicht halten würde. Denn den jungen Isaak zu töten, würde die Hoffnung auf die für die Zukunft versprochenen Segnungen *durch Isaak* zerstören.

Was für eine harte Probe! Dennoch war Abraham bereit, sie zu bestehen. Er war bereit, Isaak zu töten, wie ihm befohlen worden war. Warum? Wegen seines Glaubens. Der Brief an die Hebräer drückt das am besten aus:

> Aufgrund des Glaubens brachte Abraham den Isaak dar, als er auf die Probe gestellt wurde, und gab den einzigen Sohn dahin, er, der die Verheißungen empfangen hatte und zu dem gesagt worden war: Durch Isaak wirst du Nachkommen haben. Er verließ sich darauf, dass Gott sogar die Macht hat, Tote zum Leben zu erwecken (Hebr 11,17-19).

Das ist das Wunder von Abrahams Glauben. Er glaubte Gottes Verheißungen, sogar in dem Maße, dass er „hoffte gegen alle Hoffnung" (Röm 4,18) und überlegte, *dass Gott in der Lage war, Isaak sogar vom Tod aufzuerwecken.* Das ist Glaube. Das ist der Grund, warum Abraham wahrhaftig unser Vater im Glauben ist. Er lehrt uns das Wesen des Glaubens, welches es ist, Gottes Wort zu glauben, zu glauben, dass Gott treu zu Seinen Verheißungen steht, dass Er treu ist, auch wenn es unmöglich erscheint.

Als unser Vater im Glauben ist Abraham das komplette Gegenteil von unserer Mutter im Zweifel: Eva. Nach alldem weigert Abraham sich im Gegensatz zu Eva, sich in der Versuchung gehen zu lassen und zu denken, dass Gott ein Lügner ist, zu denken, dass Gott Seine Versprechen nicht hält, zu denken, dass Gott nicht gut ist. Möge Abrahams Beispiel des Glaubens uns helfen, die Folgen der Erbsünde zu überwinden, die durch Evas Zweifel verursacht wurden. Mit anderen Worten, möge es uns helfen, Gottes Verheißungen zu vertrauen und sogar gegen alle Hoffnung zu hoffen.

Heutiges Gebet:

Komm, Heiliger Geist, Feuer der Barmherzigkeit!
Bitte gib mir ein solches Vertrauen auf Gottes Wort,
dass ich sogar hoffen kann gegen alle Hoffnung!

3. Tag

Unsere Mutter im Glauben

Gestern lernten wir, dass Abraham unser Vater im Glauben ist – aber es gibt einen hier, der „größer ist als Abraham". Natürlich spreche ich über Maria, unsere *Mutter* im Glauben. Mehr als alle anderen ist sie das größte Beispiel des Glaubens, sie ist die „vollkommene Verkörperung"[10] des Glaubens und seine „reinste Realisation".[11] Und während Jesus als wahrer Gott das Objekt unseres Glaubens ist (derjenige, an den wir glauben), ist Maria das größte Vorbild des Glaubens (diejenige, die uns am besten zeigt, was es bedeutet, an Gott zu glauben).

Also, was ist Mariens Glaube? Was lehrt Maria uns über den Glauben an Gott? Lassen Sie mich beginnen, das zu beantworten, indem ich Ihnen ein wunderbares Geheimnis erzähle: Gemäß des heiligen Papstes Johannes Paul II. gibt es *„eine Art von ‚Schlüssel'* der uns die innerste Wirklichkeit von Maria aufschließt".[12] Gemäß des größten Papstes des 20. Jahrhunderts gibt es ein Geheimnis, das uns die Mysterien Mariens offenbart! Möchten Sie dieses erfahren? Lassen Sie es mich erklären.

Der große Schlüssel, das große Geheimnis, hat mit Mariens *Glauben* zu tun, weil der Glaube zu seiner tiefsten Realität gelangt. Und während wir diesen Schlüssel in den Worten finden, die über Maria während der Heimsuchung gesprochen wurden, beziehen sich die Worte selbst auf ihre Antwort an den Engel bei der Verkündigung. Lassen Sie uns diese Szene anschauen:

> Im sechsten Monat wurde der Engel Gabriel von Gott in eine Stadt in Galiläa namens Nazaret zu einer Jungfrau gesandt. Sie war mit einem Mann namens Josef verlobt, der aus dem Haus David stammte. Der Name der Jungfrau war Maria. Der Engel trat bei ihr ein und sagte: Sei gegrüßt, du Begnadete, der Herr ist mit dir. Sie erschrak über die Anrede und überlegte, was dieser Gruß zu bedeuten habe. Da sagte der Engel zu ihr: Fürchte dich nicht, Maria; denn du hast bei Gott Gnade gefunden. Du wirst ein Kind empfangen, einen Sohn wirst du gebären: Dem sollst du den Namen Jesus geben. Er wird groß sein und Sohn des Höchsten genannt werden. Gott, der Herr, wird ihm den Thron seines Va-

> ters David geben. Er wird über das Haus Jakob in Ewigkeit herrschen und seine Herrschaft wird kein Ende haben. Maria sagte zu dem Engel: Wie soll das geschehen, da ich keinen Mann erkenne? Der Engel antwortete ihr: Der Heilige Geist wird über dich kommen, und die Kraft des Höchsten wird dich überschatten. Deshalb wird auch das Kind heilig und Sohn Gottes genannt werden. Auch Elisabeth, deine Verwandte, hat noch in ihrem Alter einen Sohn empfangen; obwohl sie als unfruchtbar galt, ist sie jetzt schon im sechsten Monat. Denn für Gott ist nichts unmöglich. Da sagte Maria: Ich bin die Magd des Herrn; mir geschehe, wie du es gesagt hast. Danach verließ sie der Engel (Lk 1,26-38).

Natürlich kennen wir den Rest der Geschichte. Nachdem der Engel sich entfernt hatte, ging Maria in Eile, um ihre Kusine zu besuchen, die heilige Elisabeth (die Heimsuchung), und als Elisabeth den Gruß Mariens hörte, hüpfte das Kind vor Freude in ihrem Leib. Aber dann gab *Elisabeth der ganzen Welt einen Schlüssel zu Mariens innerster Wirklichkeit*. „Erfüllt vom Heiligen Geist und „mit einem lauten Ausruf" verkündete sie zwei Segnungen, von denen die Letztere der große Schlüssel ist: *„Selig ist die, die geglaubt hat, dass sich erfüllt, was der Herr ihr sagen ließ*" (Lk 1,45).[13]

Gemäß des heiligen Papstes Johannes Paul II. hat dieser letzte Segen eine „grundlegende Wichtigkeit"[14] Warum? Weil diese Worte das Geheimnis von Mariens Glauben offenbaren, welches ist: Sie glaubte, dass sich erfüllen würde, was der Herr bei der Verkündigung zu ihr gesprochen hatte. Und so ist ihr Glaube wie der von Abraham, wie Johannes Paul II. herausstellt:

> Wie Abraham *„gegen alle Hoffnung voll Hoffnung* geglaubt hat, dass er der Vater vieler Völker werde“ (Röm 4,18), so hat Maria, nachdem sie im Augenblick der Verkündigung ihre Jungfräulichkeit bekannt hatte („Wie soll das geschehen, da ich keinen Mann erkenne?“) *geglaubt,* dass sie durch die Kraft des Höchsten, durch den Heiligen Geist nach der Offenbarung des Engels die Mutter des Sohnes Gottes werden würde: „Deshalb wird auch das Kind heilig und Sohn Gottes genannt werden“ (Lk 1,35).[15]

Wenn wir also das Geheimnis Mariens verstehen wollen, sollten wir die Tatsache reflektieren, dass sie Gottes Worten glaubte, auch wenn sie unmöglich erschienen. Sie hoffte gegen alle Hoffnung, glaubend, wie es der Engel sagte, dass „bei Gott nichts unmöglich ist“.

Heutiges Gebet:

> *Komm, Heiliger Geist, Feuer der Barmherzigkeit! Hilf mir zu glauben, dass bei Gott nichts unmöglich ist!*

4. Tag

Mariens Pilgerweg des Glaubens

Gestern lernten wir, dass es einen Schlüssel zu Mariens innerster Wirklichkeit gibt, einen Schlüssel, um ihren Glauben zu verstehen – der Segen von Elisabeth: „Selig ist die, die geglaubt hat, dass sich erfüllt, was der Herr ihr sagen ließ." So wie diese Worte sich zuerst auf die Verkündigung und den Moment beziehen, als Maria den Worten des Engels glaubte, dass sie die Mutter des Sohnes Gottes sein würde, so beziehen sie sich auch auf ihr ganzes Leben des Glaubens – oder wie der heilige Johannes Paul II. es nannte, ihren „Pilgerweg des Glaubens".

Im Gegensatz zu dem, was übermäßig Fromme glauben, hatte Maria nicht ständig Engel um sich herum, die zuhause in Nazaret auf sie warteten, ihr bei der Hausarbeit halfen und Jesu Windeln wechselten. Noch hörte sie über das Jesuskind, dass Es in der Stadt herumging und Wasser in Apfelsaft verwandelte und Kekse vervielfachte. Vielmehr führte die Heilige Familie Jesus, Maria und Josef ein normales Leben mit Arbeit, Erholung und Gebet. Mit anderen Worten, Maria (und ihr Ehemann Josef) gingen im Glauben durch das Leben und nicht im Schauen, wie der heilige Papst Johannes Paul II. klarmacht:

> Während der Jahre des verborgenen Lebens Jesu im Haus von Nazaret *ist auch das Leben Mariens „mit Christus verborgen in Gott"* (vgl. Kol 3,3) durch den Glauben. … so ist sie, die Mutter, mit der Wahrheit ihres Sohnes nur im Glauben und durch den Glauben in Berührung! Sie ist also se-

> lig, weil sie „geglaubt hat" und *jeden Tag* glaubt ... während der Jahre Seines verborgenen Lebens in Nazaret.[16]

Also, das verborgene Leben der Heiligen Familie – all die Zeit von Jesu Kindheit und Erwachsensein, worüber wir fast nichts in der Heiligen Schrift hören – war nicht nur für uns verborgen, sondern in gewissem Sinne war es auch für Maria verborgen! Ich meine, sie lebte „viele Jahre in Vertrautheit mit dem Geheimnis ihres Sohnes" in der *Dunkelheit des Glaubens*, ein es Glauben, der „verbunden war mit einer gewissen ‚Glaubensnacht'".[17] Mit anderen Worten, ihr Pilgerweg des Glaubens fiel zusammen mit „*einer besonderen Mühe des Herzens*"[18], weil er gelebt werden musste gleichsam unter einem „Schleier"[19], einem Schleier, der es Maria (und Josef) verwehrte, das volle Mysterium in ihrer Mitte, in welchem sie täglich lebten, zu begreifen (Lk 2,48-50). Und so schließt der Papst:

> Sogar diejenige, der das Geheimnis Seiner göttlichen Sohnschaft tiefer offenbart worden war, Seine Mutter, lebte nur durch den Glauben in Vertrautheit mit diesem Geheimnis! An der Seite ihres Sohnes, unter demselben Dach, „bewahrte sie die Verbundenheit mit dem Sohn in Treue" und schritt voran „*auf dem Pilgerweg des Glaubens*", ... So tat sie es auch während des öffentlichen Lebens Christi (vgl. Mk 3,21-35), wobei sich an ihr täglich die Seligpreisung erfüllte, die bei ihrem Besuch von Elisabeth ausgesprochen worden war: „Selig ist, die geglaubt hat."[20]

Was war es aber, was Maria ganz *speziell* glaubte, als sie „unter demselben Dach" mit Jesus und während Seines öffentlichen

Lebens mit Ihm lebte? Natürlich wissen wir, dass sie bei der Verkündigung dem Wort Gottes glaubte, hoffte gegen alle Hoffnung, dass sie die Mutter des Sohnes Gottes werden würde durch ihre jungfräuliche Empfängnis. Aber was glaubte sie noch, das einen Segen verdiente? Nun, ihr Denken mag wie folgt gewesen sein:

- Hier ist ein großer König! … Noch ist Er eingehüllt in Windeln und ruht in einer armen Krippe? *Ja, ich glaube.*
- Hier ist der Sohn Gottes! … Noch trinkt Er still an meiner Brust? *Ja, ich glaube.*
- Hier ist ein König, dessen Herrschaft in Ewigkeit dauert! … Noch suchen unsere Machthaber Ihn zu steinigen? *Ja, ich glaube.*
- Ja, ich glaube, dass sich alles erfüllt, was Gott über Jesus verheißen hat, auch wenn alles über Ihn ein „Zeichen des Widerspruchs" ist (Lk 2,34).

Während des verborgenen Lebens in Nazaret und Jesu öffentlichem Dienst wurde Tag für Tag wahrhaft der Segen Elisabeths in Maria erfüllt. Sie blieb ebenso standhaft im Glauben, wie sie festhielt an den Worten, die vom Herrn zu ihr gesprochen worden waren, und sie erwog sie in ihrem Herzen. Aber ihr Pilgerweg des Glaubens hat jetzt noch nicht seine endgültige Probe erreicht. Wir hören morgen über diese schwere Probe.

Heutiges Gebet:

> *Komm, Heiliger Geist, Feuer der Barmherzigkeit! Hilf mir, an Gott und Seine Liebe für mich zu glauben, auch wenn mir das Leben bedeutungslos, routinemäßig und leer erscheint!*

5. Tag

Mariens Prüfung des Glaubens

Genauso, wie Abrahams Pilgerweg des Glaubens auf eine ultimative Probe traf, als er aufgefordert wurde, Isaak zu opfern, so wurde auch Mariens Pilgerweg des Glaubens ähnlich intensiv geprüft. Während jedoch Abraham letztendlich dieses Opfer nicht zu erbringen brauchte, musste Maria den ganzen Weg der Folter und der Kreuzigung ihres vielgeliebten Sohnes mitgehen und alles mitansehen bis zum qualvollen Ende. Sie verband sich geistlich mit der Darbringung des Schlachtopfers und stimmte in Liebe zu.[21] Sie verharrte im Glauben, hoffend gegen alle Hoffnung.

Es ist auf Kalvaria am Fuß des Kreuzes, dass wir Maria in der herrlichen Vollendung des Glaubens finden. Es ist in der Mitte der schrecklichsten Dunkelheit, dass wir paradoxerweise den leuchtenden Segen von Elisabeth aufscheinen sehen, mit umso größerer Herrlichkeit: „Selig, die geglaubt hat, dass sich erfüllt, was der Herr ihr sagen ließ!" Ja, selig ist die, die am Fuß des Kreuzes glaubte. Selig ist die, die an das Unmögliche glaubte. Selig ist die, die glaubte, dass „Gott sogar die Macht hat, Tote zum Leben zu erwecken" (Hebr 11,19). Das ist Glaube. Und nochmals, das ist die herrliche Vollendung des Glaubens. Das ist das größte Licht des Glaubens, das inmitten der tiefsten Dunkelheit scheint.

Jetzt betrachten Sie noch einmal die Worte des Engels, die Unsere Liebe Frau bezüglich ihres Sohnes Jesus glaubte:

> Er wird groß sein und … Gott, der Herr, wird Ihm den Thron Seines Vaters David geben. Er

> wird über das Haus Jakob in Ewigkeit herrschen und Seine Herrschaft wird kein Ende haben (Lk 1,32-33).

Reflektieren Sie nun die Reaktion und den Kommentar des heiligen Papstes Johannes Paul II. zu jenen Worten im Hinblick auf Mariens ultimative Glaubensprobe:

> Und nun, zu Füßen des Kreuzes, ist Maria, menschlich gesprochen, Zeuge einer völligen *Verneinung dieser Worte.* Ihr Sohn stirbt an jenem Holze wie ein Ausgestoßener. „Er wurde verachtet und von den Menschen gemieden, ein Mann voller Schmerzen ...; er war verachtet und man schätzte ihn nicht": fast völlig vernichtet (vgl. Jes 53,3-5). Wie groß, wie heroisch ist somit „der *Gehorsam des Glaubens*", den Maria angesichts dieser „unergründlichen Entscheidungen" Gottes zeigt! Wie hat sie sich ohne Vorbehalt „Gott überantwortet", indem sie sich demjenigen „mit Verstand und Willen voll unterwirft", dessen „Wege unerforschlich sind" (vgl. Röm 11,33)! Und wie mächtig ist zugleich das Wirken der Gnade in ihrer Seele, wie durchdringend der Einfluss des Heiligen Geistes, seines Lichtes und seiner Kraft![22]

Beeindruckend. Das sind eine Menge Ausrufezeichen vom Papst. Drei nacheinander! Warum all dieser Enthusiasmus? Es ist deshalb, weil wir bei der Vollendung des Glaubens angelangt sind. Wir sind an dem Augenblick angelangt, dass wir sehen „wie groß, wie heroisch" Mariens Glaube ist, an dem Augenblick, an dem wir sehen, „wie sie sich ohne Vorbehalt

Gott überantwortet hat". Wir sind an dem Moment angelangt, als Elisabeths Segensworte, wie Johannes Paul es nennt, „hier, zu Füßen des Kreuzes, in ihrer dichtesten Bedeutung widerzuhallen scheinen, und die in ihnen enthaltene Kraft wird überwältigend".[23] (Anmerkung der Übersetzerin: Die eigentliche Übersetzung aus dem Italienischen und Englischen lautet: „... und die in ihnen enthaltene Kraft scheint etwas zu durchdringen".) Und es wird wohl jetzt klar, warum dieser Segen etwas durchdringt.

Er durchdringt, weil wir diesen Segen brauchen.

Jeder von uns geht durch Zeiten, in denen unser Glaube stark geprüft wird. Wir werden Zeiten von entsetzlicher Dunkelheit und sogar Agonie erfahren und werden uns fragen: „Wo ist Gott?" Wir werden Seine Wege nicht verstehen. Wir werden uns fühlen, als ob alles verloren wäre, dass Gott uns nicht mehr liebt, dass Er uns abgelehnt hat. Und dann werden wir uns erinnern – ich hoffe wir erinnern uns – an Mariens Beispiel des Glaubens am Fuß des Kreuzes. Wir werden uns entsinnen, dass auch sie nicht alles voll verstand. Auch sie stand in der Dunkelheit. Auch sie hatte ein Herz, das blutete und gebrochen war. Wir werden uns auch erinnern, dass sie nicht aufgab in der Dunkelheit, dass sie sich an Gott klammerte mit dem Licht des Glaubens.

Und dann – so hoffe ich – werden wir uns an *den Segen* erinnern. Wir werden uns an Elisabeths Worte erinnern: „Selig, die geglaubt hat, dass sich erfüllt, was der Herr ihr sagen ließ." Und ich hoffe, dass „die Kraft, die in (diesem Segen) enthalten ist" *zu uns* durchdringt. Mit anderen Worten, ich hoffe, wir werden sehen, wie Elisabeths Segen sich *auf uns* übertragen kann, dass die folgenden Worte *zu uns* gesprochen werden können: „Selig *bist du*, die (der) du geglaubt hast, dass sich erfüllt was der Herr *dir* sagen ließ."

Und was wurde zu uns gesprochen? Was sind die Worte des Herrn für uns? Es ist das Wort des Kreuzes. Es ist das Wort der Liebe, gesprochen durch Christi Tod am Kreuz, das Wort der Liebe, dass Maria inniglich auf Kalvaria teilte. Es ist das Wort aus der Schrift: „Es gibt keine größere Liebe, als wenn einer sein Leben für seine Freunde hingibt" (Joh 15,13). Es ist die Wahrheit, dass Gott uns liebt, dass Gott *Sie* liebt. Ich hoffe, dass Sie durch das Festhalten des Glaubens an diesen größten Ausdruck der Liebe in der Mitte Ihrer eigenen Prüfungen und Dunkelheiten Frieden und sogar Freude finden werden – und vielleicht sogar ein Lobpreislied singen können.

Wir werden morgen über Mariens Lied des Glaubens und ihren Lobpreis sprechen.

Heutiges Gebet:

> *Komm, Heiliger Geist, Feuer der Barmherzigkeit! Hilf mir, an Gott und Seine Liebe für mich zu glauben, auch wenn Dunkelheit mich umgibt!*

6. Tag

Mariens Lied des Glaubens

Gestern war es schwer und dunkel. Aber heute ist ein Tag der Freude! Heute ist ein Tag, um zu erfahren, dass Glaube (Vertrauen) zur Freude führt – zu großer Freude – und zu Lobpreisliedern.

Nun erinnern Sie sich daran, dass Maria ihre Kusine, die heilige Elisabeth, besuchte, nachdem sie das ihr vom Engel verkündete Wort geglaubt hatte. Und jetzt, wie könnten wir den Segen vergessen? „Selig, die geglaubt hat, dass sich erfüllt, was der Herr ihr sagen ließ!" Und was hat Maria sofort geantwortet? Sie sang ein Lobpreislied, ihr berühmtes Magnifikat, das Gottes Barmherzigkeit herrlich verkündet; es beginnt so:

> Meine Seele preist die Größe des Herrn,
> und mein Geist jubelt über Gott, meinen Retter.
> Denn auf die Niedrigkeit Seiner Magd hat er geschaut (Lk 1,46-48).

Nachdem also ihr Vertrauen in die Worte des Herrn gesegnet worden war, hat Maria sofort den Herrn gepriesen. *Und dieser Lobpreis ist selbst ein machtvoller Akt des Vertrauens und dem Herrn wohlgefällig.*

Jetzt ist es Zeit für eine persönliche Geschichte:

Als ich das erste Mal diese große Lektion gelernt hatte – dass Lobpreis in sich selbst ein großer Akt des Vertrauens ist –, hatte das einen starken Einfluss auf mein Leben. Obwohl ich bereits in dem Buch „*Consoling the Heart of Jesus*" das Geschehnis beschrieben habe, denke ich, dass es wichtig wäre, es in dieser Woche zu wiederholen, da wir darüber nachdenken, was Vertrauen ist. Dies tun wir heute besonders, da wir Mariens „Lied des Glaubens“ betrachten.

Das erste Mal lernte ich die Verbindung zwischen Lobpreis und Vertrauen während einer Pilgerreise zum „Nationalen Heiligtum der Göttlichen Barmherzigkeit“ in Stockbridge, Massachusetts, kennen, als ich Seminarist war. Und der präzise Moment kam während der Unterhaltung mit Pater Seraphim Michalenko MIC, einem Experten der Botschaft der Göttlichen Barmherzigkeit, die uns durch die heilige Faustyna offenbart wurde:

> Ich fragte Pater Seraphim: „Pater, es geht um das Trösten des Herzens Jesu, nicht wahr?“[24]
> Er sah zufrieden aus mit meiner Frage und antwortete mit Enthusiasmus: „Ja, das ist es!“
> Ermutigt durch seine Antwort, fuhr ich fort: „Und wir möchten Jesus trösten auf dem bestmöglichen Weg, richtig?“
> „Richtig“ sagte er.
> „Und der beste Weg, Ihn zu trösten ist, den Dorn herauszuziehen, der Sein Herz am meisten schmerzt. Der Dorn, das ist der *Mangel an Vertrauen [auf Seine barmherzige Liebe].*“
> „Wieder richtig.“
> Zuversichtlich startete ich meine Zusammenfassung: „Und so ist der beste Weg, den Dorn herauszuziehen und Ihn zu *trösten*, Ihm zu vertrauen.“
> „Michael, du liegst absolut richtig.“
> „Großartig!“ Ich sagte zu mir selbst: „Es dreht sich alles darum, Jesus zu vertrauen, um Ihn zu trösten.“ An diesem Punkt, dachte ich, wäre alles gesagt. Ich meinte, ich hätte komplett verstanden.

> Aber dann setzte Pater Seraphim meine Zufriedenheit in Zweifel: „Und wie leben wir das Vertrauen? Was ist sein konkreter Ausdruck in deinem täglichen Leben?"
> Ich war überfragt. „Ich weiß es nicht."
> Seine Antwort veränderte mein Leben: *„Der Weg, wie du Vertrauen lebst, ist durch Lobpreis und Danksagung, Gott in allen Dingen zu preisen und zu danken. Das ist es, was der Herr zur heiligen Faustyna sagte."*

Sobald ich Pater Seraphims Worte gehört hatte, wusste ich, dass er Recht hatte, weil ich mich daran erinnerte, dass die selige Mutter Teresa von Kalkutta (Anm. der Übers.: jetzt heilige) oft darüber geschrieben hatte, wie wichtig es ist, alles mit einem Lächeln zu akzeptieren, mit Lobpreis und Danksagung. Ich dachte bei mir: „Ja, das ist wahr. Denn dieses ist der ‚Kleine Weg' der Übergabe, der Akzeptanz und des kindlichen Vertrauens, gelehrt durch die heilige Theresia von Lisieux." Ich hatte besonders eine bevorzugte Passage aus ihrer Autobiografie in meinen Gedanken:

> Denn Jesus verlangt keine großen Taten, sondern allein Ergebung in Seinen Willen und Dankbarkeit. In Psalm 49 sagt er nämlich: „… BRINGT GOTT OPFER DES LOBES UND DANKES DAR!" (im Deutschen: Ps 50,14)[25]

Wir werden nächste Woche mehr über den „Kleinen Weg" der heiligen Theresia lernen. Aber heute lassen Sie uns Jesus trösten und unser Vertrauen auf Gottes Barmherzigkeit leben, indem wir ein Opfer des Lobes und der Danksagung mit Maria darbringen.

Heutiges Gebet:

Komm, Heiliger Geist, Feuer der Barmherzigkeit! Fülle mein Herz mit einem glaubenserfüllten Lied des Lobpreises und der Danksagung an Gott für Seine zärtliche Liebe und Barmherzigkeit!

7. Tag

Die neue Eva des Lichtes und des Lebens

In dieser Woche schauten wir auf die Bedeutung von Vertrauen, das Herzstück dessen, was uns durch das Beispiel von Abraham und Maria gezeigt wird. Sie waren gesegnet, weil sie glaubten, dass sich erfüllen werde, was Gott ihnen verheißen hatte. Aber indem Maria als Beispiel des Glaubens Abraham weit übertrifft, vermittelt sie auch etwas, was Abraham nicht konnte: die Gnade zu glauben, die Gnade zu vertrauen. Lassen Sie mich diesen entscheidenden Punkt erklären.

Glaube ist ein Geschenk der Gnade. Es ist kein menschliches Werk. Wie erhalten wir es also? Wir erhalten es durch Maria. Warum sage ich das? Weil Maria die neue Eva ist.[26]

Wie wir am ersten Tag lernten, brachte die alte Eva über uns die Wunde der Erbsünde, eine Wunde, die verursachte, dass wir ein zerstörtes Bild von Gott haben, eine Wunde, die uns an Gottes Güte zweifeln lässt, eine Wunde, die uns dahin tendieren lässt, uns vor Gott zu verstecken. Bei der Wunde geht es deshalb um Gott. Und so benutzt Gott eine andere Frau, eine neue Eva, eine „Frau", die von Anfang an angekündigt war, eine Frau, die in Feindschaft zu Satan stehen würde, eine Frau, deren Nachwuchs die Schlange zertreten sollte (Gen 3,15).

In gewisser Weise brauchte Gott die Hilfe dieser Frau. Warum? Weil es *bei der Wunde um Gott geht.* Gott hat somit zwei Probleme: (1) Er möchte, dass wir gefallenen Geschöpfe an Sein Wort glauben und auf Seine Güte vertrauen. Aber das ist etwas, was Er nicht erzwingen kann, weil Vertrauen, genauso wie Liebe, in Freiheit gegeben werden muss. (2) Wegen der Wunde der Erbsünde tendieren wir dazu, Gott zu misstrauen, und so rennen wir oft weg und verstecken uns, wenn Er sich uns nähert.

Sie könnten jetzt sagen, dass die neue Eva Gottes geheime Waffe ist, *weil unsere Wunden nichts mit ihr zu tun haben.* Letztendlich ist sie ein Geschöpf wie wir. Und das Beste von allem, sie ist eine gütige und zärtliche Mutter – und wer könnte sich vor einer solchen Mutter fürchten?

So kann Maria auf einem Weg Herzen gewinnen, wie es nicht einmal Jesus kann. Was? Gut, ich sage das, weil Jesus Gott ist, und noch einmal, bei unserer Wunde geht es um Gott. Das ist der Grund, warum bis heute, nach allem, was Er für uns getan hat, die Menschen Jesus immer noch meiden. Aber eine Mutter, die nicht Gott ist, kann oft solche streunenden Herzen gewinnen. Und was tut unsere himmlische Mutter, wenn sie ein solches Herz gewinnt? *Sie bringt es zu Jesus.* Das ist Mariens ganze Leidenschaft und ihr Ziel. Sie will nur die Wunden heilen. Sie will nur, dass wir an Gott glauben und Seiner Barmherzigkeit vertrauen. Sie will nur, dass wir Gottes Güte verstehen und Seine barmherzige Liebe annehmen. Und sie ist effektiv – nicht nur, weil sie eine so zärtliche Mutter ist, sondern auch, weil sie, wie die Kirche lehrt, die Mittlerin der Gnaden ist.[27]

Mit „Mittlerin der Gnaden“ meine ich, dass Maria nicht der Ursprung der Gnade ist. Das Herz Christi, von der Lanze durchbohrt und überfließend von Blut und Wasser, ist der Ursprung der Gnade. Aber Maria *führt uns* und *bringt uns* zu diesem Ursprung der Gnade, der Quelle der Barmherzigkeit. Also, sie selbst hilft uns, unsere Herzen zu öffnen, um die Barmherzigkeit zu empfangen. Warum? Wegen all dessen, was sie auf Kalvaria durchmachte.

Auf Kalvaria war Mariens Herz von einem Schwert durchbohrt worden, wie es Simeon vorausgesagt hatte (Lk 2,35). Aber ihr durchbohrtes Herz unterscheidet sich von dem ihres Sohnes. Als Sein Heiligstes Herz durchbohrt wurde, wurde es zur Quelle der Barmherzigkeit, zum Ursprung der Barmherzigkeit. Aber als Mariens Unbeflecktes Herz durchbohrt wurde, wurde es *zum Werkzeug der Gnade*, welches die *Herzen öffnet*, um Gottes Barmherzigkeit zu empfangen (Lk 2,35). Natürlich schmerzte sie die Durchbohrung ihres Herzens. Es war wirklich das unergründliche Leiden ihres mütterlichen Herzens auf Kalvaria, das ihr Herz zu einem Werkzeug der Gnade machte, zu einer Mittlerin der Gnaden.[28] Und es ist ihr Leiden, mehr als das jedes anderen Geschöpfes, das ergänzt, *was an den Leiden Christi noch fehlt.*

Was? Es fehlt etwas am Leiden Christi? Gemäß des heiligen Paulus ist das so. Er sagt: „Für den Leib Christi, die Kirche, ergänze ich in meinem irdischen Leben das, was an den Leiden Christi noch fehlt“ (Kol 1,24). In gewissem Sinne ist da natürlich nichts, was an den Leiden Christi noch fehlt. Sein Leiden und Tod am Kreuz erwirken wirklich die Gnade der Erlösung für jeden, der gelebt hat, der lebt und der leben wird, sogar bis ans Ende der Zeiten. Mit anderen Worten, die Liebe, die vom durchbohrten Herzen des Herrn fließt, ist ein *unendlicher Ozean der Barm-*

herzigkeit. Das Problem ist: Nicht jeder akzeptiert, erhält und schöpft aus solch einer überreichlichen Quelle. Manche Menschen verschließen ihre Herzen gegenüber Christi rettender Liebe. In Wirklichkeit ist der „Mangel" auf der Seite der sündhaften Menschheit – *aber wir können helfen, das auszugleichen.*

Durch unsere Leiden, liebevoll vereint mit Christi Leiden, können wir für andere Menschen die Gnade erwirken, dass sie das Geschenk der Erlösung akzeptieren. Zum Beispiel kann ich für Sie beten und opfern und dies bewirkt eine Veränderung. Aber kein Mensch bewirkt eine größere Veränderung als Maria, wenn es darum geht, Menschen zu helfen, Gnaden zu erwirken und die Barmherzigkeit zu erlangen, die vom Herzen Jesu fließt. Warum? Weil Maria die neue Eva ist.

Maria ist wahrhaftig die neue Eva, die uns zum neuen Adam am neuen Baum des Lebens bringt, dem Kreuz. Und einmal dort, ermutigt sie uns liebevoll, nicht die verbotenen Früchte zu essen, sondern von der gesegneten Quelle des ewigen Lebens zu trinken, der Quelle der Barmherzigkeit. Und durch die Gnade ihres Leidens am Fuß des Kreuzes öffnet unsere zärtliche Mutter unsere Herzen, um das Geschenk der Erlösung zu erhalten, das zu uns in der Liebe und Barmherzigkeit kommt, die von Christi geöffneter Seite herabfließt. Solch ein rettender Glaube ist wahrhaftig ein Geschenk Christi durch Maria. Und solch ein Geschenk erklärt die Kirche so: „Der Tod kam durch Eva, das Leben durch Maria."[29]

Heutiges Gebet:

> *Komm, Heiliger Geist, Feuer der Barmherzigkeit!*
> *Bring mich durch Maria zur Quelle der Barmherzigkeit!*

Zweite Woche

Der „Kleine Weg“

In der vergangenen Woche haben wir das biblische Fundament der Lehre über das Vertrauen der heiligen Theresia überdacht, welche, wie wir in dieser Woche lernen werden, der „Kleine Weg“ genannt wird. Dieser „Kleine Weg“ trägt auffallende Ähnlichkeit mit Abrahams und Mariens Glauben, nach dem zu glauben ist, dass sich erfüllt, was vom Herrn gesprochen ist. Diese junge Frau aus der französischen Stadt Lisieux, die 1897 kurz vor ihrem 25. Geburtstag starb führte ein stilles Leben, hatte eine behütete Kindheit zwischen liebenden Schwestern und dann eine stille, behütete Jugendzeit als karmelitische Nonne (mit einigen ihrer leiblichen Schwestern). Diese Frau ist vielleicht nach Abraham und Maria[30] wirklich das größte Beispiel des Glaubens in der Kirche, da sie „hoffte gegen alle Hoffnung“. Folglich verdient die heilige Theresia nach Maria wahrhaftig beide Segnungen Elisabeths: „Selig, die geglaubt hat, dass sich erfüllt, was der Herr ihr sagen ließ“ und „Gesegnet bist du unter den Frauen“.

Aber wie kann das sein? Wie kann eine scheinbar so unwichtige Frau wunderbar gesegnet sein? Es kann so sein, weil Gottes Wege nicht unsere Wege sind und weil Er Gefallen daran hat, die Niedrigen zu erhöhen und aus den Kleinsten die Größten zu machen – und vielleicht ist kein Sünder niedriger und kleiner als Theresia von Lisieux.

8. Tag

Keiner ist niedriger

Ich habe gerade gesagt, dass vielleicht in der sündhaften Menschheit keiner niedriger und kleiner als Theresia von Lisieux ist. Natürlich mag das schwer zu glauben sein. Schließlich hat der heilige Papst Pius X. sie „die größte Heilige der modernen Zeit“[31] genannt und 1997 wurde sie eine von 33 Kirchenlehrern.[32] Sicher ist, Gott erhöht die Niedrigen. Aber ist sie wirklich *so* niedrig?

Gut, überdenken Sie das Folgende.

Vorweg, Theresia Martin wuchs in einem Frankreich auf, das tief von der jansenistischen Häresie betroffen war, einer Häresie, die einen freudlosen Moralrigorismus lehrte, Angst und Gerechtigkeit, Strafe und Härte, Urteil und Verurteilung hervorhebend. Die Jansenisten verkündeten nicht die gute Nachricht von Gottes Barmherzigkeit für die Sünder, sondern ihre eigene schlechte Nachricht von Gottes Zorn gegenüber jedem, der es wagte, die geringste Übertretung zu begehen gegen das, was sie als Regeln ansahen. Sie lehrten, dass nur wenige gerettet werden, dass man perfekt sein muss, um zu Jesus gehen zu dürfen, und dass man seine Liebe verdienen muss, besonders durch viele große Werke und schmerzhafte Opfer.

Theresia war während ihrer jungen Jahre tief betroffen vom Jansenismus. Vielleicht kam der Einfluss durch ihre Mutter Zélie, deren eigene Mutter streng jansenistisch war und gewöhnlich ihre arme Tochter mit der Litanei verfolgte: „Das ist eine Sünde, das ist eine Sünde, das ist eine Sünde.“[33] Aber die Frage beiseite lassend, wie genau Theresia unter den jansenistischen Einfluss fiel, können wir Folgendes betonen: Er beeinflusste sie in ihren sehr jungen Jahren. Wann immer sie zum Beispiel als Kind einen Fehler oder etwas falsch machte, auch wenn es ohne Bedeutung war, war sie erfüllt von Ängsten[34] und bat „ohne Ende um Verzeihung".[35] Ihre Mutter erzählt: „Wir sagen ihr, ihr sei vergeben, aber es war umsonst. Sie fährt genauso mit dem Weinen fort."[36]

Wir sehen den Einfluss des Jansenismus auch in Theresias später Kindheit. In der Vorbereitung auf ihre Erste Heilige Kommunion im Alter von zehn Jahren brachte sie 1949 kleinere Opfer und wiederholte 2773 kurze Gebete![37] (Gott sei Dank lehrte Jesus sie später, wie sie es nannte, „nicht meine Verdienste zu zählen".[38]) Viel schlimmer jedoch war ihr schmerzhafter Kampf gegen ihre Skrupel, die oft mit jansenistischem Denken einhergehen.

Theresias Kampf gegen die Skrupel begann während ihrer Exerzitien in Vorbereitung auf die Erste Heilige Kommunion, Exerzitien, die von einem sehr strengen Priester geleitet wurden. Sie erinnert sich an ihre Erfahrung wie folgt: „Was (der Priester) uns erzählte, war furchterregend. Er sprach über Todsünde und er beschrieb eine Seele im Stande der Sünde und *wie sehr Gott sie hasst.*"[39]

Zum Glück konnte Theresia sich ihrer lieben Schwester Marie anvertrauen, wann immer sie versucht wurde zu denken, dass Gott sie ablehnte – aber Maries Worte brachten nur zeitlichen Trost und Theresias Skrupel folgten ihr sogar in das Karmelitenkloster (auch „Karmel" genannt). In der Tat schrieb ihre Schwester Pauline (Mutter Agnes): „Die Angst, Gott zu beleidigen, ‚vergällte' Theresias Existenz am Beginn ihres Ordenslebens."[40]

Der Jansenismus vergällte nicht nur Theresias frühes Ordensleben, indem er ihr eine übertriebene Angst, Gott zu beleidigen, eingab, sondern auch dadurch, dass er in ihr eine ungesunde Beschäftigung mit dem Leiden bewirkte. Dies wird deutlich in ihren Briefen aus dieser Zeit. Wir lesen zum Beispiel – und dies ist nur ein Beispiel von vielen:

> Die Heiligkeit besteht nicht darin, schöne Dinge zu sagen, sie besteht nicht einmal darin, sie zu denken oder zu fühlen! … Sie besteht darin *zu leiden* und *an allem* zu leiden. „Heiligkeit! Sie muss mit der Spitze des Schwertes erobert werden. Man muss leiden … man muss mit dem Tode ringen"! …[41]

Neben dem Einfluss des Jansenismus resultiert Theresias Niedrigkeit auch daraus, dass sie einfach ein sehr zartes und zerbrechliches kleines Mädchen war. Dadurch, dass sie ihre biologische Mutter im Alter von drei Jahren infolge von Krebs und ihre Adoptivmutter im Alter von neun Jahren an den Karmel verloren hatte, war in ihr ein gefühlsmäßiges Chaos entstanden, das sie bei der geringsten Provokation weinen ließ. Tatsächlich sagten andere zu ihr: „Du weinst so viel in deiner Kindheit, du wirst keine Tränen mehr für später haben!"[42] (Ihre Übersensibilität wurde erst geheilt, als sie die entsprechende Gnade bei ihrer „Weihnachts-Bekehrung" im Alter von 14 Jahren geschenkt bekam.[43])

Wegen Theresias tiefer emotionaler Zerbrechlichkeit – die zu einem Nervenzusammenbruch im Alter von zehn Jahren führte[44] – behüteten ihre Schwestern sie so sehr, dass sie zu einer sozial schwierigen Außenseiterin wurde und Einzelgängerin war, als sie letztendlich in die Schule kam. In der Tat schikanierten die anderen Kinder sie und trieben ihren Spaß mit diesem Mädchen, das nicht wusste, wie man an ihren Spielen teilnahm und nicht einmal ihre eigenen Haare kämmen konnte.[45]

In der Mitte ihrer schlimmsten Einsamkeit und Sensibilität sehnte sich Theresia danach, geliebt zu werden. Ihr Verlangen war tatsächlich so groß, dass sie sich selbst in die Arme des erstbesten Geschöpfes geworfen hätte, das ihr begegnet wäre, wenn sie die Möglichkeit gehabt hätte, so sagte sie selbst. Sie schreibt: „Bei einem Herzen wie dem meinen hätte ich mich leicht einfangen und mir die Flügel stutzen lassen können … Ich gestehe, ohne Ihn hätte ich so tief wie die heilige Maria Magdalena fallen können."[46] Gott sei Dank zeigte der Herr erstaunliche Barmherzigkeit gegenüber dieser kleinsten Seele dadurch, dass Er sie tatsächlich schon im Voraus vor der schweren Sünde bewahrte, indem Er die *Hindernisse entfernte*, die sie zu Fall gebracht hätten.[47]

Theresia war sich all ihrer Schwäche schmerzhaft bewusst, wie gerade beschrieben, und noch mehr – man durfte nicht einmal versuchen, ihr zu sagen, dass sie keine kleine Seele sei! Würdes das jemand sagen, würde sie ihm wahrscheinlich in die Augen schauen und mit allem Ernst antworten: „Mein Freund, *es ist niemand kleiner, als ich es bin.*"

Heutiges Gebet:

> *Komm, Heiliger Geist, Feuer der Barmherzigkeit! Hilf mir, meine eigene Kleinheit anzuerkennen und mich an Gottes Barmherzigkeit zu erfreuen!*

9. Tag

Die Entdeckung des „Kleinen Weges"

Gestern haben wir erfahren, dass Theresia Martin in der Tat eine kleine Seele war. Schon seit der Zeit ihrer Jugend hatte sie *kühne* Sehnsüchte: Sie wollte eine Heilige werden, aber nicht nur eine Heilige, sondern eine *große* Heilige. Eine Geschichte aus ihrer Kindheit hilft uns, das zu verstehen – eine Geschichte, die sie „die Zusammenfassung meines ganzen Lebens" nennt.[48]

Als Leonie eines Tages dachte, sie sei schon zu groß, um noch mit Puppen zu spielen, brachte sie den kleinen Schwestern Céline und Theresia einen ganzen Korb voll von Puppenkleidchen, schönen Stoffresten und anderem Zierrat. Céline nahm ein kleines Bündel mit Borten. Aber als Theresia an der Reihe war, rief die zukünftige Heilige plötzlich aus: „Ich wähle alles!" und trug den Korb mit der Puppe davon.

Diese Geschichte drückt gut aus, wie Theresia sich dem geistlichen Leben und insbesondere dem Weg zur Heiligkeit annäherte. Sie verstand, dass es „zahlreiche Grade der Heiligkeit" gibt, und sie wollte den höchsten Grad, indem sie dem Herrn sagte: „Mein Gott, ich wähle alles! … ich wähle alles, was Du auch schicken magst!"[49]

Später würde Theresia ihre kühnen Sehnsüchte nach Heiligkeit auf eine noch wagemutigere Weise ausdrücken, indem sie sagte, sie wollte Gott mehr lieben als Teresa von Avila, die große Kirchenlehrerin aus dem Karmel![50] Jedoch erkannte sie auch ihre Schwäche und Kleinheit. Und so waren für Theresia die großen Heiligen wie die große Teresa von Avila wie Adler, aufsteigend zu den Höhen der Heiligkeit, wohingegen sie sich selbst einfach nur als schwachen kleinen Vogel sah, ohne Stärke und unfähig zu fliegen. In der Tat gab sie richtig zu: „Ich bin kein Adler." Nichtsdestotrotz fuhr sie fort zu erklären: „Ich habe lediglich seine AUGEN UND SEIN HERZ." Dann fuhr sie fort: „Ja, trotz meiner äußersten Kleinheit wage ich es, den Blick auf die göttliche Sonne zu richten, die Sonne der Liebe, und mein Herz entdeckt in sich alles Streben eines Adlers. … Der kleine Vogel möchte auf die strahlende Sonne zufliegen, auf die seine Augen wie gebannt schauen. … und er möchte es wie sie machen."[51]

Von solcher Art ist die Kühnheit, die Theresia dazu führte, den „Kleinen Weg" zu entdecken. Vielmehr ist es richtiger zu sagen, dass der Herr nicht anders helfen konnte, als ihn ihr zu offenbaren: „Weil ich klein und schwach war, neigte Er sich zu mir herab und unterwies mich im Verborgenen in Seiner Liebe."[52] In der folgenden Passage begründet sie diese freudevolle Offenbarung „Seiner Liebe":

> Sie wissen ja, meine Mutter, dass ich stets danach verlangt habe, eine Heilige zu sein. Aber ach, stets musste ich auch, wenn ich mich mit den Heiligen verglich, feststellen, dass es zwischen ihnen und mir denselben Abstand gibt wie zwischen einem Berg, dessen Gipfel sich in den Wolken verliert, und dem unscheinbaren Sandkorn unter den Füßen der Spaziergänger. Doch anstatt den Mut zu verlieren, habe ich mir gesagt: Der liebe Gott kann keine unerfüllbaren Wünsche eingeben. Ich kann mir also trotz meiner Kleinheit Hoffnung auf Heiligkeit machen. Größer machen kann ich mich nicht. Ich muss mich also so ertragen, wie ich bin, mit all meinen Unvoll-

> kommenheiten. *Aber ich will ein Mittel finden, um auf einem kleinen, ganz direkten, ganz kurzen Weg in den Himmel zu kommen, einen kleinen, ganz neuen Weg.*[53]

Also, der kleine Vogel mit dem Herzen eines Adlers, der kleine Vogel, der sich seiner Schwachheit bewusst ist, ist sich sicher, dass Gott ihm nicht das Herz eines Adlers geben konnte, *ohne ihm auch die Mittel zur Erfüllung seiner Wünsche bereitzustellen.* Deshalb musste es einen solchen Weg geben! Es muss einen Weg für kleine Seelen wie sie geben: ein „gerader", „kurzer" und „total neuer" Weg. Theresia ist eine große Kirchenlehrerin, weil sie einen solchen Weg entdeckt hat – vielmehr, sie *entdeckte ihn wieder.* Ja, sie entdeckte das Herz des Evangeliums wieder, die gute Nachricht, dass Gott die Niedrigen erhöht:

> „Wir leben in einem Jahrhundert der Erfindungen. Heute braucht man nicht mehr mühsam Treppenstufen hinaufzusteigen. Stattdessen besitzen die Reichen angenehmerweise einen Aufzug. Ich möchte ebenfalls gerne einen Aufzug finden, der mich zu Jesus hinaufhebet, da ich zu klein bin, die steile Treppe zur Vollkommenheit hinaufzusteigen. Da habe ich in der Heiligen Schrift nach einem Hinweis auf den Aufzug, den Gegenstand meines Verlangens, gesucht, und ich bin auf die Worte aus dem Mund der ewigen Weisheit gestoßen: „*Wenn jemand ganz KLEIN IST, komme er zu mir.*" So bin ich also gekommen, da ich ahnte, dass ich gefunden hatte, was ich suchte. … Der Aufzug, der mich bis zum Himmel emporheben soll, das sind Deine Arme,

> o Jesus! Dafür brauche ich nicht größer zu werden. Im Gegenteil, ich muss *klein* bleiben, ja es immer mehr werden."[54]

Frage: Wenn Sie die Geschichten von Heiligen lesen, erscheinen sie Ihnen wie Adler, hochfliegend in die Höhen, während Sie nur ein kleiner Vogel sind, der nicht fliegen kann? Mit anderen Worten, erscheinen sie Ihnen wie aufragende Berge, während Sie gerade mal ein kleines Sandkorn sind? Wenn das so ist, dann sind Sie eine kleine Person. Sie sind jemand, der seine Armut, Schwäche, Zerbrechlichkeit und Sünde erkennt. Und nun verkündet Theresia gerade Ihnen die gute Nachricht, dass es eine neue Erfindung, einen „geistlichen Aufzug" gibt, der einen Weg zu den Höhen für kleine Seelen bereitstellt. Es ist ein Weg, der „sehr gerade", weil vollständig vertikal ist, der „sehr kurz" ist, weil er die Spiralen der Treppe vermeidet".[55] und der „total neu" ist – oder es fühlt sich zumindest so an, weil er das Herz des Evangeliums wiederentdeckt, namentlich Gottes Barmherzigkeit für die Kleinen und die Niedrigen. Wir werden über diesen Aspekt morgen mehr lernen.

Heutiges Gebet:

> *Komm, Heiliger Geist, Feuer der Barmherzigkeit!*
> *Gib mir das Herz eines Adlers, ein brennendes Verlangen, alles zu wählen, was Du für mich willst!*

10. Tag

Die Entdeckung der Göttlichen Barmherzigkeit

Theresias Entdeckung des „Kleinen Weges" – eines „geraden", „kurzen" und „vollkommen neuen" Weges zu den Höhen der Heiligkeit für kleine Seelen – ist wirklich eine Entdeckung der Göttlichen Barmherzigkeit. Mit anderen Worten, es ist eine Wiederentdeckung des Herzens des Evangeliums. Und was ist das Herz des Evangeliums? Der Katechismus sagt, das Evangelium ist die in Jesus Christus ergangene Offenbarung, dass Gott mit den Sündern Erbarmen hat.[56] In den Tagen von Theresia, die während der schrecklichen Zeit des Jansenismus lagen, schien dies wirklich wie eine „total neue" und freudvolle Offenbarung zu sein. Inmitten der faulen und staubigen Atmosphäre des Jansenismus kam Theresias Entdeckung des „Kleinen Weges" wirklich wie ein Atemzug von frischer Luft auf, was sie dazu bewegte zu beten: „Mein Gott, Du hast meine Erwartung noch übertroffen *und ich will Deine barmherzigen Taten besingen!*"[57] Ja, singen ist angesagt – durch diese Wiederentdeckung im Evangelium hat Theresia auch die Freude des Evangeliums wiederentdeckt.

Und was ist das Evangelium? Ich wiederhole, es ist die gute Nachricht von Gottes Barmherzigkeit für die Sünder. Es ist die gute Nachricht, dass Jesus nicht für die Gerechten kam, sondern für die Sünder. Es ist die gute Nachricht, dass Jesus das Herz des Guten Hirten hat, der sogar die 99 Schafe hinter sich lässt, um das eine verlorene Schaf zu suchen. Es ist die gute Nachricht, dass Gott uns nicht deshalb liebt, weil *wir so gut* sind, sondern weil Er gut ist; dass Er uns nicht liebt, weil wir es verdienen, sondern weil wir *es dringend brauchen.* Es ist die gute Nachricht, dass Gottes Liebe wie Wasser ist, das immer zum niedrigsten Ort fließt. Es ist die gute Nachricht, dass Gottes Wege nicht unsere Wege sind; Gott lässt sich nicht von unseren Geschenken, Tugenden und Talenten anlocken, sondern vielmehr von unserer Schwäche, Zerbrechlichkeit und Sünde. Und dieses ist die Definition von Barmherzigkeit, welche das Gleichnis vom barmherzigen Samariter am besten zu offenbaren scheint:

> Ein Mann ging von Jerusalem nach Jericho hinab und wurde von Räubern überfallen. Sie plünderten ihn aus und schlugen ihn nieder; dann gingen sie weg und ließen ihn halbtot liegen. Zufällig kam ein Priester denselben Weg herab; er sah ihn und ging weiter. Auch ein Levit kam zu der Stelle; er sah ihn und ging weiter. Dann kam ein Mann aus Samarien, der auf der Reise war. Als er ihn sah, hatte er Mitleid, ging zu ihm hin, goss Öl und Wein auf seine Wunden und verband sie. Dann hob er ihn auf sein Reittier, brachte ihn zu einer Herberge und sorgte für ihn. Am andern Morgen holte er zwei Denare hervor, gab sie dem Wirt und sagte: Sorge für ihn, und wenn du mehr für ihn brauchst, werde ich es dir bezahlen, wenn ich wiederkomme (Lk 10,30-35).

Der gute Samariter ist „der, welcher barmherzig an ihm gehandelt hat" (Lk 10,37). Also, was ist Barmherzigkeit? Noch spezifischer, was ist Göttliche Barmherzigkeit? Nun, es ist, wenn Gott nicht an uns vorübergeht, wie der Priester und der Levit, sondern vielmehr, wenn Er zu uns kommt, wo wir gerade sind, wie der Samariter; Er, der unsere Schwäche, Zerbrechlichkeit und unser Elend sieht und dann handelt, um uns zu heilen und zum Ort des Trostes und der Ruhe zu bringen. Mit anderen Worten, Barmherzigkeit beinhaltet zwei Dinge: das *Herz* und *die Arme*. Es ist Gottes Bewegtsein aus Mitleid, wenn Er unser Leiden sieht (Herz), und dann Seine Aktion, um es zu lindern (Arme). Und das ist es in Wahrheit, was beim „Kleinen Weg" und seinem berühmten Aufzug geschieht.

Beim „Kleinen Weg" geht es um das Mitleid Jesu (Herz), der das Leiden der kleinen Seelen sieht, die danach verlangen, die Höhen der Heiligkeit zu erreichen, aber zu klein sind, die „rauen Treppen der Vollkommenheit" zu besteigen. Es geht um die Tat Jesu (Arme), der aus Mitleid nach unten greift, vertrauende kleine Seelen aufhebt und sie in die Höhe platziert.

Also, der Aufzug ist die *Barmherzigkeit Jesu*. Es ist die Barmherzigkeit Jesu in der Tat, das Mitleid Jesu, der hinabgreift, um die Niedrigen zu erhöhen. Und all dies geht zurück auf das Herz der Heiligen Schrift, die erfüllt ist von Barmherzigkeit. Die heilige Theresia deutet dieses selbst aus in einer bemerkenswerten Passage am Ende ihrer Autobiografie, eine Passage, die ihre Lieblingswahrheiten des Evangeliums zusammenfassen – die Wahrheiten, die sie wiederentdeckt hat:[58]

> Ich muss nur das Evangelium aufschlagen, im gleichen Moment kommen mir die Wohlgerüche des Lebens Jesu entgegen, und ich weiß, in welche Richtung ich zu laufen habe. … Ich stürze mich nicht hin zum ersten Platz, sondern zum letzten. Anstatt wie der Pharisäer nach vorne zu gehen, spreche ich voll Vertrauen das demütige Gebet des Zöllners nach. Vor allem aber ahme ich das Verhalten Magdalenas nach. Ihre verblüffende oder besser gesagt aus der Liebe geborene Kühn-

> heit, die das Herz Jesu bezaubert, hat es meinem Herzen angetan. Ja, ich weiß genau, würden auf meinem Gewissen auch alle Sünden lasten, die man überhaupt begehen kann, so würde ich doch mit reumütig zerknirschtem Herzen hingehen und mich in die Arme Jesu werfen. Denn ich weiß, wie sehr er den verlorenen Sohn liebt, der zu Ihm zurückkehrt. Nicht weil der liebe Gott meine Seele in Seiner *zuvorkommenden* Barmherzigkeit vor der Todsünde bewahrt hat, erhebe ich mich zu Ihm durch Vertrauen und Liebe.[59]

Beginnen Sie, den „Wohlgeruch von Jesu Barmherzigkeit zu atmen", der das Herz des Evangeliums ist? Beginnen Sie, den Weg des demütigen Vertrauens in die Göttliche Barmherzigkeit von Theresia zu lieben? Wenn Sie immer noch nicht begonnen haben, Seine Liebe zu genießen, erwägen Sie Theresias Anweisung an ihre Schwester Céline, die uns zurückbringt zum Herzen des Guten Hirten: „Fürchte nichts, je ärmer du bist, desto mehr liebt dich Jesus. Er wird weit gehen, sehr weit, um dich zu suchen, wenn du dich einmal ein wenig verirrst."[60] Oder, wie Jesus es selbst bei Schwester Faustyna sagt: „Je größer der Sünder, desto größer sein Anrecht auf Meine Barmherzigkeit."[61]

Heutiges Gebet:

> *Komm, Heiliger Geist, Feuer der Barmherzigkeit!*
> *Entschleiere für mich das Geheimnis des Herzens*
> *des Evangeliums, das Geheimnis des Herzens Jesu:*
> *Seine zärtliche Barmherzigkeit für die Sünder!*

11. Tag

Tun Sie drei Dinge

Wie wir gestern gesehen haben, geht es beim „Kleinen Weg" um das Herz des Evangeliums: um die Göttliche Barmherzigkeit. Es geht darum, klein zu bleiben und dann auf den Höhen der Heiligkeit anzukommen durch die herabsteigende Barmherzigkeit Jesu.

Okay, wir bleiben also einfach „klein" und warten dann auf den Herrn, dass Er sich herunterbückt, uns in Seine Arme nimmt und uns zu den Höhen erhebt, richtig? Damit wir nicht fälschlicherweise denken, wir brauchten uns nur zurücklehnen, ein Eis zu essen und auf unsere Heiligsprechung zu warten, teilt die heilige Theresia uns ein aufschlussreiches Bild eines kleinen Mädchens am Boden eines Treppenaufganges mit (wahrscheinlich ist die „raue Treppe der Vollkommenheit" gemeint).

Das Kind, welches wir kleinen Seelen sind, kann noch nicht einmal die erste Stufe dieser großen Treppe erklimmen – wir sind zu klein. Aber Theresia ermuntert uns, es zu *versuchen*. Sie sagt: „… heben Sie immer Ihren kleinen Fuß, um die Treppe der Heiligkeit zu besteigen."[62] Natürlich wird es uns nicht einmal gelingen, aber dann fügt Theresia hinzu: „… doch der liebe Gott verlangt von Ihnen nur den guten Willen." Mit anderen Worten, wir müssen es nur versuchen. Und wenn wir das tun, so sagt uns Theresia, wird Gott „von unseren fruchtlosen Anstrengungen bewegt" zu uns herunterkommen und uns auf Seine Arme nehmen und uns so für immer in Sein Reich emportragen.[63]

So scheint es Theresias Punkt zu sein, dass unsere Anstrengungen im geistlichen Leben unbedingt erforderlich, aber auch *absolut nutzlos* sind. Wie bitte? Ich meine das in dem Sinne, wie es die selige (Anm. d. Übers.: jetzt heilige) Mutter Teresa von Kalkutta meinte, wenn sie oft sagte: „Gott hat uns nicht zum Erfolg berufen, nur zur Treue." Mit anderen Worten, auf unser geistliches Leben übertragen, bedeutet das: Der Herr verlangt nicht, dass wir alle Tugenden *erlangen* (Erfolg), sondern dass wir es einfach *weiter versuchen* (Treue). Für diejenigen auf dem „Kleinen Weg" ist der Erfolg nicht das Wichtigste. In der Tat ist es im gewissen Sinne manchmal besser, dass kleine Seelen *nicht* erfolgreich sind.

Ich will Folgendes sagen: Jesus mag es, kleine Seelen klein zu halten. Denn wenn sie sich plötzlich darin sehen würden, wie sie die rauen Treppen der Vollkommenheit mit großem Fortschritt hinaufspringen, mag es ihnen zu Kopf steigen und sie würden zu „groß" für Jesus, um sie hochzuheben. Und so erlaubt der Herr manchmal, dass kleine Seelen in der Dunkelheit von verschiedenen Untugenden und Sünden verbleiben, so dass sie nicht in schlimmere verfallen, wie die Sünde des Stolzes. Hören wir, was Theresia zu einer ihrer Novizinnen sagt, die oft bei den Tugendübungen fiel:

> Und wenn der gute Gott dich schwach und hilflos wie ein Kind haben möchte … glaubst du, dass du weniger Verdienste hast? … Stimme deshalb an jeder Stufe zu, sogar zu fallen, schwach dein Kreuz zu tragen, deine Hilflosigkeit zu lieben. Deine Seele wird mehr Nutzen davon ziehen, als wenn, getragen durch Gnade, du mit Enthusiasmus heroische Taten erreichen würdest, was deine Seele mit persönlicher Zufriedenheit und Stolz erfüllen würde.[64]

Zusammengefasst ist der „Kleine Weg“ somit oft ein kleiner Weg der *Dunkelheit*. Es geht darum zu akzeptieren, dass wir uns mit uns selbst auseinandersetzen müssen – mit all der Dunkelheit, der Schwäche, der Zerbrechlichkeit und der Sünde – ohne uns entmutigen zu lassen. Es ist Erkennen, ohne aufzugeben, dass einige Kämpfe *chronisch* sind. Es ist Erkennen, ohne zu verzweifeln, dass sie in uns sein werden bis zum Tag unseres Todes. Aber es geht auch darum zu begreifen, dass dieses uns *nicht* daran hindert, Heilige zu werden.[65]

Also, selbst wenn wir immer und immer wieder mit derselben Sünde zur Beichte gehen, sollten wir nicht entmutigt sein. Und wir sollten auf Papst Franziskus hören, der sagt: „Der Herr wird niemals müde zu verzeihen: niemals! Wir sind es, die müde werden, Ihn um Vergebung zu bitten!“[66] Natürlich müssen wir Reue für unsere Sünden und entschieden das Ziel der Änderung haben. Aber wenn wir das tun, wenn wir es weiterhin *versuchen,* dann gibt es keine Grenzen der Barmherzigkeit des Herrn und wir können glauben, dass Er unser Verlangen nach Heiligkeit erfüllen kann und *will.*

Morgen werden wir mehr darüber lernen, wie Gott kleine Seelen zu den Höhen der Heiligkeit bringen kann und will. Für jetzt lassen Sie uns nur erwägen, dass, wenn wir den „Kleinen Weg“ leben wollen, wir drei Dinge tun müssen: (1) *die Dunkelheit erkennen*: Erkennen der Dunkelheit unserer Kleinheit und Zerbrechlichkeit. (2) *Weiter Versuchen*: Versuchen Sie weiter in der Heiligkeit zu wachsen und tun Sie kleine Dinge mit großer Liebe. (3) *Weiter vertrauen*: Vertrauen Sie weiter und glauben Sie, dass Gott Ihr Verlangen nach Heiligkeit erfüllen will, auch wenn wir jetzt nicht ganz verstehen, wie.

Heutiges Gebet:

> *Komm, Heiliger Geist, Feuer der Barmherzigkeit! Hilf mir, drei Dinge zu tun: (1) Erkennen der Dunkelheit meiner Kleinheit, (2) weiter versuchen, in der Heiligkeit zu wachsen und (3) weiter auf Deine Barmherzigkeit zu vertrauen!*

12. Tag

Sie werden eine Heilige/ein Heiliger werden

Wenn Sie den „Kleinen Weg" leben – wenn Sie die Dunkelheit Ihrer Kleinheit erkennen, es weiter versuchen, in der Heiligkeit zu wachsen und auf das Versprechen der Barmherzigkeit des Herrn vertrauen, – dann werden Sie ein/e Heilige/r werden. Es ist so einfach. Und wenn Sie sehr klein sind und Ihr Vertrauen groß ist, dann werden Sie sogar ein/e große/r Heilige/r.

Bevor wir dazu kommen, hier etwas, dass vielleicht noch mehr erstaunt: Als die heilige Theresia starb, hat sie die Verschnitte ihrer Fingernägel gesammelt und ihre Schwester Pauline (Mutter Agnes) eingeladen, sie zu nehmen, vermutlich, um sie als Reliquien zu nutzen,[67] weil sie glaubte, was sie lehrte, und weil sie glaubte, dass sie eine große Heilige sein würde. Sie ermutigte auch die anderen Schwestern, die Blütenblätter der Rosen zu behalten, die ihr Kreuz berührt hatten, und sagte: „Sie werden euch helfen, später einmal Gefälligkeiten auszuführen; verliert nicht eine von ihnen."[68] Wie bitte? Beeinflusste die tödliche Krankheit, die Theresias arme Lungen verschlangen, auch ihr Gehirn? Nein. Theresia war geistig vollkommen gesund und ihre Worte sind tatsächlich vereinbar mit der Lehre ihres „Kleinen Weges".

Es ist wie folgt: Gemäß der traditionellen katholischen Weisheit disqualifizierst man sich grundsätzlich selbst davon, ein großer Heiliger zu werden, wenn man denkt, man würde einer. Schließlich ist es sicher Stolz, wenn man so etwas denkt (ohne zu erwähnen, dass man Reliquien von sich selbst sammelt), richtig? Nun, nicht in Theresias Fall. Der Grund dafür liegt in ihrer revolutionären Annäherung an zwei Tugenden: Großmut und Demut.

Das Wort „magnanimity" (auf Deutsch „Großmut") kommt von den lateinischen Wörtern *magnus* für „groß" und *animus* für „Seele". So ist es etwas wie „Groß-Seligkeit", was eine Person dazu bewegt, ein *hohes Ziel* im geistlichen Leben zu haben. Es war zum Beispiel wegen ihres außerordentlichen Großmutes, dass Theresia einst sagte: „Ich möchte (Gott) so sehr lieben, ... Ihn mehr lieben, als Er jemals geliebt wurde."[69] Und solch eine Großmut ist eine gute Sache.

Und doch, wie ich gesagt habe, die traditionelle katholische Weisheit lehrt, dass die Tugend der Demut die Großmut in Schach halten soll. Sie soll das große Verlangen nach Heiligkeit zurückzerren, wie beim Zügeln eines Pferdes (im englischen „reining" = ein schneller Stopp des Pferdes aus dem Galopp beim Westernreiten). Zum Beispiel würde die Tugend der Demut auf Theresias großmütige Aussage, Gott mehr lieben zu wollen, als Er jemals geliebt wurde, etwa so antworten:

> Komm schon. Sag das nicht. Sei ein bisschen demütiger und realistischer. Ich meine, schau mal,

> wer du bist. Ehrlich, du bist ein sehr zerbrechliches, kleines Mädchen. Warum willst du nicht nur eine kleine Heilige sein, die einfach nur in den Himmel will, ohne Zeit im Fegefeuer zu verbringen? Ist das nicht genug für dich, so schwach und klein, wie du bist? Warum überlässt du die große Heiligkeit nicht den großen Seelen?

Das ist sicherlich vernünftig, aber Theresia hielt nichts davon. Sie glaubte nicht, dass es die Rolle der Demut ist, das Pferd ihres großen Verlangens nach Heiligkeit zu zügeln. Im Gegenteil, sie sah Demut als etwas, was die großmütigen Pferde in die Startbox treibt, um sie dann zu senden, um bis zum Mond zu rennen! Mit anderen Worten, es ist nicht *trotz* Demut, sondern vielmehr *wegen* der Demut, dass sie glaubte, dass sie eine der größten Heiligen werden würde. Und diese feste Überzeugung stammt aus ihrer Erkenntnis von Gottes erstaunlicher Barmherzigkeit.

Erinnern Sie sich daran, dass Gottes barmherzige Liebe wie Wasser ist: Sie fließt zu den tiefsten Orten – und Theresia wusste das. Deshalb sah sie ihre Demut, das ist ihr Bewusstsein ihrer Kleinheit, als ihren größten Schatz an.[70] Warum? Weil sie wusste, dass es ihre Kleinheit war, die Gottes barmherzige Liebe anzog. Und weil sie so klein war und vollkommen auf die göttliche Barmherzigkeit vertraute, glaubte sie, dass Gottes Barmherzigkeit sicher zu dem niedrigsten Ort eile – ihrer kleinen Seele! – und sie fülle bis zum Überfließen.

Wunderbar. Gut für die heilige Theresia. Aber was hat das alles damit zu tun, ein/e große/r Heilige/r zu werden? Nun, … *Alles*. Warum? Weil, *was ist Heiligkeit anderes, als die barmherzige Liebe Gottes, die ausgegossen wird in unsere Herzen*?

(Röm 5,5) Für Theresia ist das die wahre und größte Heiligkeit. Mehr noch, solch eine Heiligkeit ist kein menschliches Werk, sondern vielmehr Gottes Werk, ein Werk der Göttlichen Barmherzigkeit, das zum niedrigsten Ort eilt. Und weil Theresia glaubte, dass sie die kleinste Seele sei, glaubte sie, dass sie eine der *größten* Heiligen werden würde. In der Tat erklärte sie sogar dem Herrn: „Doch hier auf Erden vermag ich mir keine unermesslichere Fülle der Liebe vorzustellen, als diejenige, mit der Du mich umsonst und ohne jedes Verdienst meinerseits überreich beschenkt hast."[71] Wahrhaftig, denken Sie darüber nach: Sie hatte ein „Verdienst": ihr Vertrauen. Schließlich ist es das Vertrauen, das die Schleusen von Gottes Barmherzigkeit öffnet und es erlaubt, dass sie hinabfließt, hinabfließt in kleine Seelen.[72]

Was für eine Revolution in der katholischen Theologie! Theresia glaubte, dass sie die schwächste und kleinste der Seelen (Demut) war, und *deshalb* war sie zuversichtlich, eine der größten Heiligen zu werden (Großmut). Also, ihre Demut zügelte nicht ihr Verlangen nach Heiligkeit. Vielmehr, sie brachte sie ans Rennen zu den Höhen. Noch besser, sie brachte sie hinunter zur Niedrigkeit, tief hinunter zur Niedrigkeit, in den leeren Abgrund, sodass eine Überfülle der Göttlichen Barmherzigkeit hinuntereilen konnte. Das ist buchstäblich die größte Heiligkeit! Und es ist kein Stolz, darauf zu hoffen.[73] Vielmehr ist das Demut. Und solche Hoffnung ist es, welche Theresia für jede kleine Seele zu erfahren wünscht:

> O Jesus, könnte ich doch all den kleinen Seelen sagen, wie unaussprechlich Deine Herablassung für sie ist. … Ich bin mir gewiss, wenn Du – was unmöglich ist – eine noch schwächere, noch kleinere Seele als die meine finden würdest, so

> würdest Du sie mit Freuden mit noch größeren Gnaden überhäufen, wenn sie sich Deiner unendlichen Barmherzigkeit mit vollständigem Vertrauen überließe … Ich flehe Dich an, Deinen göttlichen Blick vom Himmel herab auf eine große Zahl von kleinen Seelen zu richten. … Ich flehe Dich an, eine Legion *kleine* Opfergaben zu erwählen, die Deiner LIEBE würdig sind![74]

Im Hinblick auf Theresias Gebet für kleine Seelen wiederhole ich: Wenn Sie den „Kleinen Weg" leben, das bedeutet, wenn Sie die Dunkelheit Ihrer Kleinheit erkennen, weiter versuchen in der Heiligkeit zu wachsen und auf das Versprechen der Barmherzigkeit des Herrn vertrauen, *werden Sie ein/e Heilige/r werden*. Es ist so einfach. Und wenn Sie sehr klein sind und Ihr Vertrauen groß ist, werden Sie sogar ein/e große/r Heilige/r, wie die heilige Theresia – nur bitte, bewahren Sie nicht Ihre abgeschnittenen Fingernägel auf.

Heutiges Gebet:

> *Komm, Heiliger Geist, Feuer der Barmherzigkeit! Obwohl ich schwach, zerbrechlich und sündhaft bin, hilf mir, darauf zu vertrauen, dass ich ein/e große/r Heilige/r werden kann durch die erstaunliche Macht der Göttlichen Barmherzigkeit!*

13. Tag

Prophetin der Barmherzigkeit

Gestern lernten wir, dass Theresia von Lisieux ein geistliches Genie für den Weg war, auf dem sie zumindest einen Aspekt der katholischen Theologie revolutionierte. Insbesondere hat sie uns den „Kleinen Weg", weil wir wegen der Göttlichen Barmherzigkeit große Heilige werden können, nicht trotz unserer Kleinheit, sondern vielmehr wegen ihr! Aber mehr als ein geistliches Genie – was sie sicher ist – ist die heilige Theresia *eine Prophetin*. Lassen Sie mich das erklären.

In der Kirche wird heute viel über die „Zeit der Barmherzigkeit" gesprochen, eine Zeit von großen Gnaden und Segnungen. Warum? Einfach deshalb, weil die Zeiten so übel sind. Mit anderen Worten, wie wir aus der Heiligen Schrift wissen, gibt Gott in Zeiten großer Übel *umso mehr Gnade*: „… wo jedoch die Sünde mächtig wurde, da ist die Gnade übergroß geworden" (Röm 5,20).

Das ist großartig. Aber sogar mit einer solch soliden biblischen Grundlage können wir nicht einfach für uns selbst entscheiden, dass dies eine „Zeit der Barmherzigkeit" ist. Eine derartige Entscheidung müsste von Gott kommen und jemand mit Autorität hätte sie bekanntzugeben. Papst Franziskus hat diese Autorität und er hat sie bekanntgegeben. Hier ist, was er sagte:

> (Wir sind hier) … um die Stimme des Heiligen Geistes zu hören, der zur ganzen Kirche spricht in dieser unserer Zeit, die gerade die Zeit der Barmherzigkeit ist. Dessen bin ich mir sicher. … In der ganzen Kirche ist die Zeit der Barmher-

> zigkeit. Dies war eine Eingebung des (heiligen) Johannes Pauls II. Er hatte den „Spürsinn" dafür, dass dies die Zeit der Barmherzigkeit ist. … Hier sagt er es ausdrücklich, im Jahr 2000, aber in seinem Herzen reifte es schon lange heran. In seinem Gebet hatte er diese Eingebung. … Es ist eine Hinterlassenschaft, die er uns gegeben hat, die jedoch von oben kommt.[75]

Wir sind also in der Zeit der Barmherzigkeit und wir wissen dies durch die Autorität des Papstes. Indem uns diese Botschaft vom Papst weitergegeben wurde, ist sie also eine Gabe, die „von oben kommt", eine Gabe, die von Gott selbst kommt.

Was wäre, wenn Gott möchte – als eine besondere Gabe für die Zeit der Barmherzigkeit –, dass es leichter als jemals zuvor ist, ein Heiliger zu werden? Was wäre, wenn Er uns eine besondere Gabe der Heiligkeit in unseren Tagen schenken möchte? Natürlich könnte Er eine solche Gabe schenken, wenn Er wollte. Er ist Gott. *Aber gibt Er eine solche Gabe*? Das ist die Schlüsselfrage. Um sie zu beantworten, würde Gott selbst es uns wissen lassen, indem er jemanden mit Autorität auswählt, es uns bekanntzugeben. Nun, das ist der Punkt, wo die heilige Theresia als Prophetin einsetzt.

Gemäß Kardinal Joseph Ratzinger (später Papst Benedikt XVI.) ist „ein Prophet einer, *der aus der Berührung mit Gott die Wahrheit sagt*, und zwar die Wahrheit für *heute* …"[76] Die heilige Theresia von Lisieux ist eine solche Prophetin. Als Kirchenlehrerin lehrt sie mit Autorität die Wahrheit für heute und diese Wahrheit ist: Gott möchte einige Seiner größten Wunder der Barmherzigkeit in der gesamten Geschichte der Kirche *heute* vollbringen. Mit anderen Worten, *gerade jetzt* möchte Er einige der kleinsten Seelen zu den größten Heiligen machen.[77]

Wir haben einige geistliche „Techniken“, wie Er dies tun mag, in unseren Reflexionen der letzten zwei Tage aufgezeigt. Aber im Folgenden möchte ich, dass wir besser erkennen, was wir in diesen Tagen gelernt haben, indem ich es mit einer *prophetischen Bekanntmachung* der gegenwärtigen Zeit der Barmherzigkeit in der Kirche in Zusammenhang bringe. Noch spezieller, ich möchte, dass wir unsere gegenwärtige Vorbereitung zur Aufopferung an die barmherzige Liebe nicht als eine Übung im Lernen geistlicher Theologie sehen, vielmehr als eine Antwort auf Gottes Gabe der Barmherzigkeit in dieser Zeit der Barmherzigkeit. Ich möchte, dass wir unsere Vorbereitung der Weihe an die Göttliche Barmherzigkeit als einen Weg sehen, Gott zu erlauben, große Wunder der Barmherzigkeit in uns und für unsere Zeit zu wirken.

Warum ist ein solcher Zusammenhang wichtig? Es ist wichtig, dass wir sehen, dass unsere Weihevorbereitung als ein Teil einer Gabe „von oben“ *für unsere Zeit* kommt, denn so hat sie mehr Gewicht. Den Zusammenhang zwischen unserer Weihe und der gegenwärtigen Zeit zu erkennen, verhilft uns dazu, dass wir uns durch unsere Weihe an die Göttliche Barmherzigkeit selbst hineintragen lassen in ein größeres Werk des Heiligen Geistes, das gerade jetzt geschieht, in unseren Tagen. Mehr noch, diese Erkenntnis lenkt unseren Blick dorthin, wo er hingehört, nämlich auf das *Vertrauen auf Gott*.

Lassen Sie es mich auf diese Weise sagen: Warum konnte Jesus in Seiner Heimatstadt Nazaret nur wenige Wunder wirken (Mk 6,5)? Alles, was Er tun konnte, waren einige kleine Wunder, wie die Heilung weniger Kranker. Aber warum konnte Er keine großen wirken? Es war wegen des *Mangels an Glauben bei den Leuten*. Der allmächtige Gottmensch, Derjenige, Der auf dem Wasser ging, Dämonen austrieb und die Tauben und Blinden heilte – *dieser* große Mann ist in gewisser Weise *machtlos*, wenn wir Ihm nicht unseren Glauben schenken! Aber es ist Glaube, es ist *Vertrauen*, welche die Macht Seiner Barmherzigkeit auslösen. Das ist es, weshalb die heilige Theresia das Vertrauen so hervorhebt. Das ist es, weshalb Jesus die heilige Faustyna bittet, ein Bild der Göttlichen Barmherzigkeit zu malen mit der Unterschrift: „Jesus, ich vertraue auf Dich."[78] Jesus will in der gegenwärtigen Zeit der Barmherzigkeit große Wunder wirken, indem Er die kleinsten Seelen in große Heilige umformen möchte. Aber Er braucht unser Vertrauen, um das tun zu können.[79] Also, werden wir uns Ihm überlassen?

Heutiges Gebet:

Komm, Heiliger Geist, Feuer der Barmherzigkeit!
Lehre mich, mit meinem ganzen Herzen zu beten:
„Jesus, ich vertraue auf Dich!"

14. Tag

Keine „Hoffnungsdiebe" mehr

Gestern lernten wir, dass die heilige Theresia von Lisieux eine Prophetin ist. Insbesondere lernten wir, dass sie eine Prophetin der Barmherzigkeit ist, die Gottes Verlangen bekanntmacht, in der gegenwärtigen Zeit der Barmherzigkeit die erstaunlichen Wunder der Barmherzigkeit wirken zu wollen, uns durch den „Kleinen Weg" in große Heilige umzuformen. Aber damit Er dieses Wunder wirken kann, müssen wir Ihm unser Vertrauen schenken: „Jesus, ich vertraue auf Dich." Aber vielleicht gibt es etwas, das uns zurückhält. Vielleicht können wir Ihm jetzt nicht unser volles Vertrauen schenken – ich weiß, ich könnte es nicht.

In der Einführung schrieb ich, dass es mich zu Beginn meiner Bekanntschaft mit dem „Kleinen Weg" mit Hoffnung erfüllte, dass vielleicht sogar jemand wie ich ein Heiliger werden könnte. Aber ich äußerte auch, dass ich dann zu „Hoffnungsdieben" rannte. Erinnern Sie sich? Das sind die Menschen, die Dinge sagen wie: „Diese heilige Theresia war nicht so klein. Sie war tatsächlich sehr groß." Sie fahren fort mit der Aufzählung von Theresias beeindruckenden Tugenden, Sehnsüchten, Opfern und Leiden, sodass ich bei mir selbst dachte: „Nun, vielleicht ist der ‚Kleine Weg' zu groß für mich. Vielleicht ist es gerade der große Weg, eingepackt in eine mit Zucker beschichtete Kruste und eine blumige Rhetorik." Und damit wurde ich entmutigt. Doch dann schließlich las ich etwas in Theresias Schriften, das mir Hoffnung gab. Aber wiederum dauerte es danach nicht lange, dass die Hoffnungsdiebe mich wieder entmutigten. So ging es weiter und weiter.

Müde geworden, auf einer solchen Achterbahn von geistlichem Auf und Ab zu sein, entschied ich mich, beinahe alles zu lesen, was die heilige Theresia jemals geschrieben hatte, um herauszufinden, ob der „Kleine Weg“ wirklich jemandem wie mir helfen könnte, ein Heiliger zu werden. Mein Forschen war nicht vergeblich. Ich fand, wonach ich geschaut hatte. Enttäuschenderweise wird in Theresias gesammelten Briefen nur „Brief 197“ genannt und er enthält einige der trostvollsten Worte, die ich jemals gelesen habe. Er zerstörte all die Argumente der Hoffnungsdiebe und schickte mich „mit geblähten Segeln auf die Wogen des Vertrauens und der Liebe“.[80] Aber bevor ich es mitteile, sollte ich ein wenig Hintergrundwissen dazu geben.

Der Brief 197 ist die Antwort der heiligen Theresia auf einen Brief ihrer Schwester Marie (Schwester Marie vom Heiligsten Herzen), der selbst eine Antwort auf eine von Theresias Lehren war, die wir früher gelesen haben: Der kleine Vogel, der nicht fliegen konnte. Erinnern Sie sich an dieses Bild? (Wir behandelten es in der Lesung vom 9. Tag.) Nun, diese Geschichte vom jämmerlichen kleinen Vogel mit dem Herzen eines Adlers war tatsächlich Theresias Versuch, den „Kleinen Weg“ ihrer Schwester Marie zu erklären.

Das Problem war, Schwester Marie mochte diese Geschichte nicht. Sie meinte, sie wäre falsch. Schließlich lebte sie in dem gleichen Konvent wie Theresia. Also sah sie jeden Tag die beeindruckenden Wünsche, Opfer und Leiden ihrer Schwester aus der Nähe und sie schloss daraus, dass die zukünftige Heilige überhaupt kein kleiner Vogel war. Stattdessen war sie ein Adler! Mehr noch, Schwester Marie fühlte, dass sie selbst der kleine Vogel war und dass es keine Hoffnung für sie gab, Gott so zu lieben, wie Theresia Ihn liebte.

Obwohl sie schreibt wie eine Hoffnungsdiebin, danke ich Gott für Schwester Marie. Ich hätte nämlich ihren Einwand selbst nicht besser machen können. (Tatsächlich machte ich ihn selbst, weil ich ihre Gedanken interpretiere.) Jedenfalls antwortet Theresia Schwester Marie mit ihrem herrlichen Brief 197. Der Brief spricht für sich selbst; so lassen Sie ihn zu sich sprechen. Bitte lesen Sie ihn langsam und vom Gebet getragen:

> Meine geliebte Schwester, … wie können Sie mich fragen, ob es Ihnen möglich ist, den lieben Gott so zu lieben, wie ich ihn liebe? …
> Hätten Sie die Geschichte von meinem kleinen Vogel verstanden, so hätten Sie mir diese Frage nicht gestellt. Mein Verlangen nach dem Martyrium ist nichts, nicht das ist es, was mir das grenzenlose Vertrauen schenkt, das ich in meinem Herzen fühle. Die geistlichen Schätze machen nämlich ungerecht, wenn man sich wohlgefällig darauf ausruht und meint, sie seien etwas Großes. … Ah! ich fühle wohl, es ist keineswegs das, was dem lieben Gott in meiner kleinen Seele gefällt; ihm gefällt zu sehen, dass ich meine Kleinheit und meine Armut liebe, meine blinde Hoffnung auf Seine Barmherzigkeit … Das ist mein einziger Schatz … Warum sollte dieser Schatz nicht auch der Ihre sein?
> O meine geliebte Schwester, ich bitte Sie, verstehen Sie Ihre kleine Tochter. Verstehen Sie: Wenn man Jesus lieben, Sein Opfer der Liebe sein will – je schwächer man ist, ohne Wünsche, ohne Tugenden, umso eher ist man geeignet für das Wirken dieser verzehrenden und umwandeln-

den Liebe … Aber man muss einwilligen, immer arm und kraftlos zu bleiben, und das ist schwer … Ah! Bleiben wir also weit weg von allem, was glänzt, lieben wir unsere Kleinheit, lieben wir es, nichts zu fühlen, dann werden wir arm sein im Geist, und Jesus kommt, uns zu holen, soweit wir auch entfernt sein mögen, und wandelt uns um zu Flammen der Liebe.
O wie möchte ich Ihnen begreiflich machen, was ich fühle! … Das Vertrauen, und nichts als das Vertrauen, muss uns zur Liebe führen.[81]

Heutiges Gebet:

Komm, Heiliger Geist, Feuer der Barmherzigkeit! Hilf mir, den „Kleinen Weg“ mit meinem ganzen Herzen zu umarmen!

Dritte Woche

Die Aufopferung an die barmherzige Liebe

Neun Monate, nachdem die heilige Theresia den „Kleinen Weg" entdeckt hatte, passierte etwas, dass sie weit auf ihrem Weg vorankatapultierte. Es war der 9. Juni 1895 – Dreifaltigkeitssonntag. Während der Hl. Messe erhielt die junge Nonne die Inspiration und das brennende Verlangen, sich selbst der barmherzigen Liebe zu opfern. Sofort danach ging sie zu ihrer Schwester Pauline (Mutter Agnes), die damals die Priorin war, und fragte um Erlaubnis, diese Aufopferung zu machen. Mutter Agnes erinnerte an diese Angelegenheit während eines Interviews: „Als sie mich das fragte, war ihr ganzes Gesicht erleuchtet, als wenn sie voll Feuer der Liebe wäre. Ich ließ es sie tun."[82] Als sie danach gefragt wurde, ob Theresia diese Aufopferung nur einmal gemacht und sie dann vergessen habe, erklärte Mutter Agnes: „Oh nein, niemals; sie wiederholte sie ständig und ihr ganzes Leben drehte sich darum. Auf ihrem Totenbett sagte sie an einem Tag zu mir: ‚Ich wiederhole oft meinen Weiheakt.'"[83]

Was ist die Aufopferung an die barmherzige Liebe, diese „Weihe" an die Göttliche Barmherzigkeit, um die es sich bei Theresia „ihr ganzes Leben lang drehte"? Das ist es, was wir in dieser Woche erforschen werden.

15. Tag

Was sie nicht ist

Wahrscheinlich ist der beste Weg, um die Aufopferung an die barmherzige Liebe zu verstehen, sie in Kontrast zu stellen mit dem, was sie nicht ist.

Erinnern Sie sich, dass in Theresias Tagen in Frankreich die Häresie des Jansenismus einen tiefen Einfluss auf die katholische Spiritualität hatte. Auch Theresias Kloster fühlte sicherlich seine Auswirkungen. Das geschah weitgehend aufgrund eines berühmten und schrecklich rigorosen Buches der karmelitischen Spiritualität, das „*Der Schatz des Karmel*" hieß. Unter anderem wird in diesem Buch behauptet, dass jede Karmelitin sich selbst als Opferseele an Gottes Gerechtigkeit aufopfern sollte, und mehrere Ordensfrauen des Klosters in Lisieux taten das.[84] Was bedeutete diese Aufopferung? Lassen Sie mich mit der Antwort beginnen, indem ich Ihnen Schwester Marie von Jesus, eine Karmelitin von Luçon in Frankreich, vorstelle.

Schwester Marie starb im Frühjahr 1895 und ihre Todesanzeige kam im Kloster von Lisieux am 8. Juni an, wo sie wahrscheinlich am selben Tag im Refektorium laut vorgelesen wurde.[85] Am nächsten Tag, dem 9. Juni, erhielt Theresia die Inspiration, ihre Aufopferung an die barmherzige Liebe zu machen. Hatte Schwester Maries Nachruf einen Einfluss auf Theresia? Es scheint, dass es so war, und der Grund dafür wird klar, wenn wir fortfahren.

Erstens. Laut der Todesanzeige opferte Schwester Marie „ihre Seele oft als *Opfer an die Göttliche Gerechtigkeit*."[86] Zweitens:

Es geht klar aus der Todesanzeige hervor, dass Schwester Marie unter den Einfluss des Jansenismus geraten war, wie wir aus ihren letzten ängstlichen Worten schließen können: „Ich habe nicht genug Verdienste, ich muss mehr davon erwerben."[87] Solche Worte werden einen Eindruck auf die Heilige des „Kleinen Weges" gemacht haben, die keine Verdienste für den Himmel anhäufen, sondern allein für die Liebe wirken wollte. Drittens; Die Todesanzeige beinhaltete auch die folgende Aussage von Schwester Marie, die sie inmitten ihrer Todesagonie geäußert hatte: „Ich ertrage die Härte der Göttlichen Gerechtigkeit … Göttliche Gerechtigkeit! … Göttliche Gerechtigkeit!"[88]

Was geht hier vor? Grundsätzlich ist ein Sich-Aufopfern als Opferseele für Gottes Gerechtigkeit, wie Schwester Marie es tat, eine Art von Geschäft mit dem Herrn, ein Geschäft, das ungefähr so aussieht: „Herr, bitte gib mir all die Strafe, die den Sündern gebühren würden, und dann gib den Sündern den Segen, den ich normalerweise als Ordensfrau erhalten würde." Es ist vielleicht überraschend, aber der Herr nimmt ein solches Opfer von Menschen an. Genau wie Schwester Marie von Jesus bekommen sie oft einige Krankheiten, die schreckliche Leiden verursachen, und einen quälenden Tod.

Theresia hatte oft von solchen Opferseelen für Gottes Gerechtigkeit gehört und war tief beeindruckt von ihrer Großzügigkeit. Nun wollte der „Kleine Vogel" mit den „Augen und dem Herzen eines Adlers" auch großzügig sein gegenüber dem Herrn. Nichtsdestotrotz, wahrscheinlich mit Schwester Marie im Sinn, schrieb sie Folgendes:

> Ich dachte an die Seelen, die sich der Gerechtigkeit Gottes als Opfer anbieten, um die für die

Schuldigen bestimmten Strafen abzulenken und auf sich zu ziehen. Ein solches Angebot kam mir groß und edelmütig vor, jedoch war ich weit davon entfernt, *mich dazu geneigt zu fühlen.*[89]

Nach dem Lesen dieser Zeilen kann man beinahe das Aufatmen von allen kleinen Seelen hören. Zum Glück war Theresia sehr von einer anderen Art von Aufopferung angezogen: die Aufopferung an die barmherzige Liebe. Wir sehen morgen, was das ist. Für jetzt können wir über die erfrischende Perspektive nachdenken, welcher sich die Heilige von Lisieux näherte mit dem Gedanken, sich aufzuopfern als geistliches Opfer:

„Gütig ist der Herr, ewig währt Seine Barmherzigkeit!" Mir scheint, hätten alle Geschöpfe die gleichen Gnaden wie ich empfangen, so würde der liebe Gott von niemandem gefürchtet werden, sondern bis zur Torheit geliebt, und aus Liebe statt unter Zittern würde niemals eine Seele Ihm freiwillig Kummer bereiten. … Ich sehe allerdings ein, dass nicht alle Seelen einander gleichen können. Es muss verschiedene Familien geben, damit jede einzelne der Vollkommenheiten des lieben Gottes eigens verehrt wird. Mir hat er Seine unendliche Barmherzigkeit gegeben, durch sie hindurch beschaue ich alle anderen göttlichen Vollkommenheiten und bete sie an. … Da erhalten für mich alle den Glanz der Liebe. Sogar die Gerechtigkeit (und vielleicht sie sogar mehr als alle anderen) erscheint mir wie mit Liebe bekleidet. …
Welche süße Freude ist es, daran zu denken, dass der liebe Gott gerecht ist, d.h. dass Er unseren

> Schwächen Rechnung trägt und vollständig die Schwachheit unserer Menschennatur kennt. Wovor sollte ich also noch Angst haben?[90]

Eindeutig ist Theresias Weg der Weg der Barmherzigkeit und nicht der Gerechtigkeit. Tatsächlich sieht sie sogar Gottes Gerechtigkeit durch die Linse der Barmherzigkeit, eine Linse, die „die Härte der Göttlichen Gerechtigkeit", wie Schwester Marie von Jesus es beschreibt, umwandelt in eine Gerechtigkeit, die „umkleidet ist mit *Liebe*." Bewegt von dieser barmherzigen Perspektive, taucht Theresia mit einer geistlichen Opferbereitschaft auf, die auf Barmherzigkeit basiert, nicht auf Gerechtigkeit, auf Liebe, nicht auf Furcht, auf Zärtlichkeit, nicht auf Härte. In der Tat ist ihre Aufopferung gut geeignet für die kleinen Seelen, die danach verlangen, die Höhen der Heiligkeit zu erreichen, die aber zu klein sind, die rauen Treppen der Vollkommenheit zu ersteigen, zu klein, um den Weg der Furcht und strengen Gerechtigkeit zu nehmen.

Danken wir Gott für die heilige Theresia. Danken wir Gott, dass sie einen Weg der geistlichen Opferbereitschaft entdeckte, der nicht nur sogar kleinen Seelen erlaubt, großzügig zu sein, sondern sie auch mit Liebe in Brand setzt. Wir werden morgen mehr darüber lernen.

Heutiges Gebet:

> *Komm, Heiliger Geist, Feuer der Barmherzigkeit! Fülle mich mit barmherziger Liebe, sodass ich dadurch Gottes Vollkommenheit sehe, Seine Gerechtigkeit eingeschlossen, wie umkleidet mit Liebe!*

16. Tag

Was sie ist

Gestern haben wir gelernt, dass der „Kleine Weg“ der heiligen Theresia nicht in einer Aufopferung an die Göttliche Gerechtigkeit gipfelt, sondern vielmehr in einer Aufopferung an die *Göttliche Barmherzigkeit*. Was ist damit gemeint? Theresia selbst erzählt es uns, indem sie ein leidenschaftliches Gebet an den Herrn richtet:

> „O mein Gott“, rief ich im Inneren meines Herzens, „sollen sich denn nur Deiner Gerechtigkeit solche Opferseelen übereignen? … Hat nicht auch Deine barmherzige Liebe solche nötig? … Allerorten ist sie verkannt und wird zurückgestoßen. Die Herzen, an die Du sie zu verschenken verlangst, wenden sich den Geschöpfen zu und suchen bei ihnen mit ihrer jämmerlichen Zuneigung das Glück, anstatt sich in Deine Arme zu werfen und Deine unendliche Liebe anzunehmen. … O mein Gott, soll Deine verachtete Liebe also in Deinem Herzen eingeschlossen bleiben? Mir scheint, wenn Du Seelen finden würdest, die sich Deiner Liebe als Ganzopfer weihten, so würdest Du sie rasch verzehren. Mir scheint, Du wärest glücklich, die Ströme unendlicher Zärtlichkeit nicht in Dir einschließen zu müssen … wenn schon Deine Gerechtigkeit, die sich doch nur auf die Erde erstreckt, so leicht ihre Macht zeigt, um wieviel mehr sehnt sich dann Deine barmherzige Liebe danach, die Seelen zu entflammen, da Deine Barmherzigkeit doch bis zum Himmel reicht.

> … O mein Jesus, lass doch mich dieses selige Opfer sein! Verzehre Dein Ganzopfer mit dem Feuer Deiner göttlichen Liebe! …“[91]

Durch dieses wunderschöne Gebet beginnen wir, das Wesen der Aufopferung an die barmherzige Liebe zu erkennen. Die Schlüsselzeilen, die das Wesen offenbaren, sind tatsächlich zwei Fragen. Die erste ist folgende Frage: „Hat Deine *barmherzige Liebe* sie (die Opfer) nicht ebenso nötig?“ Die implizierte Antwort ist *JA*. Jesus braucht kleine Seelen, die Seine barmherzige Liebe erhalten wollen. Und das ist die Schönheit von Theresias Weg. Es ist kein Weg, auf dem Jesus Gnade und Barmherzigkeit gibt, weil wir es verdienen, sondern vielmehr, *weil Er die Notwendigkeit fühlt, sie zu geben.*

Natürlich können wir den Weg der Leistung gehen, indem wir einen Blick darauf werfen, was wir „verdienen“. Mit anderen Worten, wir können uns fürchten wegen unserer Leistung, wie das arme Opfer der Gerechtigkeit, Schwester Marie von Jesus, die auf ihrem Totenbett sagte: „Ich habe nicht genug Verdienste, ich muss mehr davon erwerben.“ Oder wir können den Weg der Barmherzigkeit gehen, indem wir Jesus unsere Aufmerksamkeit schenken, der sich nach Seelen sehnt, in die Er Seine barmherzige Liebe ausgießen kann.

Eine Expertin der karmelitischen Spiritualität verglich diese zwei Wege (den der Verdienste und den der Barmherzigkeit) wie folgt: „Gott bringt unsere Heiligkeit hervor durch die Ausbreitung von Gnaden, die er entweder aufgrund unserer Verdienste gibt oder *einfach, um die Notwendigkeit des Gebens Seiner Barmherzigkeit zu stillen.*“[92] Ich weiß nicht, wie es Ihnen ergeht, aber ich wähle den letzteren Weg!

Hier ist nun die zweite Schlüsselfrage in Theresias leidenschaftlichem Gebet: „Soll Deine verachtete Liebe in Deinem Herzen verbleiben?“ Das ist die entscheidende Frage! Aber es ist nicht wirklich eine Frage an Jesus; es ist tatsächlich eine Frage *an uns*. (Ich habe schon mitgeteilt, welchen Weg ich gewählt habe.) Also, was ist mit Ihnen? Haben Sie Mitleid mit Jesus? Werden Sie Sein Herz trösten, indem Sie Ihn die Liebe in Ihre Seele ausgießen lassen, die andere abgelehnt haben? Wenn Sie zu dieser Aufopferung JA sagen, dann scheint es, dass Jesus darüber „glücklich“ sein wird, nicht die Wogen der … „zurückhält“, wie bitte? Der unendlichen Gerechtigkeit? Der unendlichen Härte? Nein. *Der unendlichen Zärtlichkeit*: Wer würde *das* nicht wollen?

Aber bevor Sie antworten, welchen Weg Sie wählen wollen, – Gerechtigkeit oder Barmherzigkeit, Härte oder Zärtlichkeit – möchte ich gerne ein Zeugnis einer anderen großen Heiligen der Göttlichen Barmherzigkeit bringen. Ich tue das, weil es vielleicht schwer zu glauben ist, dass Jesus uns tatsächlich „braucht“ und dass wir Seinem heiligsten und barmherzigen Herzen eine Wohltat verschaffen können. Um das verstehen zu können, hören Sie darauf, was der Herr Selbst über die abgelehnte Gnade und Barmherzigkeit Seines Herzens zur heiligen Faustyna sagte:[93]

> „… als König der Barmherzigkeit will Ich die Seelen mit Gnaden beschenken, doch sie wollen sie nicht annehmen. Komme wenigstens du so oft wie möglich zu Mir und nimm die Gnaden entgegen, die andere nicht haben wollen, und du wirst dadurch Mein Herz trösten. Wie groß ist die Gleichgültigkeit der Seelen gegenüber so viel Güte, so vielen Beweisen der Liebe. Mein Herz

> wird mit Undankbarkeit und Vergessenheit der Seelen, die in der Welt leben, getränkt; für alles finden sie Zeit, nur zu Mir zu kommen, um Gnaden zu erhalten, haben sie keine Zeit.[94]
> … Die Strahlen der Barmherzigkeit brennen Mich; Ich will sie über die Seelen der Menschen ergießen. O welchen Schmerz bereiten sie Mir, wenn sie die Annahme verweigern.[95]
> Ich suche Seelen, die Meine Gnaden annehmen wollen".[96]

So, Sie möchten Jesus „trösten", indem Sie Seine Gnade empfangen? Wollen Sie die abgelehnte Barmherzigkeit akzeptieren, die in Seinem Herzen brennt? Wollen Sie, wie die heilige Theresia sagt, Sein „glückliches Opfer" sein, indem Sie Ihn die „Wogen der unendlichen Zärtlichkeit" in Ihre Seele ausgießen lassen? Wollen Sie sich selbst aufopfern als eine Opferseele an Seine barmherzige Liebe?

Vielleicht sind Sie noch nicht ganz bereit. Vielleicht sagen Sie zu sich selbst: „Das klingt wunderbar, aber *was ist der Haken*?" Mit anderen Worten: „Was wird es mich kosten?" Große Frage. Das werden wir morgen beantworten.

Heutiges Gebet:

> *Komm, Heiliger Geist, Feuer der Barmherzigkeit! Bereite mein Herz vor, die Fluten der unendlichen Zärtlichkeit aus dem Herzen Jesu zu empfangen!*

17. Tag

Was ist der Haken?

Die Aufopferung an die barmherzige Liebe klingt großartig: Für die Absicht Jesus zu trösten, erbitten wir und akzeptieren wir all die abgelehnte Liebe und zärtliche Barmherzigkeit, die andere Seelen nicht haben wollen. Wunderbar. Aber was ist der Haken? Eindeutig ist da ein Haken, wenn es darum geht, eine Aufopferung an die göttliche Gerechtigkeit zu machen: *eine Menge Leiden*! (Erinnern Sie sich an Schwester Marie von Jesus?) Was aber ist der Haken, wenn es darum geht, eine Aufopferung an die barmherzige Liebe zu machen? Da ist in der Tat ein Haken – aber es ist kein beängstigender. Lassen Sie es mich erklären.

Wir sind gerade außerhalb der Mauern von Jerusalem, auf Kalvaria, und Jesus stirbt am Kreuz. Sehen Sie Ihn dort, alles ist blutig, gequetscht und gebrochen. Er ist eine Opferseele für die Göttliche Gerechtigkeit.[97] Nach alldem macht Jesus eine Art Geschäft mit dem Vater. Im Grund sagt er: „Vater, bitte gib Mir all die Strafe, die den Sündern gebühren würde, und dann gib den Sündern all den Segen Meiner eigenen Sohnschaft." Das ist in Wirklichkeit das, was am Kreuz geschah: Jesus zahlt den Preis für die Sünden und erträgt die strenge Last der Göttlichen Gerechtigkeit, so dass wir das nicht zu ertragen brauchen, und so vermögen wir uns an der Gnade der Erlösung zu freuen. Der „Haken" für Ihn, als Opfer für die Göttliche Gerechtigkeit, ist der schreckliche Schmerz Seiner Passion, die in Seiner drei Stunden langen Agonie am Kreuz gipfelte. Maria ist ebenfalls auf Kalvaria, am Fuß des Kreuzes stehend. Ihre Gegenwart hilft uns, den „Haken" zu verstehen, der damit einhergeht, eine Opferseele an die barmherzige Liebe zu sein. Ich sage das, da sie zwar nicht körperlich auf Kalvaria gekreuzigt wurde, aber eine Art geistliche Kreuzigung erlitt. Wie? Ich bin sicher, dass jede Mutter, die ihr Kind während einer qualvollen Krankheit leiden gesehen hat, Ihnen sagen wird, dass sie sofort mit ihrem Kind getauscht hätte, wenn ihr die Möglichkeit gegeben worden wäre. Mit diesem Faktum im Hinterkopf bedenken Sie jetzt, dass Maria wahrscheinlich mehr mütterliche Liebe in ihrem Unbefleckten Herzen hat als alle anderen Mütter zusammen. Nicht nur das, sondern ihr Sohn ist das liebenswürdigste Kind von allen. Nicht nur das, sondern Maria musste mitansehen, wie ihr Kind durch schlimmeres Leiden hindurchging, als irgend jemand anderes jemals zu ertragen hatte. All das sollte uns ein Gespür für Mariens Leiden geben, als sie am Fuß des Kreuzes stand. Aber wenn wir darüber nachdenken, ist dieses Leiden nicht so grausam – zumindest ist es nicht so abstoßend, wie der Gedanke an einen gewaltsamen, blutigen und quälenden Tod. Warum nicht? Weil Mariens Leiden auf Kalvaria ein Leiden aus *Mitleid* war.

Mitleid bedeutet, „mit zu leiden“, und ein solches Leiden ist von seiner Natur her fremdbestimmt. Mit anderen Worten, der Fokus richtet sich auf eine andere Person, nicht auf uns selbst. Wenn unser Fokus nicht auf uns selbst gerichtet ist, wenn wir leiden, bemerken wir unseren Schmerz oft nicht, obwohl er real vorhanden ist. Wir sind zu sehr fokussiert auf den Geliebten, der leidet. Auf der anderen Seite, wenn wir unseren Zeh anstoßen oder schreckliche Kopfschmerzen haben, ist es schwer, den Fokus nicht auf uns selbst zu richten, und dann nehmen wir unseren Schmerz wirklich wahr. Also ist in gewissem Sinn mitleidendes Leiden einfacher zu ertragen und weniger grausam als körperliches Leiden. Es ist auch etwas, das den Kern dessen trifft, wozu wir berufen sind.

Als Christen sollen unsere Herzen barmherzig sein. Mit anderen Worten, wir sollen von Mitleid bewegt sein beim Leiden des anderen. Unglücklicherweise eignen sich unsere Sünden, die Sünden der anderen und die Schmerzen des Lebens sehr gut dazu, unsere Herzen zu verhärten, was uns weniger mitleidsvoll macht, weniger barmherzig und weniger Jesus gleich.

Bei der Aufopferung an die barmherzige Liebe geht es darum, uns zu helfen, dass unser Mitleid wächst, und es beginnt damit, *Mitleid mit Jesus zu haben*. Es beginnt damit zu sehen, dass Er Sich danach sehnt, Seine barmherzige Liebe über die Sünder zu ergießen, und dass so viele Seine Liebe ablehnen. Dann, mit dem Ziel, Jesus zu trösten, bitten wir um all die abgelehnte Barmherzigkeit. Und was passiert als nächstes? Jesus gibt sie. Seine zärtliche Barmherzigkeit eilt, in unsere verhärteten Herzen zu kommen, sie zu reinigen und sie dadurch mitleidsvoller, liebender und einfühlsamer zu machen.

Das ist der Haken! Sich der barmherzigen Liebe aufzuopfern, bedeutet, unsere Herzen tiefer bewegen zu lassen für die Leiden der anderen. Es bedeutet zu erlauben, dass unsere Herzen mehr wie das Herz des heiligen Franz von Assisi werden, der in seinem großen Mitleid mit Jesus weinend umherging und laut schrie: „Die Liebe wird nicht geliebt, die Liebe wird nicht geliebt!" Es bedeutet zu erlauben, dass unsere Herzen mehr wie das Herz der seligen (jetzt heiligen) Mutter Teresa von Kalkutta werde, die aufmerksam auf Jesu schmerzhaften Schrei vom Kreuz hörte: „Mich dürstet!"[98] Es bedeutet zu erlauben, dass unsere Herzen von der Gleichgültigkeit gegenüber dem Schmerz und den Leiden unserer Nächsten geheilt werden. Kurz gesagt, es bedeutet zu erlauben, dass Jesus unsere Herzen dem Seinen ähnlicher macht.

Jetzt sorgen Sie sich nicht. Die das Herz heilenden Gnaden der Aufopferung an die barmherzige Liebe kommen gewöhnlich nicht plötzlich. Ich meine, Jesus neigt dazu, unsere Herzen allmählich zu heilen, während wir die Aufopferung leben. Aber es bringt auch wirkliche Schmerzen mit sich. Schließlich verwundet Mitleid mit denen, die leiden, das Herz. Aber es ist eine schöne Wunde – die Wunde der Liebe! Theresias Schwester Céline (Schwester Geneviève vom Heiligsten Antlitz) beschreibt es am besten:

> Wir dürfen [das Verlangen meiner Schwester, ein Opfer an die barmherzige Liebe zu sein] nicht verwechseln mit ... dem Opfer an die Gerechtigkeit. Theresias Herz war verwundet, das ist wahr, aber hier antwortet die Liebe mit der Liebe ... die Wunde der Liebe! In der Tat ist nichts lieblicher oder noch furchtbarer.[99]

Die Aufopferung an die barmherzige Liebe tröstet nicht nur das Herz Jesu, sondern sie heilt unser Herz, indem sie es paradoxerweise mit Liebe verwundet. Die Aufopferung macht dadurch das Leben zugleich „lieblich" und „furchtbar" (auf eine gute Art!), indem unsere Herzen in Mitleid erwachen zur Wirklichkeit des mystischen Leibes Christi (der Kirche), die zugleich im Haupt und in den Gliedern leidet. Aber wenn das alles nicht genug ist, um uns zu überzeugen, uns dafür zu entscheiden, die Aufopferung an die barmherzige Liebe zu machen, dann wird uns vielleicht Folgendes überzeugen: Wenn wir die Aufopferung machen und leben, brauchen wir das Fegefeuer nicht zu fürchten. Wie bitte? Mehr davon morgen.

Heutiges Gebet:

Komm, Heiliger Geist, Feuer der Barmherzigkeit! Mache mein Herz dem zärtlichen Herzen Jesu gleich, voll von Barmherzigkeit und Mitleid!

18. Tag

Kein Fegefeuer?

Gestern lernten wir, dass die Aufopferung an die barmherzige Liebe unsere verhärteten Herzen heilt, sie einfühlsamer und mitleidsvoller macht. Ein Resultat der erhöhten Empfindsamkeit ist ein tieferes Gefühl des Verlangens nach Gott. Und das ist sehr ähnlich dem Fegefeuer. Wirklich! Die heilige Faustyna hatte einmal eine Vision vom Fegefeuer (der Ort des Leidens für diejenigen Seelen, die im Stande der Gnade sterben, die aber dennoch der Reinigung bedürfen[100]) und sie fragte die Seelen dort, was ihr größtes Leiden wäre. Sie antworteten übereinstimmend: „*Die Sehnsucht nach Gott.*“[101]

Also macht die Aufopferung an die barmherzige Liebe dieses Leben zu einem Fegefeuer? In einem gewissen Sinne, *ja*, weil sie unsere Sehnsucht nach Gott vermehrt. Aber sorgen Sie sich nicht. In diesem Leben ist es eine liebliche Sehnsucht und vor allem eine gute Sache. Es ist besonders gut, weil es nicht nur unsere Herzen öffnet für tiefere Gebete und das Leben freudvoller machen kann, sondern es bewahrt uns auch davor, im jenseitigen Leben in das Fegefeuer gehen zu müssen. In der Tat glaubte die heilige Theresia, dass für kleine Seelen, die den „Kleinen Weg“ leben und die Aufopferung an die barmherzige

Liebe vollziehen, *das Fegefeuer leicht umgangen werden kann.* Damit *meine ich nicht*, dass es deshalb leicht zu umgehen ist, weil es leicht ist, in die Hölle zu kommen. Vielmehr meine ich, es sei leicht, das Fegefeuer zu umgehen und *geradewegs in den Himmel* zu kommen, wie es bei den Heiligen geschieht. Lassen wir Theresia selbst diesen für uns erstaunlichen Punkt erklären.

Die Heilige des „Kleinen Weges“ glaubte, dass sie nach ihrer Aufopferung an die barmherzige Liebe das Fegefeuer nicht mehr zu fürchten brauchte. Sie erklärte den Grund dafür ihrer Schwester Pauline (Mutter Agnes), die ihr die Erlaubnis gegeben hatte, diese Aufopferung zu verwirklichen:

> Meine liebe Mutter, Sie haben mir erlaubt, mich in diesem Sinne dem lieben Gott aufzuopfern, und so wissen Sie auch von den Strömen, ja den Ozeanen an Glauben, die daraufhin in meine Seele eingeströmt sind. … Oh, ich habe den Eindruck, seit diesem seligen Tag durchdringt und umgibt mich die Liebe, ja, mir scheint, jeden Augenblick erneuert mich diese barmherzige Liebe, sie reinigt meine Seele und hinterlässt darin keine Spur der Sünde. Deshalb kann ich auch keine Angst vor dem Fegefeuer haben. … Ich weiß, auf mich selbst gestellt, würde ich es nicht einmal verdienen, an diesen Ort der Sühne zu gelangen, haben doch nur heilige Seelen zu ihm Zugang. Ich weiß aber auch, dass das Fegefeuer der Liebe heiligender ist als das des Fegefeuers. Ich weiß, dass Jesus für uns keine unnötigen Leiden wünschen kann und dass Er mir nicht die Wünsche eingeben würde, die ich empfinde, wenn Er sie nicht auch erfüllen wollte. …[102]

Klingt das wie eine Aussage von jemandem, der es bedauert, sich der barmherzigen Liebe zu opfern? Natürlich nicht. Und in der Tat, die Zeile, die diesem Absatz folgt, macht es noch klarer: „Ah, wie süß ist der Weg der Liebe!“ Ja, er ist süß, weil *Liebe süß ist,* und er ist auch effektiver darin, uns heilig zu machen: „Das Feuer der Liebe ist heiligender als das des Fegefeuers.“ Für Theresia ist Liebe „der Hauptablass“[103], der uns vor dem Fegefeuer bewahren kann. Außerdem erklärt sie: „Gott, der voller Sanftmut ist, würde das Übermaß der zeitlichen Strafen aufgrund der Sünde, wegen unserer Liebe mäßigen.“[104]

Liebe also trägt uns auf diesem Weg, macht alles in gewissem Sinne leicht.[105] Es ist der Weg, den unser liebender und barmherziger Gott für uns geplant hat. Aber wenn wir zu „groß“ werden – mit anderen Worten, wenn wir uns nicht ganz und vertrauensvoll in diesem Leben Gott hingeben –, dann haben wir „unnütze Leiden“ zu ertragen, wir haben „das Feuer des Fegefeuers“ zu ertragen. Aber Theresia möchte das für uns vermeiden und sie glaubt, dass Gott es auch für uns vermeiden will.

Gemäß Theresia will Gott eigentlich nicht nur, dass wir das Fegefeuer umgehen; er möchte, dass wir aufhören, so darüber zu sprechen als wäre es unmöglich, es zu vermeiden. Sie glaubte, dass solches Reden den Herrn verletzt. Ein Beispiel: Nachdem sie einige andere Nonnen darüber sprechen hörte, wie sie möglicherweise im Fegefeuer enden, antwortete Theresia: „Oh! Wie ihr mich kränkt! Ihr fügt Gott eine große Verletzung zu durch euren Glauben, ihr würdet ins Fegefeuer gehen. Wenn wir lieben, können wir nicht dorthin gehen.“[106] Und einer ihrer Novizinnen, die sagte: „Ich fürchte das Fegefeuer“[107], gab Theresia diese Antwort:

„Sie haben nicht genug Vertrauen und zu viel Angst vor dem guten Gott. Ich versichere Ihnen, dass Er darüber betrübt ist. Wir sollen das Fegefeuer nicht fürchten der Leiden wegen, sondern man soll verlangen, nicht dorthin kommen zu müssen, um Gott damit zu erfreuen. Er ist nämlich über jede Seele traurig, die sich dieser Reinigung unterziehen muss. Sobald Sie versuchen, Ihm in allem zu gefallen, und Sie ein unerschütterliches Vertrauen haben, reinigt er Sie jeden Augenblick in Seiner Liebe und lässt in Ihnen keine Sünde mehr zurück.“[108]

Wie können wir sicher sein, dass wir „nicht in das Fegefeuer gehen müssen“? Der Rat Theresias ist das, was wir bereits gehört haben: *Versuche es weiter* („sobald du versuchst, Ihm in allem zu gefallen …“)! Und sie sagte auch etwas sehr Ähnliches: *Vertraue weiter* („… und habe ein unerschütterliches Vertrauen“)! Also, wenn wir es weiter versuchen und weiter vertrauen, „reinigt Gott uns jeden Augenblick in Seiner Liebe und Er lässt keine Sünde übrig“.

Das deckt zwei unserer „drei Sachen“ ab, um den „Kleinen Weg“ zu leben, wie wir es an Tag 11 gelernt haben: Versuchen Sie es weiter und vertrauen Sie weiter! Aber was ist mit der dritten Sache? Wo ist der Ruf zum „*Erkennen der Dunkelheit unserer Kleinheit*“? Wir finden diesen Teil von Theresias Lehre in ihrer Antwort an eine ihrer Novizinnen, Schwester Marie von der Dreifaltigkeit, die sich um ihre Chancen, das Fegefeuer zu vermeiden, sorgte.

Schwester Marie hatte die heilige Theresia gefragt: „Wenn ich sogar in den kleinen Dingen fehle, kann ich immer noch glauben, dass ich geradewegs in den Himmel gehe?“ Theresia kannte die Schwäche der jungen Nonne sehr gut und dennoch antwortete sie immer noch mit wunderbaren Worten für kleine Seelen: „Ja! Gott ist so gut. Er wird wissen, wie Er kommen und Sie holen kann. Aber ungeachtet dessen, versuchen Sie treu zu sein, sodass Er nicht vergeblich auf Ihre Liebe warten muss.“[109] Ja, Gott ist so gut zu kleinen Seelen, die ihre Schwächen erkennen. So lassen Sie uns versuchen, treu zu sein, und lassen Sie uns vertrauen auf Gottes Versprechen auf Barmherzigkeit!

Heutiges Gebet:

> *Komm, Heiliger Geist, Feuer der Barmherzigkeit!*
> *Hilf mir, mein Leben so zu leben, dass ich geradewegs in den Himmel gehe, wenn ich sterbe!*

19. Tag

Drei Einwände

Nunmehr haben wir gelernt, was die Aufopferung an die barmherzige Liebe *nicht* ist (eine Aufopferung an die göttliche Gerechtigkeit), was sie *ist* (ein Akt der Barmherzigkeit gegenüber Jesus), was sie *kostet* (unsere Herzenshärte) und wovon sie uns *befreit* (die Feuer des Fegefeuers). Bevor wir beginnen, auf den Text der Aufopferung selbst zu schauen (morgen), möchte ich drei mögliche Einwände dagegen abhandeln.

Der erste Einwand hat mit der gestrigen Betrachtung zu tun. Jetzt mögen manche von uns dies gelesen und dabei gedacht haben, dass Theresia vielleicht zur Sünde der Anmaßung ermutigt, indem sie uns rät, daran zu glauben, dass wir das Fegefeuer umgehen können. Nun, das würde sie tatsächlich tun, wenn sie uns sagen würde, dass wir erwarten können, direkt in den Himmel zu gehen, ohne Reue über unsere Sünden zu haben und ohne einen festen Vorsatz zur Änderung zu fassen. Aber das lehrt sie nicht. Ihr Rat beinhaltet tatsächlich die Förderung der Reue über die Sünden und einen festen Vorsatz, nicht mehr zu sündigen.

Wenn wir Einwände erheben, dann schauen wir vielleicht nach der Gerechtigkeit. Vielleicht denken wir, Theresia sei zu nachsichtig. Vielleicht möchten wir, dass die Menschen mehr für ihre Sünden bezahlen müssen. Nun, in diesem Fall sind wir gerade nicht einverstanden mit Theresia und schließen uns Schwester Fébronie an.

Sr. Marie Fébronie, die 67 Jahre alte Subpriorin im Kloster Theresias, hatte von der Lehre über das Fegefeuer der 19 Jahre alten Novizenmeisterin gehört. Sie mochte diese Lehre nicht, weil sie dachte, es wäre Überheblichkeit und Theresia sei zu nachsichtig – und so konfrontierte sie Theresia mit ihrer Meinung darüber. Als Antwort versuchte die junge Nonne mit Liebe und Freundlichkeit die Sache ruhig zu erklären, aber Sr. Fébronie wollte davon nichts wissen. Letztendlich beendete Theresia die Diskussion damit, kühn zu behaupten: „Meine Schwester, Sie suchen wohl die Gerechtigkeit Gottes, Sie werden diese auch erfahren. Die Seele bekommt von Ihm genau das, was sie verlangt.“[110]

Bevor noch das Jahr vergangen war, bekam Schwester Fébronie die Grippe und starb. Drei Monate später erschien sie der heiligen Theresia in einem Traum. Überzeugt, dass dies kein gewöhnlicher Traum war, berichtete Theresia ihn der Priorin, die ihn dokumentierte. Nun folgt der dokumentierte Bericht mit den Worten der Heiligen:

> „O meine Mutter, meine Schwester M. Fébronie ist diese Nacht gekommen, mich zu bitten, dass man für sie beten soll. Sie ist im Fegefeuer, sicher wohl, weil sie zu wenig auf die Barmherzigkeit des guten Gottes vertraut hat. Durch ihr flehentliches Benehmen und ihren tiefen Blick schien sie mir sagen zu wollen: Sie hatten Recht, an mir vollzieht sich jetzt die ganze Gerechtigkeit Gottes, aber es ist meine Schuld. Wenn ich auf Sie gehört hätte, wäre ich jetzt nicht hier!"[111]

Die Moral von der Geschichte ist, dass wir den Weg der Gerechtigkeit oder den der Barmherzigkeit wählen können. Ja, wir sind wirklich frei zu wählen – aber bedenken Sie, dass nach dem Maß, mit dem Sie messen und zuteilen, auch Ihnen zugeteilt werden wird (Lk 5,36). Mit anderen Worten, wenn wir wählen, den anderen mit strenger Gerechtigkeit zu behandeln, dann wird Gott mit uns streng sein. Wenn wir wählen, mit anderen barmherzig zu sein, dann wird Gott mit uns barmherzig sein. *Hören Sie das.* Den Weg der Barmherzigkeit zu wählen, bedeutet, *barmherzig mit anderen zu sein.* Dies ist eine der Hauptanstrengungen unter der „Versuche es weiter"-Kategorie, um den „Kleinen Weg" zu leben. So lassen Sie mich wiederholen: Um den „Kleinen Weg" zu leben, müssen wir barmherzig mit den anderen sein. Wir müssen bestrebt sein, Barmherzigkeit zu zeigen. Wir müssen bestrebt sein zu vergeben. Andernfalls können wir nicht auf Barmherzigkeit hoffen (Mt 5,7; 18,21-35).[112]

Der zweite mögliche Einwand gegen die Aufopferung an die barmherzige Liebe, hat mit denen zu tun, die beginnen zu fühlen, dass die Sache mit der Aufopferung ihnen ein bisschen zu tief geht. Mit anderen Worten, sie mögen sagen:

> Schau, ich mag die Botschaft der Göttlichen Barmherzigkeit und die Andacht und alles und ich dachte, ich würde eine nette kleine Weihe machen. Aber ich wusste nichts über „den Haken“ und dieses ganze Gerede über „wachsendes Verlangen nach Gott“ und das alles. Obwohl dieses anderen nicht unheimlich erscheint, macht es mich nervös. Ich meine, *wo bin ich da hineingeraten*?

Als Antwort auf diese Schwierigkeit lassen Sie mich dies sagen: Ja, die Aufopferung an die barmherzige Liebe ist ein kraftvoller geistlicher Akt, einer, den man mit einer gewissen Ernsthaftigkeit angehen sollte. Beachten Sie jedoch, dass der ganze Fokus der Aufopferung die Barmherzigkeit und Gott ist, „der ganz Sanftmut ist“.[113] Ich habe einen Vorschlag, falls Sie etwas Angst davor haben, die Aufopferung zu verwirklichen: Sprechen Sie das Gebet: „Ja, Herr, ich möchte ein Heiliger sein, *aber bitte sei sanft!*“[114] Frei heraus, das ist ein Gebet, das ich selbst oft bete, und ich kann Ihnen versichern, dass der Herr in der Tat sehr sanft mit mir war. Aber wenn das nicht genug ist, dann betrachten Sie bitte Theresias eigene Worte über die Aufopferung an die barmherzige Liebe *als eine kleine Seele*:

> Ich bin nur ein hilfloses und schwaches Kind und doch macht mich gerade meine Schwachheit kühn, dass ich es wage, mich Deiner Liebe als Opfer anzubieten, o Jesus! Einst waren nur die reinen und makellosen Opfergaben dem starken und mächtigen Gott wohlgefällig. Um der göttlichen Gerechtigkeit Genugtuung zu leisten, waren vollkommene Opfergaben nötig. Doch auf das Gesetz der Furcht folgte das Gesetz der Liebe und die Lie-

> be hat mich als Ganzopfer ausersehen, mich, das schwache und unvollkommene Geschöpf.[115]

Ich wiederhole, es ist Theresias Schwachheit, die ihr die Kühnheit gab, sich selbst an die barmherzige Liebe zu opfern. Wenn Sie sich vielleicht zu schwach fühlen, die Aufopferung zu vollziehen, ist das ein gutes Vorbild. Erinnern Sie sich auch, dass Theresias Worte hier etwas anderem, was sie gesagt hat, ähneln, nämlich dem, was wir an Tag 15 gelesen haben: „Was für eine liebliche Freude ist es zu denken, dass Gott gerecht ist. Das heißt, dass Er unsere Schwachheit berücksichtigt, dass Er sich vollkommen unserer zerbrechlichen Natur bewusst ist. Was sollte ich dann fürchten?“[116] Gute Frage. Was sollten wir fürchten? Gott Selbst ist die Liebe und Barmherzigkeit und das Herzstück des „Kleinen Weges“ und der Aufopferung ist, auf Gott *zu vertrauen*. Es ist wahr, dass wir den ganzen Weg nicht vollkommen verstehen werden. Es ist wahr, dass ich Ihnen nicht exakt sagen kann, wie sich bei Ihnen alles abspielen wird. Aber es wird wundervoll sein. Und wenn es etwas gibt, was Theresia uns sagen möchte, dann ist es dies: *Vertrauen Sie!* Vertrauen Sie auf Gott, der Selbst die Liebe und Barmherzigkeit ist!

Der dritte und letzte Einwand ist einer, der aufgekommen sein mag bei der Antwort auf den Gedanken, dass die Aufopferung an die barmherzige Liebe ein Weg ist, die abgelehnte Barmherzigkeit, die andere Menschen nicht wollen, anzunehmen. Vielleicht erscheint das egoistisch. Vielleicht lässt es uns sagen: „Aber was ist mit all diesen armen Menschen, welche die Gnaden nicht bekommen, die ich annehme?“ Als Allererstes denken Sie daran, dass die Gnaden, die wir erhalten, *bereits abgelehnt waren*. Mit anderen Worten, die Menschen haben bereits durch ihre Worte oder Taten gesagt, dass sie sie nicht wollen.

Also sind diese abgelehnten Gnaden frei zur Vergabe[117] Denken Sie auch daran, dass die Aufopferung weit von Egoismus entfernt ist, wenn wir vor allem darauf zielen, Jesus zu trösten. Das war die Absicht der heiligen Theresia und es sollte genauso gut unsere Absicht sein. (Mehr davon später.)

Etwas noch bezüglich des letzten Einwandes: Wenn wir die Gnaden annehmen, die andere nicht wollen, geben wir ihnen eigentlich eine zweite Chance, diese Gnaden zu erhalten. Warum? Weil es, ich wiederhole, eine der Auswirkungen der Aufopferung an die barmherzige Liebe ist, dass sie unsere Herzen einfühlsamer macht. Das bedeutet, dass wir bewegt werden, für die Bekehrung der verhärteten Sünder zu beten – für diejenigen, welche die Gnaden der Barmherzigkeit abgelehnt haben, die wir dann erhalten. Und so – durch unsere Gebete und Taten der Barmherzigkeit, welche die Frucht unserer Aufopferung sind, – bekommen sie eine *zweite Chance*, Gottes Barmherzigkeit zu erhalten.

Jedenfalls decken diese Ausführungen drei mögliche Einwände ab, die uns in den Sinn kommen können, wenn wir uns vorbereiten, die Aufopferung zu machen. Morgen tauchen wir in das Meisterstück Theresias ein, die Krönung des „Kleinen Weges“: den Text der Aufopferung an die barmherzige Liebe.

Heutiges Gebet:

> *Komm, Heiliger Geist, Feuer der Barmherzigkeit!*
> *Nimm alle Ängste und Sorgen fort, die ich wegen*
> *der Aufopferung haben könnte!*

20. Tag

Die Aufopferung (Teil I)

In den letzten zwei Tagen dieser Woche werden wir den eigentlichen Text der Aufopferung an die barmherzige Liebe der heiligen Theresia betrachten, der aus elf Absätzen besteht.[118]

Der erste Absatz, in dem Theresia das Ziel ihrer Aufopferung beschreibt, enthält eine der besten Definitionen davon, was es bedeutet, ein Heiliger zu sein:

> (1) O mein Gott! Glückselige Dreifaltigkeit, ich verlange danach, Dich zu *lieben* und dahin zu wirken, dass Du *geliebt wirst*, an der Verherrlichung der Heiligen Kirche zu arbeiten, indem ich die Seelen rette, die auf Erden sind und jene befreie, die im Fegefeuer leiden. Ich verlange danach, heilig zu werden, aber ich fühle meine Ohnmacht und ich bitte Dich, o mein Gott, sei Du Selbst meine *Heiligkeit!*

Bemerken Sie, wie Theresia, nachdem sie ihre Absicht erklärt hat (eine Heilige zu werden), realisiert, dass sie „hilflos" ist, wenn es dazu kommen soll, die Heiligkeit zu erreichen. So entscheidet sie in einem mutigen Schritt, sich auf Gottes Heiligkeit zu verlassen, eine Entscheidung, die uns in den nächsten Absatz hineinführt:

> (2) Da Du mich so sehr geliebt hast, dass Du mir Deinen einzigen Sohn gabst, auf dass Er mein Erlöser und mein Bräutigam sei, so sind auch die unendlichen Schätze Seiner Verdienste mein,

> freudig bringe ich sie Dir dar und flehe Dich an, nicht anders auf mich zu schauen als durch das Antlitz Jesu hindurch und in Seinem von *Liebe* brennenden Herzen.

Hier sehen wir, dass Theresia sich nicht auf ihre eigenen Verdienste verlässt, sondern vielmehr auf die von Jesus. Im nächsten Absatz schließt sie sich in die Verdienste der Heiligen, der Engel und der Heiligen Mutter ein.[119]

> (3) Ich bringe Dir ferner dar alle Verdienste der Heiligen, derer im Himmel und derer auf Erden, ihre *Liebesakte* und die der heiligen Engel. Endlich biete ich Dir an, *o glückselige Dreifaltigkeit*, die *Liebe* und die Verdienste der *Heiligen Jungfrau, meiner geliebten Mutter*, ihr überlasse ich meine Opfergabe mit der Bitte, sie Dir vorzustellen. Ihr göttlicher Sohn, mein *vielgeliebter-Bräutigam*, hat uns in den Tagen Seines sterblichen Lebens gesagt: „*Alles, worum ihr Meinen Vater in Meinem Namen bitten werdet, das wird Er euch geben*!" So bin ich gewiss, dass Du meine Wünsche erhören wirst; ich weiß es, o mein Gott, *je mehr Du geben willst, umso mehr steigerst Du das Verlangen*. Ich fühle in meinem Herzen unermessliche Wünsche und mit Vertrauen bitte ich Dich, zu kommen und von meiner Seele Besitz zu ergreifen. Ach, ich kann die Heilige Kommunion nicht so oft empfangen, wie ich es möchte, aber, Herr, bist Du *nicht allmächtig*? … Bleibe in mir wie im Tabernakel, entferne Dich nie von Deiner kleinen Hostie!

Theresias Kühnheit, sich nicht nur auf die Verdienste von Gott zu verlassen, sondern auch auf die der Heiligen und Engel, erreichen neue Höhen, nachdem sie den Herrn an Sein Versprechen in der Heiligen Schrift erinnert, alles zu geben, was immer wir erbitten. Ich sage „neue Höhen", weil sie tatsächlich Gott bittet, „Besitz" von ihrer Seele zu ergreifen[120] und sakramental in ihr zu verbleiben „wie im Tabernakel". Können wir auch darum bitten? Theresia scheint kein Problem damit zu haben.[121] Ist Gott nicht „allmächtig"? Und ist nicht Er Derjenige, der dieses Verlangen zuerst erweckt?

Im nächsten Absatz trägt sie noch ein anderes Verlangen und eine kühne Bitte vor:

> (4) Ich möchte Dich trösten über die Undankbarkeit der Bösen und ich flehe Dich an, nimm mir die Freiheit weg, Dir zu missfallen; wenn ich zuweilen aus Schwachheit falle, so möge Dein göttlicher Blick mich alsogleich reinigen, alle meine Unvollkommenheiten verzehren, dem Feuer gleich, das ein Jegliches in sich selbst umwandelt.

Die kühne Bitte ist bemerkenswert: Theresia bittet den Herrn nicht nur, ihr ihre Freiheit zu sündigen, wegzunehmen, sondern auch, sie von jedem Flecken ihrer Unvollkommenheiten, wenn sie geschehen sind, zu reinigen. (Können wir darum bitten? Anscheinend schon.) Theresias ausgedrücktes Verlangen ist nicht weniger bemerkenswert: Sie möchte Jesus „trösten", ein Verlangen, das sie später wiederholt (s. Absatz 6), ein Verlangen, dass ein besonders wichtiges Konzept in ihrer Spiritualität ist.[122]

Tatsächlich ist Theresias Verlangen, Jesus zu trösten, eine Antwort auf den Einwand, den manche haben mögen, nämlich, dass das Ziel der Aufopferung, die persönliche Heiligkeit Theresias, egoistisch sei. Das ist nicht der Fall. Nochmals, es geht darum, Jesus zu trösten. Mit anderen Worten, Theresia möchte keine Heilige werden, um sich selbst zu gefallen, sondern vielmehr, um *Jesus zu gefallen*. An anderen Stellen in ihren Schriften macht sie diesen Punkt deutlich:

> Wenn der gute Gott zu mir sagen würde: „Wenn du sofort stirbst, wirst du große Ehre erhalten; wenn du im Alter von 80 Jahren stirbst, wird deine Ehre viel weniger sein, aber du würdest mir mehr gefallen", dann würde ich nicht zögern, zu sagen: Mein Gott, ich möchte mit 80 Jahren sterben, weil ich nicht meine eigene Ehre suche, sondern nur, Dir zu gefallen.[123]

Da wir dies jetzt geklärt haben, schlage ich vor, dass wir zurückgehen und nur die vier Absätze der Aufopferung selbst noch einmal lesen und sie für den Rest dieses Tages in unseren Herzen erwägen. Morgen werden wir dann den Rest der Aufopferung betrachten.

Heutiges Gebet:

> *Komm, Heiliger Geist, Feuer der Barmherzigkeit! Reinige meine Absichten, so dass ich alles tue, allein um Gott zu gefallen und Ihn zu ehren!*

21. Tag

Die Aufopferung (Teil II)

Gestern haben wir die ersten vier Absätze des Textes der Aufopferung an die barmherzige Liebe besprochen. Heute werden wir die übrigen Absätze lesen, die mit dem Thema des Leidens beginnen:

> (5) Ich danke Dir, o mein Gott, für alle Gnaden, die Du mir gewährt hast, ganz besonders dafür, dass Du mich durch die Feuerprobe des Leidens hindurchgehen ließest. Mit Freude werde ich Dich am Jüngsten Tag betrachten, wenn Du das Zepter des Kreuzes tragen wirst; da Du Dich gewürdigt hast, mir dieses so kostbare Kreuz als Anteil zu geben, hoffe ich, im Himmel Dir ähnlich zu sein und an meinem verklärten Leibe die geheiligten Wundmale Deines Leidens erglänzen zu sehen.

Theresia spricht hier vom Leiden als Gnade. Das deshalb, weil sie verstand, dass leiden uns helfen kann, uns mit unserem gekreuzigten Herrn zu vereinigen. Aber ihre Absicht ist nicht die ungesunde Beschäftigung mit dem Leiden, das ihr früheres religiöses Leben kennzeichnete. Vielmehr ist der Fokus in diesem Absatz nicht die Suche nach dem Leiden, sondern vielmehr das Akzeptieren des Leidens, das Gott für sie bestimmt hat. Das Akzeptieren solcher Leiden wird leichter, wenn wir von Theresia lernen, wie liebevoll und zärtlich Gott wirklich ist. Zum Beispiel sagt sie uns, dass „Gott von uns keine für uns nutzlosen Leiden verlangen kann“[124] und dass Er sogar „Seine Augen abschirmt“, wenn wir sie ertragen müssen, weil Er unser Leiden nicht mitansehen will.[125]

> (6) Nach der Verbannung auf Erden hoffe ich, in der Heimat mich an Dir zu erfreuen, aber ich will keine Verdienste für den Himmel anhäufen, ich will einzig um Deiner Liebe willen arbeiten, in der alleinigen Absicht, Dich zu erfreuen, Dein Heiligstes Herz zu trösten und Seelen, die Dich ewig lieben werden, zu retten.

Wie wir früher gesehen haben, ist Theresias Weg nicht der von Verdiensten, sondern jener von Barmherzigkeit und Liebe. In der Tat lasen wir gerade, dass ihr Fokus darauf gerichtet ist, mit Jesus und ihren Nächsten barmherzig zu sein. Im nächsten Absatz wird klar, warum sie sich um Verdienste keine Sorgen macht:

> (7) Am Abend dieses Lebens werde ich mit leeren Händen vor Dir erscheinen, denn ich bitte Dich nicht, Herr, meine Werke zu zählen. Alle unsere Gerechtigkeiten sind befleckt in Deinen Augen. Ich will mich also mit Deiner eigenen *Gerechtigkeit* bekleiden und von Deiner *Liebe* den ewigen Besitz *Deiner Selbst* empfangen. Ich will keinen anderen *Thron* und keine andere *Krone* als *Dich*, o mein *Vielgeliebter*.

Sie wollte nicht Verdienste sammeln mit nach unten gerichteten, greifenden Händen, sondern Theresia wollte vor dem Herrn erscheinen mit nach oben gerichteten, armen und leeren Händen, die bereit waren, Gottes Gnaden von Ihm selbst zu empfangen. Und nocheinmal, sie ist unbesorgt. Selbst wenn sie mit ihren leeren Händen und voller Schwäche und Unvollkommenheit ist, fürchtet sie sich nicht. Warum nicht? –Weil sie Folgendes von Gott weiß:

> (8) In Deinen Augen ist die Zeit nichts, ein einziger Tag ist wie tausend Jahre, Du kannst mich also in einem Augenblick vorbereiten, vor Dir zu erscheinen.

Ja, Er kann das tun. Erinnern Sie sich einfach daran, was Theresia ihrer Novizin, Schwester Marie von der Dreifaltigkeit erzählte, die gefragt hatte, ob sogar sie hoffen könnte, gleich nach ihrem Tod in den Himmel zu kommen. Theresia hatte geantwortet: „Ja, Gott ist so gut. Er wird wissen, wie Er kommen und Sie holen kann." Er kann Schwester Marie, die heilige Theresia und alle kleinen Seelen „holen", indem Er sie „in einem Augenblick" vorbereitet, um vor Ihm zu erscheinen.[126] So kommt Theresia ohne jede Furcht zur Aufopferung selbst:

> (9) Um in einem Akt vollkommener Liebe zu leben, WEIHE ICH MICH ALS GANZ-BRANDOPFER DEINER BARMHERZIGEN LIEBE und bitte Dich, mich unablässig zu verzehren, die Ströme *unendlicher Zärtlichkeit*, die in Dir beschlossen sind, in meine Seele überfließen zu lassen, damit ich eine *Märtyrerin* Deiner *Liebe* werde, o mein Gott.

Im Aufopfern ihrer selbst an die barmherzige Liebe und nicht an die Gerechtigkeit, öffnet Theresia sich, nicht um Wogen von unendlicher Härte zu empfangen, sondern „*unendliche Zärtlichkeit*". Aber was hat das mit dem Leben „in einem Akt vollkommener Liebe" zu tun? Wir werden mehr darüber in Anhang 1 lernen. Für jetzt jedoch auf zum Martyrium …

> (10) Möge dieses Martyrium, nachdem es mich vorbereitet hat, vor Dir zu erscheinen, mir endlich den Tod geben und meine Seele sich ohne Verzug aufschwingen in die ewige Umarmung *Deiner barmherzigen Liebe.*

Tod und Martyrium? Das klingt unheimlich. Sorgen Sie sich nicht! Aus Liebe zu sterben, ist eine schöne Sache. Es ist der Weg, den der Herr kennt, auf dem Er kommen und kleine Seelen „holen“ kann am Ende ihres Lebens. Genauer, Er wird den Schleier Seiner Herrlichkeit lüften und Sich uns am Ende mit solch einem wunderschönen Glanz der Liebe und Barmherzigkeit nähern, dass wir nicht in der Lage sein werden, dem standzuhalten. Wir werden in diesem Augenblick so leidenschaftlich nach Ihm verlangen, dass unsere Seelen sozusagen aus unseren Körpern „springen“ und direkt und sofort, ohne durch das Fegefeuer zu gehen, in die Umarmung Seiner Liebe fliegen werden.[127] Das ist das Martyrium der Liebe, ein Martyrium, das gemäß dem heiligen Johannes vom Kreuz „sehr sanft und sehr lieblich ist, lieblicher und sanfter als unser ganzes geistliches Leben auf Erden“.[128] Aber bis zu diesem gesegneten Augenblick will Theresia fortfahren, sich der barmherzigen Liebe zu opfern:

> (11) Ich will, o mein *Vielgeliebter,* mit jedem Schlage meines Herzens Dir diese Weihe erneuern unzählige Male, bis dass ich, wenn die Schatten schwinden, Dir in einem ewigen *Angesicht-zu-Angesicht* meine *Liebe* beteuern darf.[129]

Weil ich bis jetzt noch keine Methode für die Erneuerung der Aufopferung an die barmherzige Liebe „mit jedem Schlage meines Herzens“ habe, kann ich eine leichte Methode zur Erneuerung mit jedem Atemzug empfehlen (s. Anhang 1).

Lass Sie uns heute damit verbringen, die sechs Absätze der Aufopferung zu reflektieren, die wir besprochen haben. Dann, beginnend mit morgen, werden wir eine volle Woche in einer adventähnlichen Zeit der von Hoffnung erfüllten Dunkelheit verbringen, bevor wir alles erneut überdenken, was wir gelernt haben, und dann tatsächlich die Aufopferung verwirklichen.

Heutiges Gebet:

> *Komm, Heiliger Geist, Feuer der Barmherzigkeit! Fülle mein Herz mit einem tiefen und tiefer werdenden Verlangen nach Gott, sogar bis zum Martyrium der Liebe!*

Vierte Woche

In die Dunkelheit

Nachdem sie ihre Weihe an die barmherzige Liebe vollzogen hatte, war die heilige Theresia von Trost erfüllt. Sie beschreibt das Gefühl: „Oh, ich habe den Eindruck, seit diesem seligen Tag durchdringt und umgibt mich die Liebe, ja, mir scheint, jeden Augenblick erneuert mich diese barmherzige Liebe. ... Ah! Wie süß ist der Weg der Liebe!"[130] Das Jahr, in dem sie ihre Aufopferung machte, war wahrhaftig ihr „Jahr der Barmherzigkeit".[131] Wir können das sagen nicht nur ,weil sie sich selbst der barmherzigen Liebe geopfert und ihre kraftvollen Auswirkungen erfahren hat, sondern auch, weil sie ein volles Jahr damit verbrachte, die erste Folge ihrer Autobiografie (genannt Manuskript „A") zu schreiben.

Das Werk, das sie begann im Gehorsam gegenüber ihrer Subpriorin, Mutter Agnes, half ihr, Gottes zärtliche Barmherzigkeit, die ihr ganzes Leben umhüllte, klarer denn je zu erkennen. In der Tat, es erfüllte sie so sehr mit Vertrauen in Gottes Liebe für sie, dass sie das Manuskript wie folgt beendete: „Wie wird sie ausgehen, diese ‚Geschichte einer kleinen weißen Blume'? ... Ich weiß es nicht, aber bei einem bin ich mir sicher, die Barmherzigkeit Gottes wird sie allezeit begleiten."[132]

Wir wissen jetzt, wie Theresias Geschichte zuende ging. Von Karfreitag 1896 bis zu ihrem Tod am 30. September 1897 war sie versunken in Dunkelheit. Nichtsdestotrotz bekam ihr „Kleiner Weg".seine Bestätigung durch ihr Vertrauen auf Gottes Barmherzigkeit während dieser Zeit und Gottes Treue zu ihr. In dieser Woche werden wir erkunden, welche Rolle die Dunkelheit im Durchleben des „Kleinen Weges" spielt.

22. Tag

Die Dunkelheit der Sünde

Eine Schwierigkeit, die Menschen oft bei der Annahme des „Kleinen Weges" haben, ist, dass Theresia keine große Sünderin war. Sie sagen z.B.: „Wie kann ich mich mit einer Nonne vergleichen, die im Alter von 24 Jahren starb und deren Beichtvater feierlich erklärte, dass sie nie eine Todsünde begangen habe?[133] Sicherlich, sie beschreibt sich selbst als voller Schwäche, Unvollkommenheit und Fehler, aber das scheint keine bewussten lässlichen Sünden und sicherlich keine Todsünden einzuschließen.[134] In Wirklichkeit kennt sie die Dunkelheit der Sünde nicht. Ich kann mich mit ihr nicht vergleichen."

Es liegt etwas Wahrheit in diesem Einwand. Obwohl Theresia sich fähig sah, eine schwere Sünde zu begehen, glaubte sie, dass Gottes Barmherzigkeit sie davor bewahrt hatte.[135] Man könnte daraus leicht schließen, dass sie ihre lässlichen Sünden nicht willentlich beging. Lassen Sie uns als Beispiel einige ihrer Sünden hören, die sie sich als „die Schwäche selbst" zuschreibt.[136] Sie schließen Ungeduld mit einer Schwester, eine verpasste Gelegenheit, Opfer zu bringen, Abneigung gegenüber einem medizinischen Getränk, eine innere Bewegung der Neugier für eine Zeitschrift mit ein.[137] Sicherlich ist dies nicht die Art der „Sünden", welche die meisten Menschen in die Mutlosigkeit treiben.

Der durchschnittliche Christ kämpft in der heutigen Zeit mit Anhänglichkeiten, Süchten, bewussten lässlichen Sünden und sogar möglicherweise mit schweren Sünden. Es sind oft diese Art von Sündern, die in Mutlosigkeit und Verzweiflung rutschen. Es ist diese Art von „gewöhnlichen" Sündern, die oft mit der Versuchung zu kämpfen haben, an Gottes zärtlicher Liebe für sie zu zweifeln – und genau diese sind die Glücklichen! Diese sind es, die letztendlich ihre Sünden *erkennen*. Aber dann gibt es eine ganze Gruppe von Sündern, die in sich kaum *eine* Sünde sehen. Wegen dieser Blindheit gegenüber ihren eigenen Sünden, hören solche Menschen sogar mehr als andere über Theresia und sagen dazu: „Ich verstehe sie nicht."

Bezüglich der Letzteren, über die ernsthaftere Art der Dunkelheit, die „Blindheit gegenüber der Sünde", werden wir morgen Betrachtungen anstellen.

Für heute jedoch lassen Sie uns auf jene schauen, die fühlen, dass sie sich nicht mit Theresia oder ihrer Lehre vergleichen können, weil sie tatsächlich mit Anhänglichkeiten, bewussten lässlichen Sünden und vielleicht sogar schweren Sünden zu kämpfen haben.

Dankenswerterweise sah Theresia ihre Schwierigkeiten voraus. Sie tat das am Ende ihrer Autobiografie mit Worten, die wir bereits am 10. Tag gelesen haben und die es wert sind, wiederholt zu werden:

> Ja, ich weiß genau, würden auf meinem Gewissen auch alle Sünden lasten, die man überhaupt begehen kann, so würde ich doch mit reumütig zerknirschtem Herzen hingehen und mich in die Arme Jesu werfen. Denn ich weiß, wie sehr Er den verlorenen Sohn liebt, der zu Ihm zurückkehrt.[138]

„Alle Sünden, die begangen werden können". Denken Sie darüber nach: Das sind eine *Menge* Sünden. Das schließt meine und Ihre Sünden mit ein. Aber dann, um ihren Standpunkt noch klarer zu machen, fährt Theresia fort: „Nicht, weil der liebe Gott meine Seele in Seiner zuvorkommenden Barmherzigkeit vor der Todsünde bewahrt hat, erhebe ich mich zu Ihm durch Vertrauen und Liebe."[139] Und damit endet ihr Tagebuch. Die Krankheit, die der jungen Nonne das Leben nehmen würde, machte sie sogar zu schwach, um zu schreiben. Aber diese letzten Worte sind extrem aufschlussreich. Theresia sagt uns: „Ja! Gott bewahrte mich davor, eine Todsünde zu begehen, aber das ist nicht der Grund, warum ich ein solches Vertrauen darin hatte, zu Ihm zu gehen. Auch wenn ich der größte Sünder auf der Welt wäre, würde ich immer noch mit einem zerknirschten Herzen zu Ihm gehen und Seine Barmherzigkeit empfangen! *Und das solltest du auch tun.*"

Theresia vertrat diesen Standpunkt über Gottes große Barmherzigkeit so stark, dass sie, auch nachdem sie die Kraft zum Schreiben verloren hatte, Mutter Agnes grundsätzlich bat, ihre Gedanken abzuschließen. In der Tat bedrängte sie ihre Vorgesetzte mehrere Male mit Worten wie diesen:

> Man könnte denken, dass ich ein so großes Vertrauen in Gott habe, weil ich nicht gesündigt habe. Sagen Sie deutlich, meine Mutter, auch wenn ich alle nur erdenklichen Verbrechen begangen hätte, ich verharrte doch immer im selben Vertrauen, ich bliebe mir bewusst, dass diese Unmenge von Beleidigungen einem Wassertropfen gleich wären, der in einen Glutofen fällt. Erzählen Sie dann die Geschichte der bekehrten Sünderin, die vor Liebe starb.[140]

In Antwort auf Theresias Anweisungen folgt hier, was Mutter Agnes später dem Manuskript hinzufügte, eine Ergänzung, die die „Geschichte der Sünderin, die vor Liebe starb" beinhaltet:

> Nein, es gibt niemanden, der mich einschüchtern könnte,[141] weil ich zu gut weiß, was ich hinsichtlich Seiner Barmherzigkeit und Seiner Liebe glaube. Ich weiß, dass diese ganze Vielzahl von Sünden in einem Augenaufschlag untergehen würde, wie ein Tropfen Wasser, der in einen Feuerofen geworfen wird. Es wird erzählt, wie im Leben der Wüstenväter einer von ihnen eine öffentliche Sünderin bekehrte, deren üble Taten ein Skandal im ganzen Land waren. „Danach hatte sich eine öffentliche Sünderin auf die Predigt des ehrwürdigen Johannes bekehrt und wollte ihm in die Wüste folgen, um sich dort einer strengen Buße zu widmen. Doch noch unterwegs wurden ihre irdischen Fesseln durch das Ungestüm ihrer Reue voller Liebe zerrissen; und der Einsiedler sah im gleichen Augenblick, wie ihre Seele von den Engeln in den Schoß Gottes getragen wurde." Dies ist eine beeindruckende Veranschaulichung von dem, was ich sagen möchte, aber die Realität in sich kann durch die Macht der Worte nicht ausgedrückt werden.[142]

So lassen Sie nun diese letzten Worte von Theresias Autobiografie die letzten Worte der heutigen Meditation sein. Mögen sie uns zeigen, dass im Licht von Gottes barmherziger Liebe die Dunkelheit der Sünde (bereute Sünde) am Ende nicht so dunkel ist.

Heutiges Gebet:

> *Komm, Heiliger Geist, Feuer der Barmherzigkeit! Lass das Licht von Gottes barmherziger Liebe in die Dunkelheit meiner Sünde scheinen!*

23. Tag

Die Blindheit der Sünde

Den „Kleinen Weg" zu leben erfordert, dass wir unsere Kleinheit erkennen. Das Problem ist, dass viele von uns diese nicht sehen. So sagt die heilige Theresia: „Wir müssen demütig sein und unser Nichts-Sein erkennen, *und das ist es, was so viele nicht tun wollen.*"[143] Damit hat sie sicherlich Recht. Es gibt sicher viele Menschen, die unwillig sind, „demütig zu sein" und ihr „Nichts" zu erkennen. Aber heute, glaube ich, ist das größere Problem, dass so viele Menschen ihre Kleinheit *einfach nicht sehen.* Sie merken nicht ernsthaft, dass sie Sünder sind. Sie sind geistlich blind.

Ich will es einmal so sagen: Ich bin Priester. Ich höre Beichten. Da gibt es eine Menge Menschen, die geistlich extrem blind sind. Sie möchten mich glauben machen, dass sie unbefleckt empfangen sind wie Maria. Nachdem sie über Jahre nicht zur Beichte gegangen sind, sagen Menschen z.B. Dinge wie diese: „Schau Vater, ich bin ein guter Mensch. Ich habe keine Sünden."

Es gibt hier zwei Probleme. Erstens, sie liegen falsch. Sie haben Sünden und eine Menge davon. Die Bibel sagt, dass selbst der

Gerechte sieben Mal am Tag sündigt (Spr 24,16). Zweitens, zu viele Menschen denken, es sei genug, einfach nur ein „guter Mensch" zu sein. Aber das ist nicht genug! Jesus möchte nicht nur „gute Menschen" – Er möchte *Heilige*. Er möchte von uns, dass wir voll vom Feuer Seiner Liebe sind, und alles weniger ist nicht genug für Ihn. Da kommen mir z.B. die bewegenden Worte aus dem Lukas-Evangelium in den Sinn: „Ich bin gekommen, um Feuer auf die Erde zu werfen. Wie froh wäre ich, es würde schon brennen!" (Lk 1,49) Ich kann mir ebenfalls nicht helfen, aber ich denke an Seine beängstigenden Worte aus der Offenbarung: „Weil du aber lau bist, weder heiß noch kalt, will Ich dich aus Meinem Mund ausspeien" (Offb 3,16).

Blindheit gegenüber der eigenen Sünde ist heute ein großes Problem. Warum ist das ein Problem? – Die Frohe Botschaft ist nicht wirklich eine Botschaft, wenn wir nicht fühlen, dass wir sie brauchen. Ich meine, warum sollten wir uns darüber aufregen, dass Gottes Barmherzigkeit für Sünder abgelehnt wird, wenn wir nicht fühlen, dass wir sie brauchen? Warum sich Sorgen machen über Barmherzigkeit, wenn wir nicht fühlen, dass wir sie brauchen? Warum zur Beichte gehen, wenn wir nichts falsch gemacht haben? Wir haben aber etwas falsch gemacht – und nochmals, nicht nur eine Sache, sondern eine Menge Dinge. Ich meine, wir sind alle Sünder (Röm 3,23; Joh 1,8-10) und wir alle brauchen dringend Gottes Barmherzigkeit.

An diesem Punkt mögen viele von uns enthusiastisch zustimmen: „Das ist richtig! Wir alle sind Sünder!" In der Tat möchten wir uns selbst gratulieren: „Oh, Gott sei Dank bin ich nicht wie diese geistlich blinden Menschen. Ich sehe meine Sünden klar." Aber tun wir das? Geistliche Blindheit erstreckt sich sogar bis zu jenen hin, die erkennen, dass sie Sünder sind. Bedenken Sie: Jesus sagte einmal zur heiligen Faustyna – *heiligen* Faustyna: „Wollte Ich dir dein ganzes Elend enthüllen, das du bist, würdest du vor Entsetzen sterben.“[144] Ich zögere, dieses Zitat anzuführen, weil ich nicht möchte, dass kleine Seelen sich selbst zerschlagen und in Mutlosigkeit verfallen. Jedoch liegt hier eine tiefe, wichtige Wahrheit vor, und wenn wir das nicht verstehen, werden wir es schwer haben, den „Kleinen Weg“ zu leben.

Lassen Sie es mich auf diesem Weg sagen: Haben Sie sich jemals darüber gewundert, warum die großen Heiligen von sich selbst als den größten Sündern sprechen? Es erscheint keinen Sinn zu ergeben, richtig? Also, was sehen sie, was wir nicht sehen? Zum Beispiel ist das ein Teil dessen, was wir am 7. Tag betrachtet haben: Warum sieht die heilige Theresia, „die größte Heilige der modernen Zeit“, sich selbst als eine so eine *kleine* Seele? Gut, wenn wir das Geheimnis ihrer Kleinheit entdecken können, dann werden wir das Geheimnis ihrer Heiligkeit entdecken. Hier ist das Geheimnis: *Theresia wusste, dass sie sich mit Gott nicht messen konnte.* Lassen Sie mich das erklären.

Gott möchte, dass wir Ihn so lieben, wie Er uns liebt. Er gebietet uns sogar, „Ihr sollt also vollkommen sein, wie es auch euer himmlischer Vater ist“ (Mt 5,48). Wie ich schon früher erwähnt habe, möchte Er, dass wir das Feuer der Liebe haben. Die heilige Theresia wusste das alles, daher versuchte sie, das Gebot der Liebe vollkommen zu erfüllen – aber sie konnte es nicht. Sie realisierte, dass sie sich mit Gottes Liebe nicht messen konnte. Wie sie selbst schrieb, verglichen mit Gottes Liebe für sie, ist ihre Liebe für Ihn „nicht einmal ein Tautropfen, der sich im Meer verliert!“[145] Je tiefer sie eintauchte in das Geheimnis von Gottes Liebe für sie, desto mehr erkannte sie, dass sie sich mit Ihm nicht messen konnte.[146] Sie verstand klar, dass sie Gott nicht lieben konnte, wie Er sie liebte. Sie wusste, dass gemessen an Gott, sie immer schwach sein würde, eine armselige Liebende.

So ist das Licht, das die Dunkelheit unserer geistlichen Blindheit gegenüber unseren Sünden erhellt, das Feuer der Gottesliebe. Denken Sie daran: Gott liebt uns so viel mehr, als wir Ihn lieben. Vom Kreuz herab schreit Er nach Liebe von uns: „Mich dürstet!" – Und wir murmeln unsere Gebete. Er gibt Sein Leben für uns in der Passion und im Tod – und wir beschweren uns über Kopfschmerzen. Sein liebender Blick ist fest auf uns gerichtet in der Nacht und am Tage – und wir schauen Ihn kaum an. Er tut alles, um uns zu gefallen – und wir sind darauf gerichtet, uns selbst zu gefallen.

Wenn wir dann das Geheimnis von Gottes unendlicher, brennender Liebe für uns vergleichen mit unseren eigenen schwachen Anstrengungen, Ihn zurückzulieben, macht es uns demütig, erniedrigt uns, verkleinert uns und wirft uns in den Staub – aber es zerstört uns nicht.

Ja, ich weiß, es sieht so aus, dass Gottes Liebe uns zerstören würde. Schließlich haben wir gerade gehört, dass Jesus zur heiligen Faustyna sagte, dass sie vor Entsetzen sterben würde, wenn Er ihr ihr ganzes Elend enthüllen würde. Aber hier ist die rettende Frohe Botschaft: In Seiner liebenden Barmherzigkeit füllt Gott den Abgrund unseres Elends mit Seiner eigenen göttlichen Liebe. Dies war der erstaunliche Einblick der heiligen Theresia, nachdem sie von der Liebe besiegt wurde. Wie sie es selbst gegenüber dem Herrn ausdrückte: „Um Dich so zu lieben, wie Du mich liebst, muss ich mir Deine eigene Liebe zu eigen machen."[147]

Sie wusste, Er würde sie geben. Sie wusste, dass Gott, nachdem Er uns mit Seiner Liebe besiegt und gedemütigt hat, uns dann mit Liebe rettet, indem Er uns Seine göttliche Liebe gibt. Mit anderen Worten, nachdem Er uns erniedrigt hat mit Seiner überwältigenden Liebe, hebt Gott uns auf und füllt uns mit Seiner Liebe, *so dass wir Ihn tatsächlich lieben können, wie Er uns liebt*. Am Ende *können* wir uns dann mit Ihm messen. Wir *können* vollkommen sein. Wir *können* mit *Feuer* entzündet sein.

Heutiges Gebet:

> *Komm, Heiliger Geist, Feuer der Barmherzigkeit!*
> *Öffne die Augen meines Herzens mit Deiner Liebe,*
> *sodass ich sehen kann, dass ich Deine barmherzige*
> *Liebe brauche!*

24. Tag

Die liturgische Dunkelheit

Gestern haben wir über das Geheimnis der Überwindung unserer Blindheit, unserer eigenen persönlichen Sünden gehört, über das Geheimnis, klein zu sein: *durch das Feuer der göttlichen Liebe*. Wir sahen, wie diese Liebe uns demütig macht, uns merken lässt, dass wir uns nicht messen können, dass wir Gott nicht lieben können, wie Er uns liebt, dass wir nicht vollkommen sein können, wie unser himmlischer Vater vollkommen ist.

Wir sind also schwache, kleine, elendig Liebende. Wir sind Sünder, die „vor Entsetzen sterben“ würden, wenn wir die ganze Fülle unseres Egoismus und unserer Sünden erkennen würden. Danken wir Gott, dass es hier nicht endet.

Wenn wir einmal demütig sind, hebt Gott uns auf. Ich wiederhole, wie die heilige Theresia zum Herrn sagt: „Um Dich so zu lieben, wie Du mich liebst, *muss ich mir Deine eigene Liebe zu eigen machen.*“ Sie wusste, dass sie das konnte! Sie war absolut überzeugt, dass Gott ihr erlauben würde, sich Seine göttliche Liebe zu eigen zu machen. Zum Beweis dafür brauchen wir nur auf den Text ihrer Aufopferung an die barmherzige Liebe zu schauen:

> Ich verlange danach, heilig zu werden, aber ich fühle meine Ohnmacht und ich bitte Dich, o mein Gott, sei Du Selbst meine *Heiligkeit*. …
> … Schau auf mich nicht anders als durch das Antlitz Jesu hindurch und in Seinem von Liebe brennenden Herzen. …
> … und mit Vertrauen bitte ich Dich, zu kommen und von meiner Seele Besitz zu ergreifen. ... Bleibe in mir wie im Tabernakel, …
> … Alle unsere Gerechtigkeiten sind befleckt in Deinen Augen. Ich will mich also mit Deiner eigenen Gerechtigkeit bekleiden und von Deiner Liebe den ewigen Besitz Deiner Selbst empfangen. …
> … [Erlaube,] die Ströme unendlicher Zärtlichkeit, die in Dir beschlossen sind, in meine Seele überfließen zu lassen …[148]

Theresia ist eindeutig davon überzeugt, dass Gott ihr Seine eigene Liebe zu eigen geben wird, sodass sie Ihn vollkommen zurücklieben kann. Sie weiß, dass Er selbst ihre „*Heiligkeit*“

sein wird und dass Gott, der Vater, auf sie herabschauen wird „nicht anders als durch das Antlitz Jesu hindurch und in Seinem von *Liebe* brennenden Herzen". Sie ist überzeugt, dass Gottes Liebe von ihr „Besitz ergreifen" und in ihr „verbleiben" wird, sodass sie „bekleidet" sein wird mit Gottes „eigener Gerechtigkeit" und gefüllt wird mit der „überfließenden, unendlichen Zärtlichkeit" Seiner Liebe. Sie weiß, dass „alle unsere Gerechtigkeiten", das sind alle unsere eigenen Bemühungen, in Gottes Augen „befleckt" sind. So ist es ihr Ziel, Gott zu lieben mit Seiner eigenen vollkommenen Liebe.

Aber wann wird Theresia diese Liebe erhalten? Wann wird sie in der Lage sein, Gott vollkommen zu lieben mit Seiner eigenen göttlichen Liebe? Sie glaubt, es wird erst im Augenblick ihres Todes sein, wenn sie erhofft, „ein Märtyrer" der Liebe Gottes zu sein. Ja, sie glaubt, dass ihr Verlangen erst im Himmel erfüllt wird: „Was mich zur himmlischen Heimat zieht, ist der Ruf des Herrn, ist die Hoffnung, Ihn endlich zu lieben, wie ich es so sehr gewünscht hatte."[149] Nach der heiligen Theresia werden wir nur im Himmel Gott mit vollkommener Liebe lieben. Dennoch gibt es soetwas, wie *den Himmel auf Erden*. Es gibt einen Moment hier auf Erden, in der wir Gott vollkommen lieben können mit Seiner eigenen göttlichen Liebe: Das ist dann, wenn wir am Heiligen Messopfer teilnehmen.

Die Heilige Messe ist sozusagen der Himmel auf Erden. Sie bietet uns die Möglichkeit, in der verschleierten Form des Sakramentes Gott zu lieben, wie Er uns liebt, Ihn tatsächlich vollkommen zu lieben. Insbesondere passiert das während des Augenblicks der Heiligen Messe, den ich den „hochverdichteten" nenne. Das ist der Augenblick, wenn der Priester am Altar den Leib und das Blut Christi in seine Hände nimmt und sie Gott, dem Vater, darbietet mit diesen Worten: „Durch

Ihn und mit Ihm und in Ihm ist Dir, Gott, allmächtiger Vater, in der Einheit des Heiligen Geistes alle Herrlichkeit und Ehre jetzt und in Ewigkeit. Amen."

Der Augenblick ist hochverdichtet, weil Jesus während der Heiligen Messe sich Selbst als Leib und Blut, Seele und Gottheit in unsere Hände gibt: *wortwörtlich*, in die Hand des Priesters und *geistlich* in die Hände aller gläubigen Laien, die ihr eigenes Opfer mit dem Opfer des Priesters am Altar vereinigen. Und dann bieten wir, jeder auf seine eigene Art, Jesu unendliches Opfer der Liebe und uns gemeinsam mit Ihm dem Vater an.[150] Das ist der Augenblick, wenn Jesu Opfer unser Opfer wird, wenn Jesu Liebe unsere Liebe wird, wenn Jesu Aufopferung Seiner Selbst unsere Aufopferung von uns selbst wird. In diesem Augenblick lieben wir Gott vollkommen mit Seiner eigenen göttlichen Liebe. Genauer gesagt, wir lieben den Vater mit der vollkommenen Liebe des Sohnes in der Einheit des Heiligen Geistes.

Diese Erfahrung von Himmel auf Erden ist verborgen unter dem Schleier eines Sakramentes. Es erfolgt durch die Dunkelheit der liturgischen Anbetung, einer Anbetung, die bekundet und darauf verweist, dass die göttliche Anbetung des Himmels aus der Armut von Zeichen und Symbolen durch menschliche Hände geschmiedet ist. Während die Heilige Messe wirklich die erhabene Anbetung des Himmels gegenwärtig setzt, bleiben unsere Augen blind für die Myriaden von Engeln, die den Herrn preisen, das unzählbare Gedränge von Heiligen, die um den Altar versammelt sind, und die überwältigende Herrlichkeit unseres Erlösers, Der Sich Selbst unserem liebenden und barmherzigen Vater übergibt. Und doch nehmen wir in der Heiligen Messe wahrhaftig und voll an diesem Mysterium teil. In der Heiligen Messe lieben wir Gott vollkommen mit „der uns zu eigen gemachten“ unendlichen Liebe, der göttlichen Liebe des Sohnes für den Vater.

Heutiges Gebet:

> *Komm, Heiliger Geist, Feuer der Barmherzigkeit! Hilf mir, voll, bewusst und aktiv an „der mir zu eigen gemachten“ göttlichen Liebe der liturgischen Anbetung teilzunehmen!*

25. Tag

Die tägliche Dunkelheit

Gestern schauten wir auf unser „tägliches Brot“ der Heiligen Messe, unseren Weg, um in den Himmel einzutreten, während wir noch auf der Erde sind, also in verschleierter Weise. Wir sahen, wie die Heilige Messe ein Weg der Vorwegnahme und Teilnahme an der vollkommenen Liebe Gottes für Sich Selbst ist und dadurch ein Weg, selbst „vollkommen“ zu werden. Aber es gibt ein anderes tägliches Brot, ein tägliches Brot, an dem wir auch teilhaben müssen, wenn wir den „Kleinen Weg“ leben: das Brot der *täglichen Dunkelheit.*

Die meisten von uns befinden sich in der großen Menge der Menschheit, die nicht berühmt, nicht gut bekannt ist und nicht auf dem hohen Sockel der Öffentlichkeit steht. Mit anderen Worten, wir sind wahrscheinlich einer von vielen unter „den gewöhnlichen Leuten“. Wenn das Sie beschreibt, dann danken Sie Gott! Es wird für Sie viel leichter sein, den „Kleinen Weg“ zu leben, einer der größten Heiligen aller Zeiten zu werden und mitzuhelfen, die Welt zu retten. Aber wir müssen gewillt sein, das Kreuz des gewöhnlichen Lebens zu akzeptieren und das tägliche Brot der Dunkelheit zu essen. Lassen Sie mich das erklären.

Natürlich sehnen sich die meisten von uns danach, besonders in diesem sozialen Medienzeitalter, bekannt zu sein, anderen gut zu gefallen und als wichtig oder attraktiv gelobt zu werden. Aber dann, wenn wir die Qual der Stille und Einsamkeit in unserem Zimmer zu ertragen haben,[151] realisieren wir, dass wir in den Augen der Welt nicht so wichtig und attraktiv sind. Selbst wenn wir viel geleistet und wunderschöne Selfies gemacht haben, gibt es immer noch die schmerzenden Selbstanklagen, die sich einschleichen und sagen: „Du hast die Größe deiner Bestimmung nicht erreicht. Du bist nicht wichtig. Du bist nicht attraktiv. Du bist *nichts*." Um dies zu bekämpfen, mögen wir noch mehr Selfies machen oder uns selbst drängen, noch größere Dinge zu erreichen, um uns selbst einen Namen zu machen, um „Jemand" zu sein. Aber der Schmerz kommt zurück, denn wir können niemals genug tun, um unser Begehren nach Größe und Liebe zu befriedigen, und unsere wertvollen „Leistungen" und digitalen Bilder verblassen, wie so viel Staub und Eitelkeit („Windhauch" genannt bei Kohelet 1,2).[152]

Machen Sie keinen Fehler: Wir sind gerufen, groß zu sein, sehr groß – über unsere wildesten Vorstellungen hinaus groß. Aber diese Größe ist nicht das, was man gewöhnlich als groß bezeichnet. Wahre Größe basiert nicht auf der Beurteilung und Bewertung der Sterblichen. Vielmehr basiert sie auf der Beurteilung des allmächtigen Gottes, der allein der wahre Große ist. Und diese Größe ist offenbart in der Tatsache, dass das, was Ihn am meisten anzieht, die kleinen Seelen sind:

die Demütigen, die Schwachen und die Gebrochenen. Seine Größe zeigt sich darin, wie Er „die zerstreut, die im Herzen voll Hochmut sind, die Mächtigen vom Thron stürzt und die Niedrigen erhöht“ (Lk 1,51-52), darin, wie Er „den Stolzen entgegentritt, den Demütigen aber seine Gnade schenkt“ (Jak 4,6). Zu kleinen Seelen wie uns, wenn wir es akzeptieren, zeigt sich Seine Größe in der Weise, dass Er mit uns Seine Größe und Seine Herrlichkeit teilen möchte.

Aber erinnern Sie sich, der „Kleine Weg“ ist der „Kleine Weg“ *der Dunkelheit.* Daher werden wir nicht immer die Größe Gottes spüren, die unser Herz erfüllt. Wenn wir das täten, könnten wir von Stolz aufgeblasen werden und nicht länger klein sein. Wir werden die meiste Zeit wahrscheinlich gar nicht fühlen und wir haben damit zu kämpfen zu glauben, dass Gott uns immer noch liebt. Wir werden gegen Depressionen, Mutlosigkeit und sogar Verzweiflung zu kämpfen haben. Wir werden auf Gottes Versprechen auf Barmherzigkeit „hoffen gegen alle Hoffnung“ . Das ist wirklich die edle Art, den „Kleinen Weg“ zu leben.

Kleine Seelen leben oft ein gewöhnliches Leben, aber sie sind berufen, dieses mit *außergewöhnlichem Glauben, Hoffen und Lieben* zu tun. Ihr außergewöhnliches Glauben und Hoffen ist es, an Gottes Versprechen auf Barmherzigkeit zu glauben und zu hoffen, dass Er sie zu den Höhen der Heiligkeit bringen wird, selbst wenn weder sie noch irgendjemand anderes es in diesem Leben sehen werden. Ihre außergewöhnliche Liebe besteht aus ihren Anstrengungen, es weiter zu versuchen, weiter danach zu streben, Gott zu lieben und den Nächsten in den kleinen Dingen. In der Tat ist ihr Ziel, *kleine Dinge mit großer Liebe* zu tun.[153]

Bei ihren Anstrengungen, all dieses verborgene und außergewöhnliche Glauben, Hoffen und Lieben zu leben, sind kleine Seelen in guter Gesellschaft. Gehen wir zurück zum 4. Tag, sehen wir, dass Maria, die Muttergottes, das tägliche Brot der Dunkelheit zu essen hatte. Denken Sie darüber nach. Diese am meisten Gesegnete unter den Frauen lebte ein verborgenes Leben in einer unbekannten, kleinen Stadt, während sie dieselben Lasten wie unzählige gewöhnliche Leute trug. Sie kochte die Mahlzeiten, wechselte Windeln und wusch die Wäsche. Aber in der Mitte ihres verborgenen und gewöhnlichen Lebens hatte sie außergewöhnlichen Glauben, außergwöhnliche Hoffnung und Liebe.

Glaube, Hoffnung und Liebe in der Mitte der täglichen Dunkelheit: Das war Mariens Größe und das kann auch unsere Größe sein. Also, glauben Sie nicht den Stimmen der Welt, die sagen: „Du bist nicht wichtig! Du bist nicht attraktiv! Du bist nicht erfolgreich! Du bist niemand!" Mit dem „Kleinen Weg" will der Herr uns enorm wichtig, unglaublich attraktiv und maßlos erfolgreich in seinen Augen machen – aber wir müssen akzeptieren, dass wir es wahrscheinlich nicht sehen werden. Wir müssen akzeptieren, in der Dunkelheit zu sein, ein gewöhnliches Leben zu leben und im Glauben zu wandeln. Ja, wir sollen nur das Versprechen annehmen, dass Gott uns bekleiden will mit Seiner eigenen göttlichen Liebe, zu Seiner Zeit und auf Seine Weise, selbst wenn wir bis zum Ende warten müssen.

Um die heutige Betrachtung zu beenden, lassen Sie uns Theresias Beschreibung des „Kleinen Weges" als einen Weg der Dunkelheit erwägen:

> „Dann nahm Jesus mich bei der Hand; Er ließ mich in einen unterirdischen Gang eintreten, wo

es weder kalt noch warm ist, wohin kein Sonnenstrahl dringt, weder Regen noch Wind. Ein unterirdischer Gang, wo ich nur gedämpftes Licht sehe, das Licht, das die gesenkten Augen im Antlitz meines Verlobten ausstrahlen! …
Mein Verlobter sagte nichts zu mir. … Ich sehe nicht, dass wir zur Bergspitze voranschreiten, weil unsere Reise unterirdisch vor sich geht, und dennoch scheint es mir, dass wir uns ihr nähern, ohne zu wissen, wie.“[154]

Heutiges Gebet:

Komm, Heiliger Geist, Feuer der Barmherzigkeit! Hilf mir, mein gewöhnliches Leben zu leben mit außergewöhnlichem Glauben, Hoffen und Lieben!

26. Tag

Die Dunkelheit der Welt

In dieser Woche haben wir auf ein besseres Verständnis der Dunkelheit unserer eigenen Schwäche, Zerbrechlichkeit und unserer Sünden geschaut. Durch diese Anstrengungen kamen wir dahin, ein Licht in der Dunkelheit zu finden, nämlich Gottes Liebe, die den Abgrund unseres Nichts füllt.

Heute werden wir darüber nachdenken, wie die Liebe, die den Abgrund unseres Nichts füllt, ebenso *überfließt*. Tatsächlich hat diese überfließende Liebe, wie wir jetzt sehen werden, das Potenzial, die ganze Welt zu überschütten. Ich sage, sie hat „das Potenzial“, weil *es an uns liegt*, ob wir das zulassen oder nicht. Hier ist die wichtigste Frage: *Möchten Sie helfen, die Welt zu retten*?

Ganz klar, unsere Welt braucht Rettung. Wie wir es am 13. Tag hörten, leben wir auf vielerlei Weise in einer Zeit von beispielloser Dunkelheit und Bosheit. Aber gerade aus diesem Grund, gibt Gott uns in gewissem Sinne beispiellose Gnade. Mit anderen Worten, *jetzt ist die Zeit der Barmherzigkeit*. Während dieser gesegneten Zeit will Gott die Welt retten durch die Macht der Göttlichen Barmherzigkeit – *durch uns*. Lassen Sie mich das erklären.

Wir hörten am 13. Tag auch, dass die heilige Theresia eine Prophetin ist, die uns lehrt, dass Gott in der gegenwärtigen Zeit einige Seiner größten Wunder Seiner Barmherzigkeit in der Geschichte der Welt wirken möchte. Wie? Indem Er einige kleine Seelen nimmt und sie zu einigen der größten Heiligen macht. Aber warum? Damit wir mit kleinen Heiligenscheinen um unseren Kopf herumlaufen können und nette geistliche Gespräche führen? Nein. Es ist, um die Welt zu retten.[155] Das ist Gottes umfassender Plan in dieser Zeit der Barmherzigkeit. Er möchte die Welt retten durch eine „Legion“ von kleinen Seelen, die sich von Heiligen wie Theresia von Lisieux inspirieren lassen. Und während die heilige Theresia Gott anflehte um eine „große Anzahl“ von solchen Seelen, gibt es tatsächlich nicht so viele. Es gibt gerade Sie und mich … und vielleicht noch eine andere Person.

Wenn sich das wie ein verrückter Vortrag anhört, geben Sie nicht mir die Schuld – beschuldigen Sie den Teufel! Letztendlich war es der Teufel selbst, der zum heiligen Johannes Maria Vianney sagte: „Wenn es auf der Welt drei gäbe wie dich, wäre mein Königreich zerstört.“[156] Nur drei! Oder geben nicht dem Teufel die Schuld, geben Sie Abraham die Schuld, unserem Vater im Glauben! Erinnern Sie sich, wie er mit Gott über Sodom und Gomorrha sprach? Er bat den Herrn: „Vielleicht gibt es fünfzig Gerechte in der Stadt: Willst Du auch sie wegraffen und nicht doch dem Ort vergeben wegen der fünfzig Gerechten?“ (Gen 18,24) Der Herr sagte, Er werde ihretwegen dem ganzen Ort vergeben. Aber Abraham verhandelte weiter: „Vielleicht finden sich dort nur 45?“ „Ja, ich werde sie verschonen.“ 40? Ja. 30? Ja. 20? Ja. 10? Ja. Dann stoppte Abraham, und weil in dieser Stadt keine zehn gerechten Menschen waren, wurde sie zerstört. Also geben Sie Abraham die Schuld! Vielleicht hätte er die Anzahl auf gerade mal drei herunterdrücken können.

Jedenfalls liegt hier der springende Punkt. Wenngleich die Welt in Dunkelheit versunken liegt, ist unsere Situation nicht hoffnungslos. Ich meine, es braucht nicht *so* viele Menschen, um die Welt zu retten. Und warum ist das so? Weil in gewissem Sinne *die Welt bereits gerettet worden ist*. Tatsächlich, das Leiden, der Tod und die Auferstehung Jesu Christi waren genug, um zig Millionen von Welten zu retten. Wir lernten jedoch am 7. Tag, dass der Herr Sich auf uns stützt, um Ihm zu helfen, Seine Erlösung anderen zu bringen, sogar „bis an die Grenzen der Erde“ (Apg 1,8).

Das bedeutet nicht, dass wir auf einen endlosen Missionstrip oder eine Pilgerreise gehen müssen. Vielmehr *können wir Missionare der Göttlichen Barmherzigkeit für die ganze Welt durch das Gebet sein*. Das ist der Grund, warum die heilige Theresia, die niemals das Kloster verließ, zur „Patronin der Missionare und der Missionen“ erklärt wurde, zusammen mit dem heiligen Franziskus Xaverius. Während Franziskus mit apostolischer Arbeit körperlich bis an die Grenzen der Erde ging, bereiste Theresia die Welt geistlich, durch Gebet. Besonders das Gebet ihrer Aufopferung an die barmherzige Liebe veranlassen Gottes Barmherzigkeit, aus ihrer kleinen Seele überzufließen, hinaus in die ganze Welt. Stellen Sie sich also vor, was wäre, wenn wenigstens drei Weitere von uns die Aufopferung an die barmherzige Liebe vollständig lebten!

Es gibt ein anderes extrem wichtiges Gebet für die gegenwärtige Zeit der Barmherzigkeit: den Rosenkranz zur Göttlichen Barmherzigkeit. Dieses Gebet kommt zu uns von einer Freundin der heiligen Theresia, der heiligen Faustyna[157], und es ist kraftvoll. In der Tat könnte man sagen, dass es in einem gewissen Sinn das kraftvollste Gebet ist, das es gibt. Wie bitte? Ist nicht die Heilige Messe das kraftvollste Gebet? Ja, und das ist der Grund, dass der Rosenkranz zur Göttlichen Barmherzigkeit so mächtig ist. Der Rosenkranz zur Göttlichen Barmherzigkeit ist eine Art *Erweiterung* des Gebetes der Heiligen Messe. Genauer gesagt, es ist eine Erweiterung des kraftvollsten Augenblickes der Heiligen Messe, was ich vorhin den „hochverdichteten" Augenblick genannt habe. Es ist der Augenblick während der Heiligen Messe, wenn „durch Ihn, mit Ihm und in Ihm" der Leib und das Blut, die Seele und die Gottheit Jesu Christi dem Vater aufgeopfert werden als vollkommenes Opfer der Liebe. Es ist der Moment in der Heiligen Messe, wenn in geistlicher Einheit mit dem Priester am Altar alle Getauften Christi das vollkommene Opfer der Liebe dem Vater als *ihr eigenes Opfer* darbringen können.

Wenn wir den Rosenkranz zur Göttlichen Barmherzigkeit beten, kommt uns die Absicht dieses hochverdichteten Augenblickes der Heiligen Messe in den Blick. Er wird eine besondere *Bitte um Barmherzigkeit.*[158] Während wir Christi vollkommenes Opfer der Liebe dem Vater darbringen, rufen wir um Barmherzigkeit für uns selbst und *für die ganze Welt.* Der Vater hört und beantwortet gänzlich ein so vollkommenes und bewegendes Gebet. (Über den Rosenkranz zur Göttlichen Barmherzigkeit und wie er gebetet wird, siehe die Anmerkung[159]. Die Übersetzerin hat ein Buch: *„Der Rosenkranz zur Göttlichen Barmherzigkeit – Sein Geschenk zu unserem Heil“* geschrieben.)

Das also ist das Geheimnis zur Rettung der Welt. Inspiriert durch die heilige Theresia und die heilige Faustyna geht es darum, die unendlichen Verdienste Christi am Kreuz sich zu eigen zu machen und sie als vollkommenes Opfer der Barmherzigkeit für die ganze Welt aufzuopfern. Dies kann leicht die Welt retten. Warum? Während die Sünden der Welt endlich sind, ist die Barmherzigkeit, die vom Opfer Jesu am Kreuz herabfließt, *unendlich.* Durch Christi schmerzhaftes Leiden müssen nur mindestens *drei* Menschen zum Vater rufen: „Habe Erbarmen mit uns und mit der ganzen Welt!“ Das ist der Rosenkranz zur Göttlichen Barmherzigkeit. Das ist der Weg, die Welt zu retten durch die Kraft der barmherzigen Liebe Gottes.[160]

Das ist wirklich wahr. Nur eine kleine Armee von kleinen Seelen kann wirkungsvoll Gott helfen, die Welt zu retten durch das Empfangen all der abgelehnten Barmherzigkeit, die andere Seelen nicht wollen (die Aufopferung an die barmherzige Liebe) und durch den Schrei nach Barmherzigkeit, indem sie sich die unendlichen Verdienste Christi am Kreuz zu eigen machen (der Rosenkranz zur Göttlichen Barmherzigkeit). Noch einmal, *wollen Sie helfen, die Welt zu retten*?

Heutiges Gebet:

> *Komm, Heiliger Geist, Feuer der Barmherzigkeit! Inspiriere mich mitzuhelfen, die Welt zu retten als ein gebetserfüllter Missionar der Göttlichen Barmherzigkeit!*

27. Tag

Theresias Dunkelheit (Teil I)

Gestern schauten wir auf die Dunkelheit der Welt und auf den Weg, wie wir helfen können, die Welt zu retten durch die Göttliche Barmherzigkeit. Aber vielleicht bewegten wir uns zu schnell von der Dunkelheit der Welt zum Licht der Barmherzigkeit. Vielleicht hielten wir nicht lange genug an, um zu erfassen, um was es bei der Dunkelheit der Welt geht. Das tun wir heute. Genauer, wir werden über die Wurzeln der Dunkelheit der Welt nachdenken und inwiefern dies die heilige Theresia betraf.

Natürlich ist die Wurzel der Dunkelheit der Welt die Sünde. Aber warum gibt es die Sünde? Gegen wir zurück an den Anfang zum 1. Tag; dort lernten wir, dass die Sünde von einem Mangel an Vertrauen auf Gottes Güte herrührt, einem Mangel an Glauben an Gott und an Sein Wort. Das ist die tiefe Wurzel der Dunkelheit der Welt. Das ist dort, wo Menschen leben, als ob Gott nicht existierte, als ob es keinen Himmel gäbe, als ob diese Welt das Einzige wäre, was es gibt.

Eine so leere, treulose, zynische Weltsicht beherrschte das französische 19. Jahrhundert der heiligen Theresia und half, den Atheismus und die Gottlosigkeit weiter zu verbreiten als jemals zuvor. Doch trotz der Tatsache, dass Theresia hinter den sicheren Mauern des Klosters lebte, entschied Gott, sie nicht von der Dunkelheit und der schrecklichen Traurigkeit der modernen Welt abzuschirmen.

In Seiner liebenden Barmherzigkeit wartete der Herr, bis sie bereit war. Er wartete bis nach ihrer Entdeckung des „Kleinen Weges“ und bis sie sich der barmherzigen Liebe aufgeopfert hatte. Mit anderen Worten, Er wartete, bis ihr Fundament der Göttlichen Barmherzigkeit wie ein Fels in der Brandung war. Theresia selbst erklärt Gottes Güte im Warten folgendermaßen:

> Meine Mutter, niemals habe ich so sehr empfunden, wie mild und barmherzig der Herr ist. Er hat mir diese Prüfung erst in dem Augenblick geschickt, da ich die Kraft hatte, sie auch zu ertragen. Ich denke wohl, früher hätte sie mich in Mutlosigkeit versinken lassen.[161]

Aber worin bestand die Versuchung, die der Herr Theresia sandte? Die Heilige selbst beschreibt sie wie folgt:

> Damals besaß ich einen so lebendigen und klaren Glauben, dass mein ganzes Glück im Gedanken an den Himmel bestand. Ich konnte es mir gar nicht vorstellen, dass es gottlose Menschen ohne Glauben gibt. Ich dachte, wenn sie die Existenz des Himmels leugnen, jenes schönen Himmels, in dem Gott Selbst ihr ewiger Lohn sein will, dann sagen

> sie etwas ganz anderes, als sie eigentlich denken. In den so freudigen Tagen der Osterzeit ließ Jesus mich begreifen, dass es wirklich Seelen ohne Glauben gibt, die durch den Missbrauch von Gnaden diesen kostbaren Schatz verlieren, aus dem allein ungetrübte und wirkliche Freuden entspringen. Er ließ es zu, dass dichteste Finsternis in meine Seele einzog und sie erfüllte und dass der Gedanke an den Himmel, so süß für mich, nur noch ein Gegenstand des Kampfes und der Qual ist.[162]

Theresia hatte es eindeutig mit der Nacht *des Glaubens* zu tun, einer Versuchung *im Glauben.* Aber das andere Schlüsselwort dieser Versuchung ist „*Himmel*", was sehr interessant ist. Schließlich trifft es direkt ins Herz des „Kleinen Weges", auf dem es wirklich um den Himmel geht. Ich meine, als „Weg" geht er irgendwohin. Aber wohin? Zum Himmel. In der Tat ist das Ziel von Theresias Weg der Himmel. Wie wir gelernt haben, enthält das dreifache Mittel zu diesem Ziel Vertrauen, Versuchen und *Erkennen.* Was erkennen? Die Dunkelheit erkennen, die davon kommt, dass wir klein, hilflos und schwach sind.

Bis zu der Zeit ihrer Versuchung des Glaubens, die sie oben beschreibt, ging es bei der Dunkelheit von Theresias „Kleinem Weg" wirklich um das Erkennen ihrer Hilflosigkeit und des Gefühls der Unfähigkeit für die Werke der Heiligkeit. Aber diese Dunkelheit wurde schließlich Theresias Freude, weil sie fest glaubte und *vertraute,* dass Gott herunterkommen und sie erheben würde in die Höhen des Himmels. Schließlich ist es das, was Barmherzigkeit tut: Sie geht zu den niedrigsten Orten und erhebt.

Aber bei Theresias Versuchung des Glaubens ging die Herausforderung des *Vertrauens* nicht nur um ihre eigene Dunkelheit (die Dunkelheit ihrer Kleinheit), sondern um eine *tiefere* Dunkelheit, die das eigentliche Ziel ihres Glaubens, ihrer Hoffnung und Liebe angriff. Ich meine, es ging nicht länger nur um Vertrauen auf Gottes Versprechen, dass Er sie zu den Höhen erheben würde. Vielmehr hatte es damit zu tun, einfach zu vertrauen, dass da eine Höhe *ist*, dass da ein Gott *ist*, dass da ein Himmel *ist*. Es ging um Vertrauen inmitten der Dunkelheit des Nicht-Sehens des Zieles, des Nicht-Verlangens des Zieles und des Nicht-die-geringste-Freude-Fühlens bei dem Gedanken an das Ziel.

Weil Theresia weiter Gott vertraute, sogar im Angesicht dieser Versuchung der doppelten Dunkelheit – der Dunkelheit ihrer eigenen Hilflosigkeit und der Dunkelheit der Versuchungen gegen Gott und den Himmel – verdient sie wahrhaftig den Segen, der Abraham und Maria gegeben wurde. Sie ist gesegnet, weil sie an Gottes Versprechen auf Barmherzigkeit geglaubt hat, dass Er sie zu den Höhen der Heiligkeit erheben würde, obwohl sie hilflos war und obwohl es ihr schien, als ob es keinen Gott und keinen Himmel gäbe. Sie „hoffte wahrhaftig gegen alle Hoffnung" und sie fuhr fort zu hoffen, zu vertrauen und zu glauben bis ganz zum Schluss, wie wir morgen sehen werden.

Heutiges Gebet:

> *Komm, Heiliger Geist, Feuer der Barmherzigkeit! Hilf mir, zu vertrauen, selbst inmitten der doppelten Dunkelheit meiner Schwäche und Versuchung gegen Gott und den Himmel!*

28. Tag

Theresias Dunkelheit (Teil II)

Noch vorgestern mögen wir gedacht haben, dass wir uns mit der heiligen Theresia nicht vergleichen können, weil sie in einem Kloster lebte und keine Schwierigkeiten hatte, an Gott und den Himmel zu glauben. Wir mögen gedacht haben: „Gut, sie lebte nicht da, wo ich lebe. Ich meine, hier scheint es so, als ob niemand an Gott glaubt, und das Leben im Glauben ist schwer." Aber jetzt wissen wir, dass auch Theresia unter der Versuchung litt, sich zu fragen, ob es überhaupt einen Gott und einen Himmel gibt. Darüber hinaus fühlte sie sich abgelehnt von Gott wegen ihrer Sündhaftigkeit. So trug sie beide Versuchungen und nicht nur für einen Tag, sondern für mehr als ein Jahr. Dennoch „hoffte sie gegen alle Hoffnung", vertrauend, dass Gott existiert und dass Er sie zu einer großen Heiligen machen würde. Aber wie tat sie das? Wie tun *wir* das? Wie verharren wir in Glaube, Hoffnung und Liebe in der Mitte von tiefer geistlicher Dunkelheit? Das ist einfach. Lassen Sie es mich mit einem Bild erklären, das Theresia selbst benutzte.

Jeder von uns hat sich irgendwann einmal in den Strahlen von Gottes Liebe gesonnt (der heilige Ignatius von Loyola nannte das „Trost"). Wir haben wir es vielleicht gefühlt während der Heiligen Messe, als wir die Heilige Kommunion empfingen, während wir einen Abschnitt des Wortes Gottes gelesen haben, während wir vor einem majestätischen Sonnenuntergang gestanden sind oder als wir die zärtliche Liebe des Bräutigams, der Eltern oder eines Freundes spürten. Wann immer es war, wir alle haben Gottes Liebe erfahren, und wie real diese Liebe ist. Wir haben die göttliche Sonne „gesehen" und wurden durch ihre Strahlen erwärmt.

Aber das Problem ist, wir *vergessen*. Dunkle Wolken schleichen sich ein und verdecken die Sonne (was der heilige Ignatius „Trostlosigkeit" nennt). Wir hören auf, ihre Strahlen zu fühlen. Wir fragen uns, ob die Sonne immer noch da ist. Vielleicht beginnen wir mutlos zu werden, da unser Glaube und unser Vertrauen zu wanken beginnen und sich verwandeln in Zweifel und Misstrauen.

Der Unterschied zwischen vielen von uns und der heiligen Theresia ist, dass sie sich an Gottes Versprechen auf Barmherzigkeit klammerte und an die Erinnerung an Seine Liebe (Trost), besonders in der Mitte der Dunkelheit (Trostlosigkeit).[163] Sie gab nicht auf. Sie versuchte es weiter. Sie vertraute weiter während der Dunkelheit. Kurz gesagt, sie erkannte ihren „Kleinen Weg" und ihr Glaube wurde geprüft und dann bestand sie die Prüfung – jeden Tag bis ans Ende.

Wahrhaft gesegnet ist sie, die geglaubt hat, dass sich erfüllt, was ihr vom Herrn gesagt worden ist, Wahrhaft gesegnet ist sie, die sich klammerte an die Erinnerung von Gottes Liebe in der Mitte der Dunkelheit. Wahrhaft gesegnet ist sie, die uns ein so persönliches und vollkommenes Beispiel des Vertrauens gibt.

Wir wissen, dass sie gesegnet war. Woher wissen wir das? Lesen Sie den folgenden Bericht von Mutter Agnes über ihren Tod und begreifen Sie, dass die heilige Theresia nicht an Tuberkulose starb. Nein, sie *litt* an Tuberkulose, aber sie starb an der *Liebe*.

> Ihre Atmung wurde plötzlich schwächer und schwerer. Sie fiel zurück auf ihr Kissen und ihr Kopf neigte sich nach rechts … Sie sprach sehr

> deutlich ihren letzten Akt der Liebe aus: „O … ich liebe Ihn …!" sagte sie, ihren Blick auf das Kruzifix gerichtet. Dann, einen Augenblick später: „Mein Gott … ich … liebe … Dich!"
> Wir dachten, das sei das Ende, als sie plötzlich ihre Augen öffnete, Augen mit einem vergeistigten Blick, von himmlischem Frieden und unaussprechlichem Glück überstrahlt, die alle ihre Hoffnung übertrafen." Dieser Blick währte einige Augenblicke, die Länge eines Credos.
> … Dann schloss sie ihre Augen und die Helligkeit in ihrem Gesicht, die noch mehr betont wurde während der Ekstase, kehrte zurück zur Normalität. Sie erschien bildschön und hatte ein himmlisches Lächeln.[164]

Erinnern Sie sich an dieses Lächeln! Lassen Sie es für sich ein Zeichen sein! Wie Abraham die Sterne hatte und Maria die Worte Elisabeths, so haben Sie das Lächeln Theresias. In Zeiten der Dunkelheit, wenn Sie versucht werden durch Mutlosigkeit wegen Ihrer eigenen Schwäche, Zerbrechlichkeit und Sünde – erinnern Sie sich an dieses Lächeln. In Zeiten der Dunkelheit, wenn Sie versucht sind zu denken, dass Gott und der Himmel nicht existieren – erinnern Sie sich an dieses Lächeln. In Zeiten der Dunkelheit, wenn Sie versucht sind zu denken, es gäbe keinen Weg, um heilig zu werden – erinnern Sie sich an dieses Lächeln.

In der Tat lächelt Theresia Sie jetzt an. Mit ihren Gebeten bereitet sie Ihr Herz darauf vor, das Geschenk der Aufopferung an die barmherzige Liebe anzunehmen. Sie sagt Ihnen, Sie sollen sich nicht fürchten. Sie sagt: „Ich bereue es nicht, mich der Liebe ausgeliefert zu haben – und du wirst das auch nicht!“[165] Und sie bittet Sie, dass Sie ihr erlauben, Gutes für Sie zu tun und ihre Mission an Ihnen zu erfüllen, eine Mission, die sie kurz vor ihrem Tod so ausdrückte:

> … vor allem aber fühle ich, dass meine Sendung anfangen wird, meine Sendung, den lieben Gott so lieben zu lehren, wie ich Ihn liebe, den Seelen meinen „Kleinen Weg“ zu zeigen. Wenn der liebe Gott meine Wünsche erhört, werde ich meinen Himmel bis zum Ende der Welt auf Erden verbringen.[166]

Wir wissen, dass Gott die Wünsche dieser „größten Heiligen der modernen Zeit“ erfüllte. Wollen Sie ihr erlauben, Ihnen zu helfen? Wollen Sie das Geschenk des „Kleinen Weges“ und ihre Aufopferung an die barmherzige Liebe von ihr annehmen?

Heutiges Gebet:

> *Komm, Heiliger Geist, Feuer der Barmherzigkeit! Siehe, dass ich mich entschieden habe, die Hilfe der heiligen Theresia anzunehmen, da ich mich darauf vorbereite, mich selbst der barmherzigen Liebe zu opfern!*

Die letzten fünf Tage

Zusammenfassung und Rückblick

Vier Wochen lang haben wir darüber nachgedacht, um was es bei einer Weihe an die Göttliche Barmherzigkeit nach Art der heiligen Theresia geht. Wir haben eine Menge Material besprochen. Während unser Gebetsprogramm des täglichen Erwägens des Textes uns half, einige Informationen zu verarbeiten, können wir immer noch tiefer gehen. Um dieses zu tun, brauchen wir das, was der heilige Johannes Paul II. Mariens „kluge Auffassungsgabe für die Erinnerung und das Umfassen in einem einzigen Blick des Glaubens“[167] nennt. Wir können diese „kluge Auffassungsgabe“ entwickeln, indem wir das fortsetzen, was wir bereits getan haben, nämlich in unseren Herzen zu erwägen (Lk 2,19), aber jetzt mit einem verfeinerten Blick.

Um uns diesen verfeinerten Blick für jede Woche dieser Vorbereitung zu geben, habe ich drei Worte ausgewählt, welche die Lehren der jeweiligen Woche zusammenfassen. Während der nächsten vier Tage werden wir an jedem Tag über drei Worte nachdenken und ihre Bedeutung für unsere Weihe an die Göttliche Barmherzigkeit erwägen. Ich bin überzeugt, wenn wir uns diesem verfeinerten Gebet erwägend widmen, werden wir in der Lage sein, die Wahrheit dieser Weihe „in einem einzigen Blick des Glaubens“ anzunehmen. Nach diesen vier Tagen der Rückschau werden wir eine Zusammenfassung dessen lesen, was wir in einer einzigen Formel der Weihe erfuhren, die das Wesen von Theresias Aufopferung an die barmherzige Liebe erfassen soll.

29. Tag

Was ist Vertrauen?

Drei Wörter fassen zusammen, was wir über das Vertrauen gelernt haben:
(1) Misstrauen, (2) Segen und (3) Gnade.

Misstrauen

Natürlich ist Misstrauen das Gegenteil von Vertrauen. Was kann es uns über das Vertrauen sagen? Tatsächlich eine Menge. Ich sage das, weil das Wort „Misstrauen" uns daran erinnert, dass *wir ein Vertrauens-Problem haben.* Es erinnert uns daran, dass Vertrauen nicht von Natur aus zu uns kommt. Es erinnert uns daran, was falsch lief und was uns hilft, den Weg zu erkennen, um die Dinge richtig zu machen.

Erinnern Sie sich, dass unser Vertrauens-Problem mit dem Fall von Adam und Eva begann. Genauer gesagt, es begann mit einer Lüge: Eva hörte auf die Lüge der Schlange, eine Lüge, die Gott als neidisch, egoistisch und hinterhältig erscheinen lässt. Mit anderen Worten, sie ruft dazu auf, Gottes Güte zu hinterfragen. Folglich fürchten sich Adam und Eva und wir selbst „vor Gott, von dem sie sich das Zerrbild eines Gottes gemacht haben …".[168]

Der Schlüssel, um unser Vertrauens-Problem zu überwinden, hat damit zu tun, unser Bild von Gott zu „entzerren". Es bedeutet, damit zu beginnen, die Wahrheit der Güte Gottes zu erkennen. Wenn wir klar sehen, dass Gott gut, barmherzig und vertrauenswürdig ist, beginnen wir, Ihm zu vertrauen. Wie wir bereits gelernt haben, hilft uns natürlich die heilige Theresia dabei. Sie gibt ein kraftvolles Zeugnis dafür, wie gut und wahrhaft barmherzig Gott ist.

Segen

Erinnern Sie sich, dass nach dem heiligen Papst Johannes Paul II. „eine Art von ‚Schlüssel' Mariens innerste Wirklichkeit für uns aufschließt". Der Schlüssel ist der Segen Elisabeths bei der Heimsuchung: „Selig ist die, die geglaubt hat, dass sich erfüllt, was der Herr ihr sagen ließ" (Lk 1,45). Dieser Segen offenbart die „innerste Wirklichkeit von Maria", weil Mariens innere Wirklichkeit die Wirklichkeit des Glaubens (oder Vertrauens) war. Das Wesen des Glaubens ist, Gottes Worten zu glauben.

Genauer gesagt, es geht darum zu glauben, dass Gott treu zu Seinen Verheißungen ist, selbst wenn es unmöglich erscheint. Es geht zum Beispiel darum, zu „hoffen gegen alle Hoffnung", wie Abraham es tat, als er gerufen wurde, Isaak zu opfern, und als er das Unmögliche glaubte, nämlich, dass Gott Isaak sogar vom Tod erwecken könnte. Es geht darum, zu „hoffen gegen alle Hoffnung", wie Maria es tat unter dem Kreuz, an das Unmögliche zu glauben, nämlich, dass Gott auch Jesus vom Tod erwecken könnte. Es geht darum, zu „hoffen gegen alle Hoffnung", in unserem täglichen Leben, wenn alles Dunkelheit ist und wenn wir versucht werden, ungläubig zu sein gegenüber Gottes liebender Gegenwart in unserem Leben, versucht werden zu zweifeln, „dass Gott bei denen, die Ihn lieben, alles zum Guten führt" (Röm 8,28). Es geht darum, Gott unter allen Umständen zu preisen und zu danken, weil – obwohl wir nicht immer Seine Wege verstehen mögen –, „wir die Liebe, die Gott für uns hat, erkannt und gläubig angenommen haben" (1 Joh 4,16). Für solch einen Glauben, für solch ein Hoffen gegen alle Hoffnung in der Dunkelheit und für solch ein Preisen und Danksagen an Gott unter allen Umständen, werden auch wir wie Abraham und Maria reich gesegnet sein.

Gnade

Maria ist nicht nur ein vollkommenes Vorbild des Glaubens und Vertrauens für uns, *sondern sie erwirkt für uns die Gnade, an Gott zu glauben und zu vertrauen.* Sie tut das durch ihr machtvolles Gebet für uns, das so wirkungsvoll ist aufgrund des Leidens, das sie am Fuß des Kreuzes ertrug.

Dort wurde Mariens Unbeflecktes Herz von einem Schwert durchbohrt, als sie die Qual ihres Sohnes sah. Von ihrem durchbohrten Herzen erhalten wir die Gnade, Herzen zu haben, die sich öffnen, um die Liebe und Barmherzigkeit zu empfangen, die vom Heiligsten Herzen Jesu herabfließen (Lk 2,35). Natürlich ist Mariens Herz nicht die Quelle der Gnade und Barmherzigkeit, aber die Liebe ihres Herzens hilft uns, unsere Herzen zu öffnen, um Gottes Gaben zu empfangen. Somit ist Maria die neue Eva, die uns zum neuen Adam am neuen Baum des Lebens bringt, dem Kreuz, und die uns ermutigt, nicht von den verbotenen Früchten des Ungehorsams und Misstrauens zu essen, sondern von der gesegneten Quelle des ewigen Lebens zu trinken, der Quelle der Gnade und Barmherzigkeit.

Wir brauchen Mariens Hilfe, um die Gabe des Glaubens zu erhalten, das ist die Gnade zu glauben. In gewisser Weise braucht sogar Gott ihre Hilfe. Ich sage das, weil unser „Vertrauens-Problem" zuerst mit Gott zu tun hat. Aber Maria ist nicht Gott – sie ist unsere zärtliche, liebende Mutter. Und wer kann sich vor solch einer Mutter fürchten? Somit ist Maria eine Art „geheime Waffe" für Gott, ein Weg für Seine Gnade, um in verhärtete Herzen einzudringen, Herzen, die sie dann für Gott öffnet.

Heutiges Gebet:

> *Verbringen Sie den Tag damit, über die Bedeutung von Vertrauen, wie es in diesen drei Worten* ***Misstrauen, Segen und Gnade*** *zusammengefasst ist, nachzusinnen!*

30. Tag

Der „Kleine Weg"

Drei Wörter fassen zusammen, was wir über den „Kleinen Weg" gelernt haben. Anders ausgedrückt, wir brauchen uns nur zu erinnern, drei Dinge zu tun:
(1) Erkennen, (2) Vertrauen und (3) Versuchen.

Erkennen

Um den „Kleinen Weg" zu leben, müssen wir die Dunkelheit unserer Kleinheit und unserer Zerbrechlichkeit erkennen. Erinnern Sie sich, der „Kleine Weg" basiert auf Theresias tiefgründiger Wiederentdeckung des Herzens des Evangeliums, nämlich auf Gottes Barmherzigkeit für die Sünder, auf Gottes Liebe, die besonders für die Schwachen, Zerbrochenen und Sündhaften fließt. Theresia realisierte einfach, dass durch das Mehr-und-mehr-Erkennen ihrer Kleinheit und Hilflosigkeit, sie dadurch mehr und mehr bereit sein würde für die herabstürzende Liebe, die vom durchbohrten Herzen Jesu herabfließt. In ihrem Brief 197 drückte sie diese Idee kraftvoll aus:

> ... je schwächer man ist, ohne Wünsche, ohne Tugenden, umso eher ist man geeignet für das

> Wirken dieser verzehrenden und umwandelnden Liebe. … Aber man muss einwilligen, immer arm und kraftlos zu bleiben, und das ist schwer, … Ah! Bleiben wir also *weit weg* von allem, was glänzt, lieben wir unsere Kleinheit, lieben wir es, nichts zu fühlen, dann werden wir arm sein im Geist, und Jesus kommt, uns zu holen, soweit wir auch entfernt sein mögen, und wandelt uns um zu Flammen der Liebe …

Vertrauen

Das Erkennen unserer Schwachheit, Zerbrechlichkeit und Sünde kann eine schwere Sache sein. In dem obigen Zitat sagt Theresia sogar: „und das ist schwer." Und warum ist es schwer? Es ist schwer, weil die Wunde in jedem von uns, verursacht durch die Ursünde, uns dahin tendieren lässt, an Gottes Güte und Liebe zu zweifeln. Wir tendieren tatsächlich dahin, auf eine weltliche, jansenistische Weise zu denken, die sagt, wir müssen Gottes Liebe verdienen, indem wir vollkommen, stark und ohne Sünde sind.

Die Schwierigkeit ist, diese Tendenz in uns selbst umzukehren und zu vertrauen. Es bedeutet, die „Hoffnungsdiebe" nicht zu beachten und an Gottes Verheißung auf Barmherzigkeit zu glauben. Es bedeutet zu hoffen gegen alle Hoffnung, dass des Herrn barmherzige Liebe zu uns fließt, nicht weil wir vollkommen, stark und ohne Sünde sind, sondern weil wir unvollkommen, schwach und sündhaft sind. Tatsächlich bedeutet es, *darüber hinaus* zu vertrauen. Es bedeutet, den prophetischen Worten der heiligen Theresia von Lisieux zu vertrauen, der Kirchenlehrerin, dass Gott *unser Verlangen nach Heiligkeit erfüllen und uns zu den Höhen der Heiligkeit erheben wird.* Es bedeutet zu vertrauen, dass Er uns zu großen Heiligen macht, auch wenn wir es nicht sehen, auch wenn wir Tag für Tag mit den gleichen Sünden zu kämpfen haben, auch wenn wir auf die Gnade der großen Heiligkeit bis zum Ende unseres Lebens warten müssen. Es bedeutet, Theresias Worten im Brief 197 zu glauben, dass „das Vertrauen, und nichts als das Vertrauen, uns zur Liebe führen muss". Es bedeutet, den Worten der größten Heiligen der modernen Zeit zu vertrauen, wenn sie uns in demselben Brief sagt, dass ihr „einziger Schatz" ihre „blinde Hoffnung auf Seine Barmherzigkeit" ist. Es bedeutet, ihr zuzuhören, wenn sie fragt: „Warum sollte dieser Schatz nicht auch der unsrige sein?" Und es bedeutet anzuerkennen: „Dieser Schatz kann mir gewährt werden, weil ich mich Gottes Barmherzigkeit mit Vertrauen ausgeliefert habe."

Versuchen

Um den „Kleinen Weg" zu leben, müssen wir unsere Schwachheit erkennen und auf Gottes Barmherzigkeit vertrauen – und wir müssen es auch *weiter versuchen*.

Was bedeutet das? Es bedeutet, wir müssen weiter danach streben, in der Heiligkeit zu wachsen. Es bedeutet zum Beispiel, regelmäßig zur Heiligen Messe und Heiligen Beichte zu gehen, sich Zeit für das Gebet zu nehmen und kleine Dinge mit großer Liebe zu tun. Es bedeutet, denjenigen zu vergeben, die uns verletzt haben. Es bedeutet, dass unsere Sünden uns leidtun, wir den festen Vorsatz haben, nicht mehr zu sündigen, und niemals einen „Waffenstillstand" mit der Sünde zu machen. Es bedeutet, sich nicht niederzulassen bei der Selbstzufriedenheit oder Mittelmäßigkeit oder der Haltung, die sagt: „Nun, so bin ich eben." Mit anderen Worten, es bedeutet, darin treu zu sein, jeden Tag unser Gewissen zu erforschen. Es bedeutet auch, nicht in die Mutlosigkeit zu verfallen oder, Gott verhindere es, in Verzweiflung. Es bedeutet, dass, wenn wir in Mutlosigkeit oder Verzweiflung fallen, wir uns anstrengen, um sofort wieder nach oben zu gelangen, sofort zurück zum Vertrauen auf Gottes Barmherzigkeit. Es bedeutet zu versuchen, sich zu erinnern und uns Gottes unendliche Barmherzigkeit vor Augen zu führen, die niemals müde wird zu vergeben. Es bedeutet, danach zu streben, niemals müde zu werden, Gott um Vergebung zu bitten.

Heutiges Gebet:

> *Verbringen Sie den Tag damit, darüber nachzusinnen, wie Sie den „Kleinen Weg" leben können, wie er in diesen drei Worten* ***Erkennen, Vertrauen und Versuchen*** *zusammengefasst ist!*

31. Tag

Die Aufopferung

Drei Wörter fassen zusammen, was wir über die Aufopferung an die barmherzige Liebe gelernt haben:
(1) Trost, (2) der Haken und (3) Fegefeuer.

Trost

Das Wesen der Aufopferung an die barmherzige Liebe ist, das Herz Jesu zu trösten, indem wir all die barmherzige Liebe annehmen, die andere Seelen nicht wollen. Es bedeutet zu sehen, dass Jesu Herz Schmerzen leidet, weil Er Seine barmherzige

Liebe auf die Sünder ausgießen möchte, aber so viele sie nicht annehmen wollen. Es bedeutet, Ihn diese abgelehnte Liebe in unsere eigenen sündhaften, aber zerknirschten Herzen ausgießen zu lassen.

Wir trösten Jesus durch die Aufopferung, indem wir Ihm erlauben, uns zu lieben. Diese tröstende Liebe kann uns zu Heiligen machen, sogar zu großen Heiligen. Was ist Heiligkeit letztendlich anderes als die barmherzige Liebe Gottes, die ausgegossen ist in unsere Herzen? (Röm 5,5)

Indem Theresia ihre Aufopferung an die barmherzige Liebe mit dem Ausdruck des Verlangens, eine Heilige zu werden, beginnt, wollte sie besonders eine werden, die das *Herz Jesu tröstet*, der sich danach sehnt, uns heilig zu machen durch Seine barmherzige Liebe. Ja, Jesus möchte für uns, dass wir die Gnade empfangen, die uns heilig macht, und wenn wir das tun, tröstet es Ihn, wie Er der heiligen Schwester Faustyna sagte:

> Als König der Barmherzigkeit will Ich die Seelen mit Gnaden beschenken, doch sie wollen sie nicht annehmen. Komme wenigstens du so oft wie möglich zu Mir und nimm die Gnaden entgegen, die andere nicht haben wollen, und du wirst dadurch Mein Herz trösten.[169]

Der Haken

Aber wenn wir uns an die barmherzige Liebe aufopfern, wo ist der Haken? Ich meine, wenn wir all die abgelehnte Barmherzigkeit empfangen, die andere Seelen nicht wollen, was wird uns das kosten? Was wird uns passieren? Es gibt natürlich einen großen Haken, wenn es zur Aufopferung an die Göttliche Gerechtigkeit kommt: eine Menge Leiden! Also, was ist der

Haken, wenn wir uns an die barmherzige Liebe aufopfern? Es gibt tatsächlich einen Haken, aber es ist kein schrecklicher. Der Haken ist, dass wir es akzeptieren, Gottes barmherziger Liebe zu ermöglichen, unsere verhärteten Herzen Schritt für Schritt zu heilen, sodass sie feinfühliger, mitleidsvoller und liebender werden. Der Haken ist, dass unsere Herzen beginnen zu werden, wie sie sein sollten: tief bewegt vom Leiden der anderen. Und das ist eine wunderbare Sache! Es ist eine wunderbare Sache, bewegt zu werden vom Leiden des Herzens Jesu. Es ist eine wunderbare Sache, bewegt zu werden vom Leiden unseres Nachbarn. Es ist eine wunderbare Sache, „zu weinen mit den Weinenden" (Röm 12,15) und „alle zu trösten, die in Not sind" durch den Trost, mit dem auch wir in Christus getröstet werden (2 Kor 1,4).

Jetzt, da es wunderbar ist, ein mitleidsvolles Herz zu haben, schmerzt es. Letztendlich ist die genaue Definition von Mitleid „zu leiden mit". Aber diese Art zu leiden, ist nicht schrecklich. Warum nicht? Weil ein solches Leiden von seiner Natur her anders gerichtet ist. Und wenn unser Fokus nicht auf uns selbst gerichtet ist, wenn wir leiden, während es sicherlich weiter schmerzt, bemerken wir unseren Schmerz sogar oft nicht. Wir haben unseren Blick zu sehr auf den Geliebten gerichtet, der leidet.

Zusammengefasst ist hier der Haken: Es geht darum anzunehmen, dass wir ein Herz haben, das mehr liebt, mitleidet und barmherzig ist. Während ein solches Herz zu haben, das uns mehr Schmerz verursacht, ist es ein bittersüßer Schmerz, der Schmerz des Mitleidens. Behalten Sie auch im Auge, dass die Alternative schrecklich ist: ein kaltes, hartes und unpersönliches Herz, das sich sträubt, mit anderen zu leiden, das sich sträubt, ein Teil des christlichen Lebens der Liebe zu sein.

Fegefeuer

Hier ist ein anderer Haken, der beim Ablegen der Aufopferung an die barmherzige Liebe kommt: Sie vermehrt Schritt für Schritt unser Verlangen nach Gott. Nach der heiligen Faustyna ist dieses Verlangen das große Leiden des Fegefeuers.[170] Hier, in diesem Leben, ist ein solches Verlangen nicht schlimm. Tatsächlich ist es ein wunderbares Verlangen der Liebe, ein Verlangen, das uns jeden Moment reinigt und unser Gebetsleben vertieft. Es ist ein Verlangen, das uns auf das „Martyrium der Liebe“ vorbereitet.

Das Martyrium der Liebe ist das süße Martyrium, durch das kleine Seelen hoffen können, dass Gott für uns am Ende unseres Lebens kommen wird und Seine Liebe für uns so zeigt, dass sie uns bereit macht, vor Liebe zu sterben. Mit anderen Worten, die überwältigende Schönheit von Gottes Liebe sehend, werden unsere Seelen derart von Ihm angezogen, dass sie nicht in der Lage sein werden, sich zu sträuben, in die Umarmung Seiner barmherzigen Liebe zu „springen“. Mehr noch, ein solches Martyrium ist „sehr süß“[171] und reinigt die Seele vollkommen, hinterlässt keine Spur von Sünde oder Strafe, was bedeutet, sie wird nicht durch das Fegefeuer hindurchgehen müssen.

Nach der heiligen Theresia ist eine solch bemerkenswerte Gabe der Heiligkeit relativ einfach zu erhalten, sogar für sehr unvollkommene Seelen. Denken Sie einfach an den Fall von Schwester Marie von der Dreifaltigkeit, eine der Novizinnen der heiligen Theresia, die das Fegefeuer fürchtete und sich fragte, ob jemand, der so schwach wie sie war, hoffen könnte, es zu umgehen. Nachdem sie gefragt hatte, ob es sogar für jemanden wie sie möglich wäre zu hoffen, nach dem Tod geradewegs in den Himmel zu kommen, antwortete Theresia: „Ja!

Gott ist so gut. Er wird wissen, wie Er kommen und Sie holen kann. Aber ungeachtet dessen, versuchen Sie treu zu bleiben, sodass Er nicht vergeblich auf Ihre Liebe warten muss."[172]

Heutiges Gebet:

> *Verbringen Sie den Tag damit, über die Aufopferung an die barmherzige Liebe nachzusinnen, wie sie in diesen drei Wörtern* ***Trost, der Haken und Fegefeuer*** *zusammengefasst ist!*

32. Tag

Die Dunkelheit

Drei Worte fassen unsere Woche, in der wir „in die Dunkelheit hineingingen" zusammen:
(1) Vergleichen, (2) Sehen und (3) Lächeln.

Vergleichen

Die heilige Theresia hinterlässt nicht immer zunächst einen guten Eindruck. Ich habe tatsächlich oft von Menschen gehört, dass sie, wenn sie ihr das erste Mal in ihren Schriften begegnen, denken: „Ich kann mich mit ihr nicht vergleichen." Sie sagen: „Was habe ich gemeinsam mit einem Mädchen, das in einem behüteten Haus aufwuchs, in einem klösterlichen Konvent gelebt hat und mit nur 24 Jahren gestorben ist?" Aber dann, wenn sie sie besser kennenlernen, sagen sie oft: „Ich bin ihr ähnlicher als jedem anderen Heiligen."

Warum also vergleichen sich so viele mit jemandem, dem es oberflächlich gesehen schwierig ist, ähnlich zu sein? Ich denke, es ist deshalb, weil sie, obwohl sie offenbar niemals eine Todsünde begangen hat, absolut überzeugt war, dass, hätte Gott sie nicht von frühester Kindheit an behütet, sie eine große Sünderin gewesen wäre. Und wir glauben ihr. Wir glauben ihr besonders, wenn sie uns sagt, dass, selbst wenn sie eine größere Sünderin wäre wie wir, selbst wenn *sie alle Sünden begangen hätte, die begangen werden können*: „Ich würde doch mit reumütig zerknirschtem Herzen hingehen und mich in die Arme Jesu werfen. Denn ich weiß, wie sehr Er den verlorenen Sohn liebt, der zu Ihm zurückkehrt."[173] Irgendwie sind wir alle dem ähnlich oder wollen es wenigstens sein. Wir vergleichen uns mit Theresia, weil sie real ist, weil sie keine Plastikstatue hoch auf einem Sockel ist. Tatsächlich haben wir das Gefühl, dass sie gerade hier unten in der Rauheit des gewöhnlichen Lebens bei uns allen ist.

Wenn ich gerade vom gewöhnlichen Leben spreche – wir können Theresia auch in ihrer Gewöhnlichkeit ähnlich werden. Während ihres Lebens war sie nicht berühmt oder bekannt. Ihre Zeit im Kloster war in der Tat ein „verborgenes Leben", voller täglicher Dunkelheit, wie wir sie alle erleben. Ja, sie ist eine große Heilige, aber was ihre Heiligkeit auszeichnet, ist, dass sie kleine Dinge mit großer Liebe tat. Ja, in der Mitte eines gewöhnlichen und alltäglichen Lebens hatte sie außergewöhnlich viel Glauben, Hoffnung und Liebe, was für uns alle erreichbar ist. Wie sie selbst sagte: „… Warum sollte dieser Schatz nicht auch der Ihre sein?"[174]

Letztlich sind wir Theresias doppelter Dunkelheit ähnlich. Wie die meisten von uns, sah sie sich selbst nicht nur als schwach und unvollkommen an (mehr davon im nächsten Punkt), sondern sie wusste, was es bedeutet, in einem Zeitalter der Säkularisation und des Zweifels zu leben. Und sie wusste es nicht, weil sie tatsächlich in dieser Welt lebte, – als eine Nonne im Kloster tat sie das nicht – sondern vielmehr, weil der Herr ihr erlaubte, so zu fühlen, als würde Gott nicht existieren und als würde es keinen Himmel geben. Das war ihre Nacht des Glaubens. In der Mitte einer solchen Dunkelheit klammerte sie sich weiterhin an den Herrn mit Glauben, Hoffnung und Liebe und ermutigt uns, dasselbe zu tun.

Sehen

Theresia löst das Geheimnis, warum die großen Heiligen sich selbst als große Sünder sehen. Sie löst auch das Geheimnis, warum so viele Sünder oft so blind gegenüber der Tatsache sind, dass sie Sünder sind. Es hat mit der Wirklichkeit von Gottes Liebe zu tun – Seiner brennenden, leidenschaftlichen, unendlichen Liebe. Weil große Heilige diese Wirklichkeit klar sehen, sind sie nicht blind gegenüber ihren Sünden. Weil Menschen, die denken, dass sie keine Sünder sind, die Wirklichkeit von Gottes Liebe nicht klar sehen, sind sie blind gegenüber ihren Sünden. Aber wenn sie die Wirklichkeit Seiner Liebe sehen könnten, würden ihnen die Augen für ihre eigene Sündhaftigkeit geöffnet.

Theresia lehrt uns: Wenn wir klar die Wirklichkeit von Gottes leidenschaftlicher Liebe für uns sehen, lässt uns das erkennen, dass wir uns nicht mit Ihm messen können. Es offenbart uns: Wenn wir Gottes unendliche Liebe für uns mit unserer eigenen erbärmlichen Liebe für Ihn vergleichen, ist unsere Liebe wirklich *gar nichts*. Aber Theresia lässt uns nicht hängen. Sie erklärt uns, dass Gottes Liebe für uns so groß ist, dass Er uns erlaubt, uns Seine eigene Liebe „auszuleihen“.

Nach der heiligen Theresia machen wir uns die Liebe des Herrn nicht vollkommen zu eigen, bis wir in den Himmel kommen. Mit „Himmel“ meine ich beides, den „himmlischen Himmel“ (wohin wir gehen, wenn wir sterben) und „den Himmel auf Erden“ (zu dem wir sonntags gehen). Ich spreche natürlich bezüglich des letzteren Himmels über die Heilige Messe, wo wir Gottvater lieben durch, mit und in des Sohnes vollkommener Liebe und sogar diese Liebe im Sakrament „sehen“ können.

Lächeln

Erinnern Sie sich an Theresias Lächeln beim Sterben. Lassen Sie das ein Zeichen für sich sein. Wie Abraham die Sterne und Maria die Worte Elisabeths hatten, haben Sie Theresias Lächeln. In Zeiten der Dunkelheit, wenn Sie zur Mutlosigkeit versucht werden wegen Ihrer eigenen Schwäche, Armut und Sünde, – erinnern Sie sich an jenes Lächeln. In Zeiten der Dunkelheit, wenn Sie versucht werden zu denken, dass Gott und Himmel nicht existieren, – erinnern Sie sich an jenes Lächeln. In Zeiten der Dunkelheit, wenn Sie versucht werden zu denken, es gibt keinen Weg, um ein/e Heilige/r zu werden, – erinnern Sie sich an jenes Lächeln.

Theresia lächelt Sie tatsächlich gerade jetzt an. Mit ihren Gebeten bereitet sie Ihr Herz vor, das Geschenk der Aufopferung an die barmherzige Liebe anzunehmen. Sie sagt Ihnen, dass Sie sich nicht fürchten sollen. Sie sagt: „Ich habe es nicht bereut, mich der Liebe zu opfern – und du wirst das auch nicht tun!“ Also machen Sie sich bereit. Der Tag Ihrer Aufopferung ist gerade um die Ecke. All die abgelehnte Barmherzigkeit wird bald Ihre sein. Also vergessen Sie nicht zu lächeln!

Heutiges Gebet:

> *Verbringen Sie den Tag damit, über die Aufopferung an die barmherzige Liebe nachzusinnen, wie sie in diesen drei Wörtern* ***Vergleichen, Sehen und Lächeln*** *zusammengefasst ist!*

33. Tag

Alles zusammengefasst

In den letzten vier Tagen haben wir über die letzten vier Wochen unserer Vorbereitung nachgedacht. Während dieser Tage haben wir nicht nur über den Inhalt nachgedacht, sondern wir haben auch damit begonnen, alles zusammenzufassen, was wir gelernt haben. Ich sage, wir haben „begonnen", alles zusammenzufassen. Damit meine ich, wir sind wahrscheinlich jetzt noch nicht an einem Punkt, wo wir den „Kleinen Weg" und die Aufopferung an die barmherzige Liebe „mit einem einzigen Blick" erfassen können, wie der heilige Papst Johannes Paul II. sagt. Hier kann eine vereinheitlichende Erklärung sehr hilfreich sein, um die Hauptpunkte dessen, was wir gelernt haben, zusammenzufassen.

Ich denke, wir brauchen tatsächlich mehr als nur eine Erklärung. Wir brauchen ein Gebet – etwas, das wir häufig wiederholen können, sogar jeden Tag, etwas, das uns nicht nur an die Bedeutung der Aufopferung an die barmherzige Liebe erinnert, sondern das uns erlaubt, sie zu vollziehen.

Wie wir am 20. und 21. Tag gesehen haben, hat die heilige Theresia bereits ein solch wundervolles Gebet verfasst. Das kann der Text sein, den Sie gerne verwenden und sogar täglich mitbeten möchten (siehe am Ende des Buches S. 149 für den vollen Text). Während ich persönlich jedoch empfehle, Theresias eigentliches Gebet mindestens einmal (vorzugsweise an unserem Weihetag) zu beten, wage ich zu sagen, dass es zwei Schwierigkeiten gibt, es zu anderen Gelegenheiten zu beten: (1) Es ist sehr lang und so mag es nicht für jeden praktisch sein, es als tägliches Gebet zu verwenden. (2) Es hebt nicht klar die gesamte Lehre hervor, die wir während der Vorbereitung besprochen haben. Weil wir nach einer vereinheitlichenden Erklärung suchen, nach etwas, das die Hauptpunkte zusammenfasst, mag es hilfreich sein, etwas anderes zu haben.

Es scheint hier zu gelten: „Weniger ist mehr." Mit anderen Worten, es ist besser, etwas zu haben, was kürzer als Theresias Text der Aufopferung ist und was auch die Hauptlehren zusammenfasst, die wir besprochen haben während dieser Vorbereitung. Hier ist nun so ein Gebet – das Weihegebet an die barmherzige Liebe:

Barmherziger Vater, unter Berufung auf die Gebete und
Beispiele von Abraham und Maria, meinem Vater und
meiner Mutter im Glauben, und von der heiligen Theresia,
meiner Schwester auf dem Weg des demütigen Vertrauens,
wähle ich, ____________________, diesen Tag,
um mithilfe Deiner Gnade mit meinem ganzen Herzen
danach zu streben, dem „Kleinen Weg" zu folgen.

Und so verspreche ich:

Ich beabsichtige, fest gegen Mutlosigkeit zu kämpfen, kleine Dinge mit großer Liebe zu tun und barmherzig gegenüber meinem Nächsten zu sein in Tat, Wort und Gebet.

Ich nehme mir vor, meine Armut, Schwäche, Zerbrechlichkeit und Sünde immer vor Augen zu haben, darauf vertrauend, dass meine Kleinheit und mein zerknirschtes Herz Deine barmherzige Liebe anziehen.

Ich beschließe, immer klein zu bleiben, mich nicht auf meine eigenen Verdienste zu berufen, sondern einzig und allein auf Deine, geliebter Herr, und auf jene der Seligen Mutter.[175]

Endlich glaube ich, mein Gott, dass Du mich zu einer(m) Heiligen machen kannst und willst, auch wenn ich es nicht sehen werde, auch wenn ich mein ganzes Leben lang gegen Untugenden und Sünden zu ringen habe, auch wenn ich bis zum Ende meines Lebens warten muss. Diese blinde Hoffnung auf Deine Barmherzigkeit, o Herr, ist mein einziger Schatz.

Um Dir meine Entschlossenheit zu zeigen und um Dich zu trösten für so viel Ablehnung Deiner Barmherzigkeit, **weihe ich mich Dir durch die Hände meiner Unbefleckten Mutter Maria**[176] **als Ganz-Brandopfer Deiner barmherzigen Liebe** und bitte Dich, mich unablässig zu verzehren, die Ströme *unendlicher Zärtlichkeit*, die in Dir beschlossen sind, in meine Seele überfließen zu lassen, damit ich ein/e *Märtyrer/in* Deiner *Liebe* werde, o mein Gott, und ein Geschenk der Barmherzigkeit für so viele andere.

Das erbitte ich in Jesu Namen. Amen.

Hier haben Sie es: ein kompaktes Gebet, das beides ausdrückt; das Wesen von Theresias Aufopferung und die anderen Hauptideen dieser Vorbereitung. Sehen Sie das Wesen der Aufopferung, wie es sich im letzten Absatz widerspiegelt? Können Sie die anderen Hauptideen in den mittleren Absätzen ausmachen?

Großartig. Aber vielleicht schauen Sie nach etwas aus, das noch kompakter ist. Ich meine, wir haben eine sehr lange Möglichkeit (Theresias eigenes Gebet), aber wie wäre es mit einer sehr kurzen Möglichkeit? Wie wäre es mit etwas, das wir leicht behalten und jederzeit während des geschäftigen Tages beten können? Glücklicherweise gibt uns Theresia selbst eine solche Möglichkeit durch ein Gebet, das sie einen geliebten Freund während der letzten Monate ihres Lebens für sie zu beten bat. Ich passe es etwas an, besonders deshalb, damit wir es in der ersten Person beten können:

> Barmherziger Vater, im Namen Deines geliebten Sohnes Jesus, der Jungfrau Maria und aller Heiligen bitte ich Dich, entzünde in mir das Feuer des Geistes der Liebe und gewähre mir die Gnade, dahin zu wirken, dass Du von allen geliebt wirst.[177]

Ich liebe dieses Gebet. Unglücklicherweise jedoch zählt es nicht für Ihren Weihetag. Dafür gebe ich Ihnen nur zwei Möglichkeiten: Theresias eigenen Text oder das Weihegebet an die barmherzige Liebe.[178] Natürlich können Sie auch beide beten. Wenn Sie die Weihe zuhause mit Ihrer Familie machen, gibt es eine weitere Möglichkeit. Sie nennt sich die Familien-Aufopferung an die barmherzige Liebe und Anhang II wird Ihnen darüber etwas sagen.

Welches Gebet Sie auch wählen werden für Ihren Weihetag, gehen Sie sicher, dass Sie heute einige Zeit darüber meditieren. Wenn Sie planen, die Weihe im Rahmen einer Gruppe zu machen, beachten Sie die Bemerkung am Ende von Seite 99. Vielleicht wollen Sie auch vor der Weihe einen kurzen Blick im Voraus zum zweiten Abschnitt des Textes von morgen werfen.

Der Weihetag

Der glückliche Tag

SEI GLÜCKLICH! Gratulation! Sie haben es bis zum Weihetag geschafft, den Tag, an dem Sie sich der barmherzigen Liebe opfern wollen, ein Tag großer Freude und des Glücks. Wie die heilige Theresia es sagt, als sie ihren Tag der Weihe beschreibt: „Oh, ich habe den Eindruck, seit diesem seligen Tag durchdringt und umgibt mich die Liebe, ja, mir scheint, jeden Augenblick erneuert sich diese barmherzige Liebe ...“[179]

Jetzt bete ich für Sie, dass auch Sie so eine Freude an Ihrem Weihetag erfahren. Und warum sollten Sie nicht voller Freude sein? Schließlich werden Sie Jesus durch Ihre Weihe an die Göttliche Barmherzigkeit trösten und Ihn glücklich machen. Sie werden all die abgelehnte barmherzige Liebe empfangen, die andere Menschen nicht wollen. Sie werden durch die Liebe gereinigt und, wenn Sie den „Kleinen Weg“ und die Aufopferung leben, „brauchen Sie keine Furcht vor dem Fegefeuer“ zu haben.[180] Außerdem wird Ihr Herz heilende Gnaden empfangen, die es empfindsamer und mitfühlender für die Leiden anderer machen. Mit anderen Worten, Ihr Herz wird dem Christi ähnlicher. Letztendlich werden Sie durch eine solche Heilung des Herzens ein umso wirksamerer Kanal von Gottes Barmherzigkeit für andere.

Also, dieser Tag sollte vor Freude strotzen! Aber wenn nicht, wenn Sie das Gefühl nicht loswerden, müde, unruhig oder leer zu sein, – das ist perfekt. Seien Sie glücklich! Warum? Lassen Sie mich das erklären.

Beim „Kleinen Weg“ geht es nicht darum, die Trockenheit des Alltagslebens hinwegzunehmen. (Schließlich ist das ein Teil unserer „Kleinheit“.) Vielmehr geht es darum, inmitten solcher Trockenheit zum Glück zu finden. Es geht um die Entdeckung von außerordentlicher Freude, Glückseligkeit und um Frieden in der Mitte des normalen, gewöhnlichen, tagtäglichen Lebens. Wahrhaftig, es ist das Geheimnis des Glücks in diesem Leben. Und ich kann das selbst bestätigen.

Während der meisten Zeit meines Lebens war ich keine sehr glückliche Person. Es brauchte nicht einmal viel für mich, um entmutigt und depressiv zu werden. Nun, es war erst nach der Entdeckung des „Kleinen Weges" und meiner Aufopferung an die barmherzige Liebe vor mehr als 15 Jahren, dass ich begann, wahren Frieden und Freude zu erfahren – einen Frieden und eine Freude, die bis zum heutigen Tag anhalten. Natürlich war die Freude nicht immer übersprudelnd und manchmal bin ich vom „Kleinen Weg" abgewichen und habe meinen Frieden verloren, aber zum größten Teil war es tiefer und wachsender Friede und Freude während 15 Jahren. So, das ist es wert. Mein eigenes Zeugnis ist, dass die Aufopferung an die barmherzige Liebe, der „Kleine Weg" der Barmherzigkeit, die Wiederentdeckung des Evangeliums, die die heilige Theresia mit uns teilt, wahrhaftig eine Formel für Glückseligkeit ist – sogar inmitten großer Dunkelheit. Aber nehmen Sie nicht allein mein Wort dafür!

Vor ihrer Profess der feierlichen Gelübde, ihrem „Hochzeitstag" machte Theresia Exerzitien. Man könnte denken, dass ihr Herz in Erwartung eines solch freudvollen Tages mit Tröstungen erfüllt gewesen wäre. Stattdessen war alles trocken und trostlos. Aber das störte sie nicht – nicht im Geringsten. In den folgenden zwei Absätzen erklärt sie, warum, und im darauffolgenden Abschnitt offenbart sie das Geheimnis ihres Glücks:

(Die Exerzitien) brachten mir alles andere als Tröstungen. Vollkommenste Trockenheit und beinahe Verlassenheit wurden mein Anteil. Wie immer schlief Jesus in meinem kleinen Boot. Oh, mir ist wohl bewusst, dass die Seelen Ihn nur selten ruhig in sich schlafen lassen. Jesus ist es leid, ständig das Gespräch bestreiten und die Seelen umwerben zu müssen, und so ergreift Er schnell die Gelegenheit, sich auszuruhen, die ich Ihm anbiete. Gewiss wird Er nicht vor meinem großen Einkehrtag im Himmel aufwachen. Anstatt Kummer macht mir das aber überaus große Freude …

Ich bin wahrhaftig weit davon entfernt, eine Heilige zu sein, hier sieht man es ganz deutlich. Statt mich über meine Trockenheit zu freuen, sollte ich sie meinem geringen Eifer und meiner geringen Treue zuschreiben, ich müsste mich grämen, dass ich (seit sieben Jahren) bei meiner Betrachtung und bei meiner *Danksagung* schlafe. Nun gräme ich mich aber eben nicht … Ich denke daran, dass *kleine Kinder* ihren Eltern genauso sehr gefallen, wenn sie schlafen, wie wenn sie wach sind. Des Weiteren denke ich daran, dass Ärzte ihre Kranken für eine Operation in einen künstlichen Schlaf versetzen. Und schließlich denke ich auch noch: *„Der Herr sieht unsere Schwachheit. Er denkt daran, wir sind nur Staub.“*[181]

Also, wenn Sie sich darauf vorbereiten, sich der barmherzigen Liebe zu weihen, wenn Sie glücklich sind, dann ist es gut – seien

Sie glücklich! Wenn Sie nichts fühlen, dann ist es gut – seien Sie glücklich! Seien Sie glücklich wie die heilige Theresia, die über ihre eigene Trockenheit sagte: „Anstatt Kummer macht mir das aber überaus große Freude!" Seien glücklich wie Theresia, die über ihre Trockenheit „jubelte"! Seien glücklich wie Theresia, die wusste, dass Jesus sie liebt, selbst wenn sie schläft (und so müssen wir Ihn nicht ständig schubsen, um Beweise Seiner Liebe zu bekommen). Seien glücklich wie Theresia, die glaubte, dass Er „gewiss nicht vor meinem großen Einkehrtag im Himmel aufwachen wird". Seien Sie glücklich wie Theresia, die trotz ihres Gefühls, weit entfernt von der Heiligkeit zu sein, vertraute, dass Gott sie letztendlich zu einer großen Heiligen machen würde! Seien glücklich wie Theresia, die jene guten Ärzte kannte, die „ihre Kranken für eine Operation in einen künstlichen Schlaf versetzen"! Mit anderen Worten, seien Sie glücklich, dass, wenn Sie dabeibleiben, den „Kleinen Weg" zu leben, Gott besonders durch Sie wirken wird, sogar inmitten Ihrer täglichen Dunkelheit und Trockenheit! Und schließlich, seien Sie glücklich, dass trotz Ihres „geringen Eifers und geringen Treue" der Herr Ihre „Schwachheit sieht" und am Ende herunterkommen und Sie zu den Höhen Seiner Liebe erheben wird!

Aber wir können uns natürlich nicht nur zurücklehnen, ausruhen und dieses Glück genießen. Wir müssen auch weiter versuchen, in der Heiligkeit zu wachsen. In Ordnung, lassen Sie uns jetzt unsere Bemühungen, unseren „Versuch" bekunden, indem wir uns bereit machen, uns der barmherzigen Liebe zu weihen.

Vor der Weihe. Jetzt bereiten Sie sich vor – tatsächlich sind Sie bereit. Sie waren die letzten 33 Tage treu bei der Vorbereitung für diesen Augenblick. So empfehle ich nur drei Dinge für die letzte Vorbereitung: (1) Wenn möglich, legen Sie eine gute Beichte ab. Aber wenn Sie vor der Weihe keine Zeit dafür haben, dann tun Sie es in Ihrem Herzen, sagen Sie dem Herrn, dass Ihnen Ihre Sünden leid tun, und fassen Sie den Vorsatz, sobald wie möglich zur Beichte zu gehen. (2) Drucken Sie das Weihegebet an die barmherzige Liebe oder Theresias eigenen Text aus oder schreiben Sie ihn ab, sodass Sie ihn unterschreiben können, nachdem Sie es gebetet haben – wenn Sie möchten, können Sie ShopMercy.org besuchen für ein Zertifikat oder eine Gebetskarte mit dem Weihegebet an die barmherzige Liebe. (Anmerkung der Übersetzerin: Zertifikat und Karte sind in Englisch, deutsche Texte sind am Ende des Buches zu finden). (3) Nehmen Sie ein Bild der Göttlichen Barmherzigkeit und stellen Sie es in Ihrem Zimmer auf als Erinnerung an Ihre Weihe – oder nehmen Sie eine kleine Gebetskarte und stecken Sie sie in Ihre Geldbörse. Nochmals, diese drei Dinge sind Empfehlungen. Sie sind nicht erforderlich für die Weihe.

Das Weihegebet. Nun sind Sie bereit, die Weihe zu vollziehen. Jetzt brauchen Sie das richtige Gebet. Wie ich gestern erwähnte, haben Sie zwei Möglichkeiten (oder drei, wenn Sie die Weihe als Familie machen – siehe Anhang 2). Sie können entweder das Weihegebet an die barmherzige Liebe, Theresias Aufopferung an die barmherzige Liebe oder beides nehmen.[182] Welches auch immer Sie nehmen, ich empfehle, das Gebet nach dem Besuch der Heiligen Messe oder sogar nach dem Empfang der Heiligen Kommunion zu sprechen (wenn dann Zeit ist). Wenn Sie nicht zur Heiligen Messe gehen können, können Sie trotzdem die Weihe machen. (Die Heilige Messe ist höchst empfehlenswert, aber nicht erforderlich.) Mit oder ohne Heilige Messe, nachdem Sie das Weihegebet gesprochen haben, schlage ich vor, dass Sie es unterschreiben, datieren und an einem sicheren Platz aufbewahren. (Wenn ich meine Weihe jährlich erneuere, mag ich es, das Gebet vom Original zu sprechen und es dann erneut zu unterschreiben und zu datieren.) Hier sind nochmals Ihre zwei Möglichkeiten:

Das Weihegebet an die barmherzige Liebe

Barmherziger Vater, unter Berufung auf die Gebete
und Beispiele von Abraham und Maria, meinem Vater
und meiner Mutter im Glauben,
und von der heiligen Theresia, meiner Schwester
auf dem Weg des demütigen Vertrauens,
wähle ich, ____________________, diesen Tag,
um mit der Hilfe Deiner Gnade mit meinem ganzen Herzen
danach zu streben, dem „Kleinen Weg" zu folgen.

Und so verspreche ich:

Ich beabsichtige, fest gegen Mutlosigkeit zu kämpfen,
kleine Dinge mit großer Liebe zu tun und barmherzig
gegenüber meinem Nächsten zu sein in Tat, Wort und Gebet.

Ich nehme mir vor, meine Armut, Schwäche, Zerbrechlichkeit und Sünde immer vor Augen zu haben, darauf
vertrauend, dass meine Kleinheit und mein zerknirschtes
Herz Deine barmherzige Liebe anziehen.

Ich beschließe, immer klein zu bleiben, mich nicht auf meine
eigenen Verdienste zu berufen, sondern einzig und allein auf
Deine, geliebter Herr, und auf jene der seligen Mutter.

Endlich glaube ich, mein Gott, dass Du mich zu einer(m) Heiligen machen kannst und willst, auch wenn ich es nicht sehen werde, auch wenn ich mein ganzes Leben lang gegen Untugenden und Sünden zu ringen habe, auch wenn ich bis zum Ende meines Lebens warten muss.
Diese blinde Hoffnung auf Deine Barmherzigkeit, o Herr, ist mein einziger Schatz.

Und nun, um Dir meine Entschlossenheit zu zeigen und um Dich zu trösten für so viel Ablehnung Deiner Barmherzigkeit, **weihe ich mich Dir durch die Hände meiner Unbefleckten Mutter Maria als Ganz-Brandopfer Deiner barmherzigen Liebe** und bitte Dich, mich unablässig zu verzehren, die Ströme *unendlicher Zärtlichkeit*, die in Dir beschlossen sind, in meine Seele überfließen zu lassen, damit ich eine *Märtyrin* Deiner *Liebe* werde, o mein Gott, und ein Geschenk der Barmherzigkeit für so viele andere.

Das erbitte ich in Jesu Namen. Amen.

Aufopferung an die barmherzige Liebe
von der heiligen Theresia von Lisieux

O mein Gott! Glückselige Dreifaltigkeit, ich verlange danach, Dich zu lieben und dahin zu wirken, dass Du geliebt wirst, an der Verherrlichung der Heiligen Kirche zu arbeiten, indem ich die Seelen rette, die auf Erden sind, und jene befreie, die im Fegefeuer leiden. Ich verlange danach, heilig zu werden, aber ich fühle meine Ohn-

macht und ich bitte Dich, o mein Gott, sei Du selbst meine Heiligkeit.
Da Du mich so sehr geliebt hast, dass Du mir Deinen einzigen Sohn gabst, auf dass Er mein Erlöser und mein Bräutigam sei, so sind auch die unendlichen Schätze Seiner Verdienste mein. Freudig bringe ich sie Dir dar und flehe Dich an, nicht anders auf mich zu schauen als durch das Antlitz Jesu hindurch und in Seinem von Liebe brennenden Herzen.

Ich bringe Dir ferner dar alle Verdienste der Heiligen, derer im Himmel und derer auf Erden, ihre Liebesakte und die der heiligen Engel. Endlich biete ich Dir an, o glückselige Dreifaltigkeit, die Liebe und die Verdienste der Heiligen Jungfrau, meiner geliebten Mutter. Ihr überlasse ich meine Opfergabe mit der Bitte, sie Dir vorzustellen. Ihr göttlicher Sohn, mein vielgeliebter Bräutigam, hat uns in den Tagen Seines sterblichen Lebens gesagt: „Alles, worum ihr Meinen Vater in Meinem Namen bitten werdet, das wird Er euch geben!" So bin ich gewiss, dass Du meine Wünsche erhören wirst; ich weiß es, o mein Gott, je mehr Du geben willst, umso mehr steigerst Du das Verlangen. Ich fühle in meinem Herzen unermessliche Wünsche und mit Vertrauen bitte ich Dich, zu kommen und von meiner Seele Besitz zu ergreifen. Ach, ich kann die Heilige Kommunion nicht so oft empfangen, wie ich es möchte, aber, Herr, bist Du nicht allmächtig? … Bleibe in mir wie im Tabernakel, entferne Dich nie von Deiner kleinen

Hostie …
Ich möchte Dich trösten über die Undankbarkeit der Bösen und ich flehe Dich an, nimm mir die Freiheit weg, Dir zu missfallen. Wenn ich zuweilen aus Schwachheit falle, so möge Dein göttlicher Blick mich sogleich reinigen, alle meine Unvollkommenheiten verzehren, dem Feuer gleich, das ein Jegliches in sich selbst umwandelt …

Ich danke Dir, o mein Gott, für alle Gnaden, die Du mir gewährt hast, ganz besonders dafür, dass Du mich durch die Feuerprobe des Leidens hindurchgehen ließest. Mit Freude werde ich Dich am Jüngsten Tag betrachten, wenn Du das Zepter des Kreuzes tragen wirst; da Du dich gewürdigt hast, mir dieses so kostbare Kreuz als Anteil zu geben, hoffe ich, im Himmel Dir ähnlich zu sein und an meinem verklärten Leib die geheiligten Wundmale Deines Leidens erglänzen zu sehen …
Nach der Verbannung auf Erden hoffe ich, in der Heimat mich an Dir zu erfreuen, aber ich will keine Verdienste für den Himmel anhäufen, ich will einzig um Deiner Liebe willen arbeiten, in der alleinigen Absicht, Dich zu erfreuen, Dein Heiligstes Herz zu trösten und Seelen, die Dich ewig lieben werden, zu retten.
Am Abend dieses Lebens werde ich mit leeren Händen vor Dir erscheinen, denn ich bitte Dich nicht, Herr, meine Werke zu zählen. Alle unsere Gerechtigkeiten sind befleckt in Deinen Augen. Ich will mich also mit Deiner eigenen Gerechtig-

keit bekleiden und von Deiner Liebe den ewigen Besitz Deiner selbst empfangen. Ich will keinen anderen Thron und keine andere Krone als Dich, o mein Vielgeliebter …
In Deinen Augen ist die Zeit nichts, ein einziger Tag ist wie tausend Jahre, Du kannst mich also in einem Augenblick vorbereiten, vor Dir zu erscheinen …
Um in einem Akt vollkommener Liebe zu leben, weihe ich mich als Ganz-Brandopfer Deiner barmherzigen Liebe und bitte Dich, mich unablässig zu verzehren, die Ströme unendlicher Zärtlichkeit, die in Dir beschlossen sind, in meine Seele überfließen zu lassen, damit ich eine Märtyrin Deiner Liebe werde, o mein Gott …
Möge dieses Martyrium, nachdem es mich vorbereitet hat, vor Dir zu erscheinen, mir endlich den Tod geben und meine Seele sich ohne Verzug aufschwingen in die ewige Umarmung Deiner barmherzigen Liebe …
Ich will, o mein Vielgeliebter, mit jedem Schlag meines Herzens diese Weihe an Dich unzählige Male erneuern, bis dass ich, wenn die Schatten schwinden, Dir in einem ewigen Angesicht-zu-Angesicht meine Liebe beteuern darf.[183]

Bitte beachten Sie:
Wenn Sie an Ihrem Weihetag das Weihegebet in einer Gruppe sprechen, empfehle ich sehr, nur das Weihegebet an die barmherzige Liebe zu nehmen. (Wenn Sie dann mögen, können Sie den Text der Aufopferung an die barmherzige Liebe der hl. Theresia für sich allein beten.)

Nach der Weihe

Die Linse der Barmherzigkeit

(Lesen Sie dieses Kapitel einige Zeit nach Ihrer Weihe.
Vergessen Sie es nicht!)

So, Sie haben Ihre Weihe an die Göttliche Barmherzigkeit (Ihre Aufopferung an die barmherzige Liebe) gemacht. Was nun? Natürlich wollen Sie damit fortfahren, den „Kleinen Weg" zu leben, indem Sie die drei Dinge tust, die wir am 11. Tag gelernt haben: (1) Weiterhin die Dunkelheit Ihrer Kleinheit und Zerbrechlichkeit erkennen. (2) Weiterhin versuchen, in der Heiligkeit zu wachsen und kleine Dinge mit großer Liebe zu tun. (3) Weiterhin vertrauen und glauben, dass Gott Ihr Verlangen nach Heiligkeit stillen wird.

Aber da gibt es noch mehr. Sie werden lernen wollen, durch die Linse der Barmherzigkeit zu schauen. Lassen Sie mich damit beginnen, dies zu erklären, indem ich einiges über ein scheinbar nicht verwandtes Thema sage: Gewissen.

Gewissen. Eines der großen Geschenke des Zweiten Vatikanischen Konzils ist die Hervorhebung des *Gewissens*, der „Stimme Gottes, die zu unseren Herzen über das Lieben, das Gutestun und das Dem-Teufel-Widersagen spricht".[184] Nun, unglücklicherweise hat es seit dem Konzil eine Menge Verwirrung über dieses Thema gegeben. Während es zum Beispiel wahr ist, dass wir immer unserem Gewissen folgen sollen, ist dies zugleich manchmal das Einzige, was die Menschen über das Thema Gewissen gehört haben. Aber es gibt mehr darüber zu sagen.

Ja, es ist wahr, dass wir immer unserem Gewissen folgen sollen, aber wir haben auch eine Verantwortung, unser Gewissen richtig zu bilden. Mit anderen Worten, was wir denken, es sei richtig oder falsch, mag objektiv gesehen nicht richtig oder falsch sein. Und zwar dann, wenn unsere sittliche Ausbildung vor allem von Hollywood und CNN und nicht aus der Heiligen Schrift und der Lehre der Kirche stammt; denn dann haben wir unser Gewissen nicht richtig gebildet und was es uns dann sagt, wird wahrscheinlich falsch sein. Ja, wir würden immer noch verpflichtet sein, unter solchen Umständen unserem Gewissen zu folgen. Wir würden jedoch auch schuldig, Falsches zu tun, weil wir uns nicht die Zeit genommen und uns nicht angestrengt haben, unser Gewissen richtig zu bilden. Also, die Grundlage unseres ganzen sittlichen Lebens beruht in gewisser Weise auf der richtigen Bildung unseres Gewissens.

Und wie bilden wir unser Gewissen richtig? Ich wiederhole, wir sollten es mit der Heiligen Schrift und der Lehre der Kirche tun. Wenn das nun so klingt, als ob ich sagen würde, wir müssten die Ärmel hochkrempeln und die Bibel und den Katechismus der Katholischen Kirche studieren – so meine ich genau das. Oder wir müssen wenigstens richtig aus ihnen unterrichtet werden. Aber da beginnt es, interessant zu werden.

Die Freiheit des Gewissens. Wussten Sie, dass die Kirche uns eine Menge Freiheit lässt bezüglich dessen, wie wir unser Gewissen richtig bilden? Natürlich gibt sie uns keine Freiheit zu wählen, wenn es um so etwas wie die Zehn Gebote geht. Da haben wir ohne Ausnahme alle zehn zu akzeptieren. Trotzdem haben wir eine große Freiheit darin, wie wir uns der Wahrheit des sittlichen Lebens annähern, welche Dinge wir hervorheben und welche Wahrheit wir besonders wählen, um sie zu leben.

Wir sehen diese Art von Freiheit bei den Heiligen – besonders bei jenen, welche die Kirche mit ihrer bedeutenden Spiritualität beschenkten. Nehmen Sie den heiligen Franz von Assisi! Während er zweifellos alle Wahrheiten der Heiligen Schrift und der Kirchenlehrer annahm, entschied er sich, die *Armut* hervorzuheben. Das war die Linse, durch die er Christus sah, und so wurde er selbst arm und Armut färbte seinen Weg mit Christus.

Franziskus' Entscheidung zur Armut beeinflusste die Art, wie sein Gewissen ihn richtete. Mit anderen Worten, weil das Ideal der Armut einen so hohen Stellenwert in Franziskus' Gewissen hatte, wurde sein Gewissen der Sünden überführt, die Dinge betrafen, die uns wahrscheinlich nicht verurteilen würden. Franziskus würde es sicherlich als sündhaft für sich ansehen, das Familienerbe einer Villa anzunehmen. Schließlich würde ein solcher Luxus gegen sein Ideal verstoßen, dem armen Christus zu folgen, der „nirgends sein Haupt niederlegen konnte". (Natürlich ist es für andere nicht notwendigerweise sündhaft, ein solches Erbe anzunehmen.)

Wir haben also eine große Freiheit darin, welchen Weg wir wählen, um Christus zu folgen, und welche Wahrheit des Evangeliums für uns die größte Rolle in unserem Herzen und Gewissen spielen wird. In der Tat ist diese Freiheit der Entscheidung ein Teil der wunderbaren Vielfalt des christlichen Lebens und es ist etwas, was die heilige Theresia sehr geschätzt hat. Folgendes lesen wir dazu in der Einführung ihrer Autobiografie:

> (Jesus) stellte mir das Buch der Natur vor Augen. Und ich begriff, dass alle Blumen, die Er geschaffen hat, schön sind und dass die Pracht der Rose und das reine Weiß der Lilie den Duft des kleinen Veilchens oder die entzückende Schlichtheit des Gänseblümchens keineswegs zunichtemachen.

> … Wenn alle diese kleinen Blumen Rosen sein wollten, so begriff ich, dann würde die Natur ihren Frühlingsschmuck verlieren und die Wiesen wären nicht mehr mit Blümchen übersät.
> Genauso ist es in der Welt der Seelen, dem Garten Jesu.[185]

Die Vielfalt echter Spiritualität innerhalb der Kirche erfreut Jesus. Aber gemäß der heiligen Theresia gibt es einen Weg, der Ihn besonders anzieht, einen Weg, der mehr als andere Gott erlaubt, „Seine unendliche Größe" kundzutun: Es ist der Weg der Barmherzigkeit, oder wie Theresia sagen würde, es ist der „Kleine Weg" der Barmherzigkeit.

Der Weg der Barmherzigkeit. In derselben Einführung ihrer Autobiografie beschreibt die heilige Theresia den Weg der Barmherzigkeit im Vergleich zu anderen Wegen:

> Weiterhin begriff ich, dass sich die Liebe unseres Herrn in der einfachsten Seele, die sich Seiner Gnade in nichts widersetzt, ebenso zu erkennen gibt wie in der erhabensten Seele. In der Tat ist es das besondere Merkmal der Liebe, dass sie sich herabneigt. Wenn alle Seelen denen der heiligen Kirchenlehrer ähneln würden, die die Kirche durch den Glanz ihrer Lehre erhellt haben, dann würde der liebe Gott, wenn er in ihre Herzen kommt, anscheinend noch nicht tief genug hinabsteigen. Doch Er hat das Kind geschaffen, das nichts weiß und nichts als ein jämmerliches Geschrei von sich gibt. Er hat den armen Wilden geschaffen, der nur das natürliche Sittengesetz

> zum Maßstab seines Verhaltens hat. Und gerade bis zu ihren Herzen will Er sich herabneigen; das sind Seine Wiesenblumen, deren Einfachheit Ihn erfreut. … Durch einen solchen Abstieg erweist der liebe Gott Seine unendliche Größe.[186]

Haben Sie den revolutionären Gedanken, der in diesem Absatz versteckt ist, erkannt? Es ist keine geringere Revolution als die Botschaft des Evangeliums, dass der Kleinste von allen groß ist (Lk 9,48). Es ist der Gedanke, *dass Gott sich selbst erniedrigt, um sich mehr den kleinen Seelen zu schenken als den großen Seelen*. Und „auf diese Art erweist der liebe Gott durch einen solchen Abstieg Seine unendliche Größe". Mit anderen Worten, wenn der Herr sich zu kleinen Seelen herabbeugt, lässt dies Seine Herrlichkeit noch mehr aufstrahlen. Und das ist eine große Sache.

Aus unserer Perspektive sind die großen Seelen *die großen Seelen*! Sie sind die wichtigen und vollkommenen Menschen. Aus Gottes Perspektive jedoch sind die großen Seelen die kleinen Seelen, weil sie Gottes größter Eigenschaft, Seiner Barmherzigkeit, erlauben, am meisten aufzustrahlen. Und wenn wir nur deshalb existieren, um Gott zu verherrlichen, so scheint es, dass es kleine Seelen Gott ermöglichen, Seine Herrlichkeit umso mehr zu bekunden als andere Seelen. Schließlich „ist es die Natur der Liebe, sich selbst zu erniedrigen". Und so ist der „Kleine Weg" in gewissem Sinne der beste Weg, um Gott die größte Ehre zu erweisen.

Oh, aber das ist nicht gerecht gegenüber den großen Seelen! Falsch. Jeder kann eine kleine Seele im Herzen werden, ebenso wie der materiell Reiche arm im Geiste sein kann. Bemerken Sie nur, der „Kleine Weg“ ist die Entscheidung! Es ist die Entscheidung, die unser Gewissen bildet. Es ist die Entscheidung, klein zu sein. Es ist die Entscheidung, uns selbst als klein anzusehen. Es ist die Entscheidung, den Weg der geistlichen Kindschaft zu gehen.

Die heilige Theresia beschreibt diese Entscheidung im folgenden Absatz, der meiner Meinung nach die beste Beschreibung dessen ist, was es bedeutet, eine „kleine Seele“ zu sein:

> Klein sein besteht darin, dass man sein Nichts anerkennt, alles vom lieben Gott erwartet, so wie ein kleines Kind alles von seinem Vater erwartet; dass man sich um nichts Sorgen macht, kein Vermögen erwirbt. Auch bei den Armen gibt man dem Kind, was es braucht, sobald es aber groß wird, will sein Vater es nicht mehr unterhalten. Er sagt zu ihm: Jetzt musst du arbeiten, du kannst dich jetzt selbst unterhalten.
> Weil ich das nicht hören wollte, wollte ich nicht groß werden, denn ich fühlte mich unfähig, meinen Lebensunterhalt zu verdienen, nämlich das ewige Leben im Himmel. So bin ich immer klein geblieben und meine einzige Beschäftigung bestand darin, Blumen zu pflücken, Blumen der Liebe und des Opfers, um sie dem lieben Gott anzubieten zu Seiner Freude.
> Kleinsein heißt auch, nicht die Tugenden, die man übt, sich selber zuschreiben, nicht sich selber zu irgendetwas für fähig halten, sondern anerkennen, dass der liebe Gott diesen Schatz in die Hand Seines kleinen Kindes legt, damit es

> ihn benützt, wenn es ihn braucht; aber der Schatz gehört immer dem lieben Gott. Schließlich heißt es, dass man sich nie durch seine Fehler entmutigen lässt, denn Kinder fallen oft, aber sie sind zu klein, um sich sehr weh zu tun.[187]

Diese Worte sprechen für sich selbst. Also werde ich nichts mehr dazu sagen, besonders weil wir bereits das Herz von all diesen Gedanken während der Vorbereitung durchdacht haben, namentlich den Gedanken der Erkenntnis unserer Kleinheit. Aber es gibt etwas, was wir früher noch nicht durchdacht haben, etwas, was uns vorwärtsbringt auf dem „Kleinen Weg" als einem Weg des Lebens, etwas, das auch unser Gewissen bildet: die Entscheidung, durch die *„Linse der Barmherzigkeit"* zu schauen.

Die Linse der Barmherzigkeit. So wie der heilige Franziskus wählte, Christus durch die Linse der Armut zu sehen, so wählte die heilige Theresia, Ihn und alles andere durch die *Linse der Barmherzigkeit* anzuschauen. Sie beschreibt diese Wirklichkeit in dem Absatz, den wir früher gelesen haben, ein Absatz, der es aber jetzt verdient, ein zweites Mal gelesen zu werden:

> „Gütig ist der Herr, ewig währt Seine Barmherzigkeit!" Mir scheint, hätten alle Geschöpfe die gleichen Gnaden wie ich empfangen, so würde der liebe Gott von niemandem gefürchtet werden, sondern bis zur Torheit geliebt, und aus Liebe, statt unter Zittern, würde niemals eine Seele Ihm freiwillig Kummer bereiten. … Ich sehe allerdings ein, dass nicht alle Seelen einander gleichen können. Es muss verschiedene Familien

> geben, damit jede einzelne der Vollkommenheiten des lieben Gottes eigens verehrt wird. Mir hat Er Seine unendliche Barmherzigkeit gegeben, durch sie hindurch beschaue ich alle anderen göttlichen Vollkommenheiten und bete sie an. … Da erhalten für mich alle den Glanz der Liebe. Sogar die Gerechtigkeit (und vielleicht sie sogar mehr als alle anderen) erscheint mir wie mit Liebe bekleidet. …
> Welche süße Freude ist es, daran zu denken, dass der liebe Gott gerecht ist, d.h. dass Er unseren Schwächen Rechnung trägt und vollständig die Schwachheit unserer Menschennatur kennt. Wovor sollte ich also noch Angst haben?[188]

Ich wiederhole, Theresia entschied sich, alles durch die Linse der Barmherzigkeit zu sehen. Das ist das Geheimnis, das sie verherrlichen wollte, das tragende Geheimnis, das ihr Gewissen bildete. Sie wählte Barmherzigkeit und so erschien selbst Gottes Gerechtigkeit für sie wie in „Liebe gekleidet". Aber das war nicht die Art von Gerechtigkeit, die Schwester Febronie suchte.

Erinnern Sie sich an Schwester Febronie? Sie war die Subpriorin im Kloster von Lisieux, die dachte, Theresia sei anmaßend, wenn sie andere lehrte, kühn auf Gottes Barmherzigkeit zu vertrauen sowie der Strafe des Fegefeuers zu entgehen. Mit anderen Worten, Febronie war vielleicht wie die „Donnersöhne" im Evangelium, die Strafe und strenge Gerechtigkeit für Sünder wollten (Lk 9,54). Sie war vielleicht wie einige von uns, welche die Sünden in der Kirche und in der Welt sehen, ärgerlich werden und wollen, dass Feuer und Schwefel auf die

Erde herabkommen. Nun, eine genervte heilige Theresia sagte zu Schwester Febronie (und vielleicht auch zu uns): *„Meine Schwester, wenn Sie nach Gottes Gerechtigkeit Ausschau halten, werden Sie sie erfahren."* Und Schwester Febronie erfuhr sie. Laut Theresia kam sie ins Fegefeuer, wo sie „der vollen Gerechtigkeit Gottes ausgeliefert war", was nicht sehr tröstlich klingt.

So haben wir die Entscheidung: strenge Gerechtigkeit oder zärtliche Barmherzigkeit. Nun, ich weiß nicht, wie es Ihnen ergeht, aber ich wähle die Barmherzigkeit! Ich entscheide mich, durch die Linse der Barmherzigkeit zu schauen, Also, was ist mit Ihnen? Was wählen Sie? Bevor Sie antworten, sollte ich wiederholen, was wir am 19. Tag gelernt haben, nämlich, dass Barmherzigkeit ein zweischneidiges Schwert ist. Ich sage das, weil, wie die Schrift lehrt, uns mit dem Maß, mit dem wir messen und zuteilen, auch uns zugeteilt wird (Lk 6,38). Also, den Weg der Barmherzigkeit zu wählen, bedeutet, sich auch zu entscheiden, barmherzig zu sein. Schließlich wird nur dem Barmherzigen Barmherzigkeit erwiesen (Mt 5,7, 18,21-35). Also, wenn Sie möchten, dass Gott mit jedem streng ist, und wenn Sie sich selbst entscheiden, streng mit anderen zu sein, *dann wird Gott streng mit Ihnen sein.* Ich wiederhole, ich weiß nicht, wie es Ihnen geht, aber ich wähle Barmherzigkeit und hoffe, Barmherzigkeit zu erleben. Aber was ist mit Ihnen? Was wählen Sie?

Das Werk der Barmherzigkeit. Wenn Sie sich entscheiden, Barmherzigkeit zu wählen, ist das großartig. Aber Sie müssen wissen, dass diese Entscheidung Ihnen einiges an Arbeit abverlangen wird. Ich meine, eine ordentliche Gewissensbildung und lernen, durch die Linse der Barmherzigkeit zu schauen, passiert nicht einfach. Es erfordert Anstrengung. Also, was müssen Sie tun? Ich habe drei Vorschläge.

1. Lesen Sie bei den Heiligen der Barmherzigkeit. Mein erster Vorschlag ist, Bücher über Barmherzigkeit von Menschen zu lesen, die den Weg der Barmherzigkeit gewählt haben, die das „Werk der Barmherzigkeit" getan haben und die durch die Linse der Barmherzigkeit geschaut haben. Zuallererst wäre nach meiner Meinung die Autobiografie der heiligen Theresia mit dem Titel *Die Geschichte einer Seele* zu lesen.[189] Aber bitte lassen Sie sich nicht von der manchmal blumigen Sprache ablenken. Sie ist ein Meisterstück, besonders das letzte Kapitel.

Zweitens schlage ich das geistliche Tagebuch der heiligen Faustyna *Die Göttliche Barmherzigkeit in meiner Seele: Tagebuch der heiligen Maria Faustyna Kowalska* vor. Wie Theresia wählte auch Faustyna, alles durch die Linse der Barmherzigkeit zu sehen.[190] In der Tat sind die beiden Heiligen sich erstaunlich ähnlich in ihrer Botschaft und meiner Meinung nach sind sie die besten Begleiter, um Menschen zu helfen, alles durch die Linse der Barmherzigkeit zu sehen. Sie sind wahrhaftig die großen Apostel der Barmherzigkeit für unsere Zeit.

2. Erwerben Sie ein Bild der Göttlichen Barmherzigkeit. Man sagt, ein Bild sagt mehr als tausend Worte und das Bild der Göttlichen Barmherzigkeit ist tausendfach das Wort der Barmherzigkeit. Wissend, dass wir alle ein verzerrtes Gottesbild als Folge der Ursünde haben (siehe Tag 1), möchte Jesus diese Verzerrung heilen, indem Er uns das wahre Bild Seiner Barmherzigkeit für unsere Zeit schenkt. Er erschien deshalb der heiligen Faustyna und trug ihr auf, ein Bild von Ihm zu malen mit den Worten „Jesus, ich vertraue auf Dich" darunter. Er versprach, große Gnaden durch dieses Bild zu schenken,[191] und es wurde eine Quelle der Heilung für mehrere zehn Millionen Menschen auf der ganzen Welt. Ich kann mir keinen besseren Weg denken, um durch die Linse der Barmherzigkeit zu schauen, als jeden Tag auf dieses Bild Jesu zu blicken.

Nun, während Jesu Gnadenversprechen für jedes Bild der Göttlichen Barmherzigkeit gilt,[192] empfehle ich sehr die kürzlich wiederhergestellte „Vilnius"-Version (siehe oben in der Mitte), das als Originalbild unter der sorgfältigen Anleitung der heiligen Faustyna gemalt wurde. Wenn Sie ein Bild der Göttlichen Barmherzigkeit haben, können Sie überlegen, ob Sie es in Ihrem Haus inthronisieren möchten (siehe Anhang 2 für weitere Informationen dazu).

3. Werden Sie ein marianischer Missionar der Göttlichen Barmherzigkeit. Da es eine solche oder ähnliche Organisation in Deutschland nicht gibt, hat die Übersetzerin auf die Übersetzung dieses Punktes verzichtet. Ich werde mich aber erkundigen, ob es für Deutschland eine Möglichkeit gibt, den Marianischen Missionaren in Amerika und ihrem Programm beizutreten bzw. Ähnliches hier zu gründen.

Abschließendes Gebet. Ich hoffe, Sie finden diese drei Vorschläge hilfreich, um zu lernen, durch die Linse der Barmherzigkeit zu schauen. Darf ich Sie nun noch bitten, für mich, meine Gemeinschaft (die Regularkleriker Mariens der Unbefleckten Empfängnis) und für alle marianischen Missionare der Göttlichen Barmherzigkeit zu beten? Können Sie besonders das folgende Gebet der heiligen Theresia für uns beten?

Barmherziger Vater, im Namen Deines geliebten Jesus, der Jungfrau Maria und aller Heiligen bitte ich Dich, die Regularkleriker Mariens und die marianischen Missionare der Göttlichen Barmherzigkeit mit Deinem Geist der Liebe zu entflammen und ihnen die Gnade zu gewähren, dahin zu wirken, dass Du von allen geliebt wirst.[193]

Danke für Ihre Gebete. Ich werde dieses Gebet auch für Sie beten und hoffe, dass Ihnen Ihre Exerzitien Freude bereitet haben. Möge Ihre Aufopferung an die barmherzige Liebe (Ihre Weihe an die Göttliche Barmherzigkeit) Ihnen die großen Gaben des Glücks, des Friedens und der Freude bescheren. Gott segne Sie. +

Anhang I

Die Aufopferung leben

Im Text der Aufopferung an die barmherzige Liebe spricht die heilige Theresia über ihr Verlangen, Jesus zu „trösten", in „einem einzigen Akt der vollkommenen Liebe" zu leben und die Aufopferung mit „jedem Schlag" ihres Herzens zu erneuern. Aber was bedeutet das? Wie können wir *Jesus trösten*? Wie kann die Aufopferung uns *„in einem einzigen Akt der vollkommenen Liebe"* leben lassen? Und wie kann man die Aufopferung *mit jedem Schlag seines Herzens* erneuern?

Ich habe oft über diese Fragen nachgedacht und was folgt, sind drei Antworten, die, wie ich hoffe, uns helfen werden, die Aufopferung an die barmherzige Liebe mit demselben großherzigen Geist wie die Heilige von Lisieux zu leben.

Wie wir Jesus trösten können

Die heilige Theresia schrieb oft über ihr Verlangen, Jesus zu trösten und, wie wir es am 20. Tag gelernt haben, war das ihre Hauptmotivation, um die Weihe an die barmherzige Liebe zu vollziehen. Jedoch verursacht der Gedanke, „Jesus zu trösten" (das Haupt Seines Leibes)[194] den Menschen manchmal Schwierigkeiten. Sie sagen zum Beispiel Dinge wie diese:

> Wie kann ich Jesus trösten, wenn Er im Himmel glücklich ist? Ich meine, es scheint, dass Jesus derjenige ist, der *mich* trösten sollte, nicht andersherum. Während Er schließlich voll Freude in der Höhe in Seiner auferstandenen Herrlichkeit regiert, muss ich immer noch in diesem Tal der Tränen umherstapfen.

Um diese Schwierigkeiten zu beseitigen, habe ich im Buch *Das Herz Jesu trösten* einen ganzen Abschnitt dieser Frage, „Wie kann ich Jesus trösten, wenn Er im Himmel glücklich ist?“[195] gewidmet. Seit jener Zeit jedoch habe ich umso tiefer über dieses Thema nachgedacht und hier möchte ich einige Einsichten teilen, die sowohl die früheren Schriften ergänzen als auch die Theologie des Tröstens des Herzens Jesu in drei Punkten zusammenfasst.

1. Gott braucht uns nicht. Lassen Sie uns etwas sofort klarstellen: Gott braucht uns nicht. Er ist in Sich unendlich vollkommen und glücklich. Als Vater, Sohn und Heiliger Geist ist Er eine vollkommene Familie der Liebe und wir können Seiner Größe, Herrlichkeit und Glückseligkeit nichts hinzufügen.

Bei dem Thema „Gott braucht uns nicht“ möchte ich sagen, dass Exodus 3,14 dies am besten beschreibt. Gott sprach zu Moses aus dem brennenden Dornbusch und offenbarte Seinen Namen als der „ICH-BIN-DA“. In diesem Augenblick scheint Er uns zu sagen: „Schau, ICH-BIN-DA – und *du bist es nicht*. Ich habe dich erschaffen und am Leben erhalten. Ohne Mich bist du *nichts*. Ich bin unendlich vollkommen und brauche dich nicht, aber du brauchst Mich für *Alles*.“

In Ordnung, wir erkennen an, dass Gott unendlich vollkommen und zufrieden ist. Er braucht uns nicht. An diesem Punkt jedoch haben vielleicht einige von uns etwas von den Gefühlen der heiligen Faustyna:

> Ich sehe, als ob Jesus ohne mich nicht glücklich sein könnte und ich ohne Ihn. Doch ich verstehe

> gut, dass Er als Gott in Sich selbst glücklich ist und zu Seinem Glück überhaupt kein Geschöpf benötigt, und doch veranlasst Ihn Seine Güte, Sich den Geschöpfen hinzugeben – und das in so unbegreiflicher Fülle.[196]
> … Ich kann ohne Gott nicht leben, doch ich fühle, dass auch Gott ohne mich nicht glücklich sein kann, obwohl Gott Sich Selbst vollkommen genügt …[197]

Also lassen Sie uns über diese „Großzügigkeit, die über unseren Verstand geht“ nachdenken und darüber, wie Gott, „obwohl Er absolut Sich Selbst genügend ist“, in gewissem Sinne „nicht glücklich sein kann“ ohne *uns.*

2. Das Wort ist Fleisch geworden. Obwohl Gott uns nicht braucht, hat Er aus Liebe beschlossen, einer von uns zu werden: „Denn Gott hat die Welt so sehr geliebt, dass Er seinen einzigen Sohn hingab“ (Joh 3,16). Und als der Sohn Mensch wurde, als das Wort Fleisch geworden ist, wurde Er „in allem uns gleich, außer der Sünde“.[198] Was ist das Wesentliche dessen, was Er wurde? Mit anderen Worten, was ist die größte Eigenschaft der Menschheit?

Nun, wenn Sie die Philosophen fragen würden, würden die meisten von ihnen wahrscheinlich sagen, „es ist die *Vernunft* – das ist es, was uns von den Tieren unterscheidet. Das ist es, was uns zu dem macht, was wir sind“. Wenn Sie jedoch die Verfasser der Heiligen Schrift fragen, würden sie sagen, dass es eine viel größere Eigenschaft der Menschheit gibt als die Vernunft, nämlich das *Herz.*[199] Sie würden tatsächlich sagen, dass das Herz das Zentrum des Menschen ist und was das Wichtigste an ihm ist. (Dies ist wahrscheinlich der Grund dafür, weshalb wir bei den Statuen in den Kirchen nicht das „Heiligste Gehirn Jesu", sondern vielmehr *Sein Heiligstes Herz* sehen.)

Bei der Menschwerdung hat Jesus, der ewige Sohn, eine menschliche Natur und ein *menschliches Herz* angenommen.[200] Und wenn Sein Herz wirklich menschlich ist, wenn Er wirklich in Allem wie wir ist, außer der Sünde, dann ist Sein Herz erfüllt von dem Verlangen, nicht nur zu lieben, sondern auch *geliebt zu werden.* (Wie kann jemand schließlich ganz menschlich sein, ohne das Verlangen zu haben, geliebt zu werden?) Mit anderen Worten, indem Er ein menschliches Herz annahm, *machte Gott sich in Christus verwundbar.* Nicht aus Notwendigkeit, sondern aus freier Entscheidung, erlaubte Gott Sich Selbst, in Jesus Christus ein Bedürfnis nach unserer Liebe zu spüren.

Denken Sie daran: Der Eine, der uns nicht braucht, hat entschieden, Selbst so zu sein, dass Er uns braucht! Und so ist diese Verwundbarkeit Gottes in Christus ein Teil der „Armut der Menschwerdung" (2 Kor 8,9) und ein besonders tiefgründiger Aspekt der „Selbst-Entäußerung" Jesu, der, obwohl Er Gott gleich war ..., nicht daran festhielt, wie Gott zu sein" (Phil 2,6-7). Und weil das menschliche Herz Jesu mit göttlicher Liebe vereint ist und brennt, übertrifft Sein Verlangen, zu lieben und *geliebt zu werden,* unser eigenes Verlangen unendlich. In der Tat kann man sagen, dass die Selbstoffenbarung Gottes im brennenden Dornbusch als der „ICH BIN" fortgesetzt wird in der Selbstoffenbarung Gottes durch die brennende Liebe am Kreuz im *„Mich dürstet"* (Joh 19,28).

„Mich dürstet." Das drückt es am besten aus.[201] Wahrhaftig, Jesus fühlt nicht nur ein Verlangen, sondern einen *brennenden Durst* nach Liebe von denen, für die Er Sein Leben dahingab. Mehr noch, im Bestreben, Seinen Durst nach Liebe zu löschen, indem wir Ihn zurücklieben, haben wir Barmherzigkeit Ihm gegenüber. Wir trösten Ihn.

Der heilige Papst Johannes Paul II. erklärte die Theologie des Tröstens Jesu, was wahrscheinlich die tiefgründigste päpstliche Erklärung zu diesem Thema ist. Obwohl er den Begriff „Trösten" nicht spezifisch benutzt,[202] ist klar, dass es darauf hinausläuft:

> Die Ereignisse des Karfreitags und noch vorher das Gebet in Getsemani stellen im Verlauf der Offenbarung der Liebe und des Erbarmens in der messianischen Sendung Christi einen radikalen Umschwung dar. Er, der „umherzog, Gutes zu tun" und „alle Krankheiten und Leiden zu heilen", scheint jetzt selbst das größte Erbarmen zu verdienen und das Erbarmen anzurufen, während Er gefangengenommen, beschimpft, verurteilt, gegeißelt, mit Dornen gekrönt und ans Kreuz genagelt wird, wo Er unter unbeschreiblichen Qualen seinen Geist aufgibt. Gerade in diesen Stunden würde Er ganz besonders das Erbarmen der Menschen, denen Er Gutes erwiesen hat, verdienen, und es wird Ihm nicht zuteil. …
> Das Kreuz wird der „Ort" bleiben, auf den sich die folgenden Worte der Offenbarung des Johannes beziehen lassen: „Ich stehe vor der Tür und klopfe an. Wer Meine Stimme hört und die

> Tür öffnet, bei dem werde Ich eintreten, und Wir werden Mahl halten, Ich mit ihm und er mit Mir." Eine besondere Offenbarung Seines Erbarmens ist es, wenn Gott Seinen gekreuzigten Sohn dem Erbarmen des Menschen anempfiehlt. Christus ist als Gekreuzigter das Wort, das nicht vergeht, derjenige, der an der Tür steht und an das Herz jedes Menschen klopft, der dabei nicht über dessen Freiheit verfügt, sondern die Freiheit zur Liebe zu wecken sucht – nicht nur im Sinne einer Solidarität mit dem leidenden Menschensohn, sondern in bestimmtem Sinn auch als „Erbarmen", das wir Ihm ganz persönlich bezeugen. Konnte im Rahmen des messianischen Programms Christi, im Lauf der Offenbarung des Erbarmens durch das Kreuz die Würde des Menschen mehr geachtet und erhoben werden als dadurch, dass Er, der Erbarmen findet, zugleich „Erbarmen schenken" darf?[203]

Was ist das Wort Christi, „das nicht vergeht"? Was ist das Wort, das Er spricht, wenn Er „an das Herz jedes Menschen klopft"? Ich wiederhole, dass ich vermute, dass es das Wort „Mich dürstet" ist, das vom Kreuz herab gesprochen wurde. Und jene Worte „vergehen nicht", weil sie vom menschgewordenen Wort gesprochen wurden, der derselbe „gestern, heute und in Ewigkeit" ist (Hebr 13,8). Tatsächlich sind das Worte die, wie der Katechismus sagt „nicht in der Vergangenheit bleiben können", Worte, die „an der Ewigkeit Gottes teilnehmen", Worte, die „somit über allen Zeiten stehen und in ihnen gegenwärtig werden", Worte, die etwas „Bleibendes" sind.[204] Tatsächlich richten sich jene Worte – „Mich dürstet!" – an je-

den Einzelnen von uns. Schließlich wissen wir, dass Er, der Sohn Gottes, als Er am Kreuz litt, „uns alle und jeden Einzelnen gekannt und geliebt hat".[205]
Aber warum? Warum machte Gott sich selbst auf diese Art verwundbar? Warum machte Er sich so, dass Er ein „Bedürfnis" nach Barmherzigkeit von uns hat? Und warum, wie Papst Johannes Paul II. sagte, hat Er uns „mehr geachtet" und „erhoben"? Wir werden das im nächsten Punkt beantworten.

3. Er nennt uns „Freunde". Gott machte sich selbst verwundbar in Jesus Christus. – Er machte sich selbst so, dass Er unsere Liebe und Barmherzigkeit braucht – *wegen der Freundschaft.* In der Tat, genau in dem Evangelium, in dem Jesu Ausspruch vom Kreuz herab „Mich dürstet" bekundet ist, sagt Jesus zu uns, als Er in die Passion eintritt: „Ich nenne euch nicht mehr Knechte … Vielmehr habe Ich euch Freunde genannt" (Joh 15,15). Es geht einzig und allein um Freundschaft. Und wie schon Aristoteles vor langer Zeit richtig herausstellte, braucht wahre Freundschaft Gleichheit und Übereinstimmung – sie kann nicht einseitig sein.[206]

So lassen Sie mich fragen: Haben Sie jemals eine Freundschaft erlebt, die Sie mit Ihrem Freund oder Ihrer Freundin geteilt haben, aber er oder sie teilte sie nicht mit Ihnen? Natürlich nicht! Das ist keine Freundschaft. Das scheint mehr ein pastorales oder klinisches Verhältnis zu sein. Aber wahre Freundschaft ist eine Zwei-Bahn-Straße. Wahre Freunde helfen einander, brauchen einander und teilen ihre Freuden und Leiden, Hoffnungen und Sorgen miteinander.

Aber wie können wir eine wahre Freundschaft mit Jesus haben, wenn es nur eine Einbahnstraße ist? Wie können wir ein tiefes, persönliches Verhältnis zu Ihm haben, wenn wir die einzigen sind, die leiden? Wie kann es wahre Freundschaft sein, wenn wir die einzigen sind, die etwas brauchen? Zum letzten Punkt ging Karol Wojtyła (der künftige heilige Papst Johannes Paul II.) so weit zu sagen: „Nach vielen Erfahrungen und langem Nachdenken bin ich zu dem Ergebnis gekommen, dass der (objektive) Ausgangspunkt der Liebe die Erkenntnis ist, *dass ich von einem anderen gebraucht werde.*“[207] Er fährt damit fort zu sagen, dass diese Realität „zur tiefen Logik des Lebens gehört“.[208] Aber wenn Jesus uns nicht braucht, wie kann dann da eine wahre und liebende Freundschaft zwischen Ihm und uns sein?

Wie wir im ersten Punkt gesehen haben, braucht der ewige Gott uns in Seiner Göttlichkeit nicht. Wie wir jedoch im zweiten Punkt sahen, entschied der menschgewordene Sohn Gottes in Jesus Christus, *wegen der Freundschaft* unsere Liebe zu brauchen. Und weil Er unsere Liebe braucht, weil Sein Herz beides, Freude und Leid, erfährt, können wir eine wahre Freundschaft mit Ihm eingehen. So kann Er mit uns nicht nur Seine Freude teilen, *sondern auch Seine Bedürfnisse, Leiden und Schmerzen* – und wir können Ihn trösten.

Aber wie trösten wir Ihn? Wir trösten Ihn, indem wir Ihn lieben und uns von Ihm lieben lassen und indem wir Ihm erlauben, barmherzig mit uns zu sein und uns zu retten. Das ist in der Tat der erstaunlichste Teil: Jesu „Bedürfnis“ ist es, Barmherzigkeit zu zeigen und uns zu retten. Und wenn Menschen Seine Barmherzigkeit ablehnen, wenn sie Sein Geschenk der Erlösung ablehnen, bereitet Ihm das Schmerzen. Aber wenn sie Ihn sich lieben lassen und wenn sie Ihn barmherzig zu sich sein lassen (so wie durch die Aufopferung an die barmherzige Liebe), trösten sie Ihn dadurch.

So helfen wir Jesus, indem wir Ihn uns helfen lassen! Das ist es, was Papst Johannes Paul II. bewunderte, als er fragte, „Konnte … die Würde des Menschen mehr geachtet und erhoben werden als dadurch, dass er, der Erbarmen findet, zugleich Erbarmen schenken darf?“ (Dives in misericordia, 8)

Zusammenfassend: Gott braucht uns nicht, aber in Jesus Christus entschied Er sich, unsere Liebe zu brauchen. Er entschied sich, diese Notwendigkeit wegen der Freundschaft zu fühlen, die eine Zwei-Bahn-Straße ist. Mit anderen Worten, unsere Annahme von Christi Geschenk der Barmherzigkeit und Erlösung ist auch *ein Geschenk, das wir Ihm geben*. Denken Sie daran! Es ist erstaunlich: Gott gibt uns die Würde, Erbarmen mit Jesus zu haben, *indem wir zulassen, dass Er Erbarmen mit uns hat*![209]

Nun zu der Antwort auf die zweite Frage.

Wie leben in „einem einzigen Akt vollkommener Liebe“

Was meint die heilige Theresia, wenn sie sagt, sie will in „einem einzigen Akt vollkommener Liebe“ leben? In gewissem Sinne, glaube ich, dass sie meint, sie möchte, dass Gott Selbst in und durch sie liebt mit Seiner eigenen Liebe, die vollkommen ist.

(So sagt sie im Text der Aufopferung: Sie möchte, dass Gott Selbst ihre „Heiligkeit“ sei und dass Gott nicht anders auf sie schaue als „durch das Antlitz Jesu hindurch und in Seinem von Liebe brennenden Herzen“.) In diesem Sinn ist die Vollkommenheit auf der *Seite Gottes*. Aber in einem anderen Sinne, denke ich, könnte es etwas mit der Vollkommenheit unsererseits zu tun haben. Lassen Sie mich das erklären:

Um zu verstehen, was ich mit Vollkommenheit „unsererseits" meine, wird es hilfreich sein zu schauen, was die Kirche unter „vollkommener Reue" versteht. Vollkommene Reue ist, wenn wir nicht deshalb wegen unserer Sünden traurig sind, weil wir die Hölle und Strafe fürchten, sondern vielmehr, *weil unsere Sünden Gott beleidigen, den wir lieben.* (Auf der anderen Seite ist unvollkommene Reue die Betrübnis über die Sünden wegen der Furcht vor der Hölle und Bestrafung.) Also, das entscheidende Element, was die Kirche als „vollkommene" Reue bezeichnet, ist, dass sie von der Liebe zu Gott motiviert ist und dem Verlangen, Ihn nicht zu beleidigen oder Ihn im Stich zu lassen.

Ich denke, wir können sozusagen in „einem Akt vollkommener Liebe" leben, wenn unsere vordergründige Motivation im Leben so wie die der vollkommenen Reue ist. Mit anderen Worten, ich würde eine solche „vollkommene Liebe zu Gott" beschreiben als unser Motiviertsein, Gott zu dienen, nicht weil wir Verdienste und die Belohnungen des Himmels suchen, sondern vielmehr einfach, weil *wir Gott lieben und Ihm gefallen und Ihn trösten wollen.* (Unvollkommene Liebe zu Gott hätte mit dem Wunsch nach Belohnung zu tun.)

Im Hinblick auf all das, ist es nicht verwunderlich, dass in der Aufopferung an die barmherzige Liebe Theresia den Unterschied hervorhebt zwischen dem, was ich „die vollkommene Liebe zu Gott" und „die unvollkommene Liebe zu Gott" nenne. Sie sagt zum Beispiel: „Ich will für den Himmel keine Verdienste sammeln. Ich möchte allein für Deine Liebe arbeiten mit dem einen Zweck, Dir zu gefallen, Dein Heiligstes Herz zu trösten." Die „Verdienste"-Sprache hat mit dem Lohn des Himmels (unvollkommene Liebe) zu tun. Die „gefallende" und „tröstende" Sprache hat mit dem Verlangen zu tun, einfach Gott zu lieben dafür, wer Er ist (vollkommene Liebe).

Aber wie lebt man diese vollkommene Motivation als einen *einzigen Akt* des eigenen Lebens? Ich schlage vor, dass die Antwort von daher kommt, was wir am 6. Tag dieser Exerzitien gelernt haben. Dort lesen wir, dass „alles um das Trösten Jesu geht". Mit anderen Worten, es geht alles darum, Jesus mit „vollkommener Liebe" zu lieben, die Art der Liebe, in der wir versuchen, nicht uns selbst zu trösten, sondern vielmehr versuchen, Ihn zu trösten. Und wie trösten wir Ihn am besten? Inspiriert vom *Tagebuch* der Schwester Faustyna sagte ich, es geht darum, Ihm zu *vertrauen*. Und was bedeutet es, Jesus zu vertrauen? Gemäß Pater Seraphim bedeutet es „Lob und Danksagung". Es bedeutet, Gott in allen Dingen zu loben und Ihm für alles zu danken.

Pater Seraphims Antwort ist sehr interessant. Es ist so: Ist Vertrauen ein Akt der Liebe? Nicht unbedingt. Ich sage das, weil man seinem Arzt vertrauen kann, ohne ihn zu lieben. Wenn Sie jedoch Jesus *mit der Absicht, Ihn zu trösten, vertrauen, dann wird Vertrauen ein Akt der Liebe*. In der Tat wird es *ein Akt vollkommener Liebe*, weil die vollkommene Liebe wie die vollkommene Reue das Herz Jesu betrifft. Sie versucht, Ihm zu gefallen und Ihn zu trösten.

Wie leben wir nun diesen Akt vollkommener Liebe immer als „einen Akt"? Ich schlage vor, wir können es tun, indem wir unser Leben *mit der einen Absicht leben, Jesus zu trösten durch unsere Haltung des Vertrauens, was bedeutet, Gott in al-*

len Dingen und unter allen Umständen zu loben und Ihm zu danken. Wenn wir das tun, werden wir in einem einzigen Akt vollkommener Liebe leben, wie die heilige Theresia – und *die heilige Faustyna.* Ja, Faustyna lebte auch auf diese Weise und ich möchte nun diesen Abschnitt mit einer Passage aus ihrem *Tagebuch* schließen, die diese Haltung der vollkommenen Liebe zusammenfasst:

> Ich weiß, dass ich unter Deinem besonderen Blick stehe, o Herr. Die Pläne, die Du mit mir vorhast, prüfe ich nicht ängstlich. Meine Aufgabe ist es, alles aus Deiner Hand anzunehmen. Ich fürchte mich vor nichts, obwohl der Sturm tobt und furchtbare Blitze um mich herum einschlagen. Ich fühle mich dann allein, doch mein Herz spürt Dich, mein Vertrauen wächst und ich sehe Deine Allmacht, die mich hält. *Mit Dir, Jesus, gehe ich durchs Leben, unter Regenbögen und durch Gewitter, mit einem Freudenruf auf den Lippen, das Lied Deiner Barmherzigkeit vor mich hinsingend. Mein Gesang der Liebe wird nicht verstummen, bis er von den Chören der Engel übernommen wird.* Es gibt keine Kraft, die mich im Eilen zu Gott aufhalten könnte.[210]

Wie mit jedem Atemzug die Aufopferung erneuern: die geistliche Kommunion der barmherzigen Liebe

(Das Folgende ist dem Buch „Das Herz Jesu trösten“ von Pater Michael Gaitley MIC entnommen.)

Ich habe noch nicht herausgefunden, wie die Aufopferung an die barmherzige Liebe mit jedem Schlag des Herzens erneuert werden kann. Allerdings kann ich einen Weg vorschlagen, wie man sie mit jedem Atemzug erneuern kann. Er wird die geistliche Kommunion der barmherzigen Liebe genannt. Bevor ich erkläre, was das ist, sollte ich etwas über die geistliche Kommunion im Allgemeinen sagen.

Was ist die geistliche Kommunion? Im Wesentlichen besteht sie darin, ein Gebet des Verlangens zu sprechen, um Jesus in der Heiligen Kommunion zu empfangen. Man kann zum Beispiel einfach beten: „Herr Jesus, ich sehne mich danach, Dich in der Heiligen Kommunion zu empfangen, aber weil ich das jetzt nicht tun kann, bitte ich Dich, in mein Herz zu kommen durch diese Heilige Kommunion.“ Nach einem der größten Theologen der Kirche, dem heiligen Thomas von Aquin, kann diese Art von Gebet erstaunlich mächtig sein. Er schrieb, dass eine Person, die inbrünstig ein solches Gebet der geistlichen Kommunion betet, die gleiche Gnade empfangen kann wie derjenige, der inbrünstig die sakramentale Kommunion empfängt.[211] Jetzt, da wir wissen, was sie und ihre Macht ist, wollen wir sehen, wie wir die geistliche Kommunion der barmherzigen Liebe vollziehen können.

Die geistliche Kommunion der barmherzigen Liebe ist eine besondere Kommunion mit einem Schwerpunkt. Genauer gesagt, geht es darum, Jesus zu trösten, indem wir eine geistliche

Kommunion mit der Absicht empfangen, Seine Barmherzigkeit zu erhalten, die andere Menschen ablehnen. Mit anderen Worten, sie ist wie die Eucharistie anzusehen als ein Kanal, durch den Jesus über uns den Überfluss Seiner von anderen abgelehnten Barmherzigkeit ausgießen kann.

Großartig! Aber wie können wir das speziell machen? Nun, es ist so einfach wie das Atmen – zumindest so ähnlich. Lassen Sie mich das erklären.

Denken Sie an Ihre Atmung: ein/aus – ein/aus – ein/aus. Jetzt bemerken Sie, dass nach dem Ausatmen (aus) für einen kurzen Moment vor dem nächsten Einatmen (ein) Ihre Lungen leer sind: leer/ein/aus – leer/ein/aus – leer/ein/aus. Bevor wir weiter in diese drei Momente der Atmung gehen, lassen Sie mich etwas über drei Worte aus der Heiligen Schrift sagen.

Marias drei Worte. Die drei Worte aus der Heiligen Schrift lauten auf Lateinisch: *ecce, fiat, magnificat*. Jedes dieser drei Worte wurde von Maria gesprochen und jedes ist ein Weg, der ständig eine geistliche Kommunion der barmherzigen Liebe mit dem Herzen Mariens bwirkt.

Das lateinische Wort *ecce* bedeutet „siehe". Maria sprach dieses Wort bei der Verkündigung, als der Erzengel Gabriel ihr verkündete, dass sie die Mutter des Messias sein werde. Maria sagte „siehe *(Ecce)*, ich bin die Magd des Herrn" (Lk 1,38). Mit anderen Worten, sie bot sich dem Herrn so dar, wie sie war.

Wenn wir beten, möchte Gott, dass wir uns Ihm so darbieten, wie wir sind, wie Maria es tat. Er will uns sagen hören: „*Ecce*", das heißt: „Siehe, hier bin ich, Herr." Doch es ist ein großer

Unterschied zwischen Maria und uns: Wir sündigen, Maria hat niemals gesündigt. Bedeutet diese Tatsache, dass wir für den Herrn unannehmbar sind? Absolut nicht. Ganz im Gegenteil.

Manchmal sind wir versucht zu vermeiden, zu Jesus zu gehen, wegen unserer Sündhaftigkeit, Schwächen und Anhänglichkeiten. Dies ist die Versuchung jansenistischer Angst, aber es gibt keine Notwendigkeit, sich zu fürchten. Wir trösten Jesu Herz, wenn wir zu Ihm gehen, so wie wir sind – es bricht Sein Herz, wenn wir es nicht tun. Wir müssen nicht vollkommen sein, um zu Ihm zu gehen. Je schwächer und sündhafter wir sind, desto mehr möchte Er, dass wir zu Ihm kommen und uns voller Ehrlichkeit und Wahrheit darbieten: „*Ecce* … siehe, Herr, hier bin ich, sündhaft und elend." Wenn wir uns nur immer daran erinnern würden, wie sehr Ihm das gefällt! Mögen wir uns nicht fürchten zu beten: „*Ecce*, hier bin ich, Herr." Mögen wir nicht der Lüge nachgeben, die sagt, wir seien hässlich vor dem Herrn. Wir sind es nicht. Wir sind so schön für Ihn, genauso wie wir sind. Tatsächlich ist Sein barmherziges Herz besonders angezogen von den schwächsten, sündhaftesten Seelen. Meine Erklärung des nächsten Wortes wird mehr darüber sagen.

Das lateinische Wort *Fiat* kommt von *Fiat mihi*, „Mir geschehe". Bei der Verkündigung sprach Maria dieses Wort, nachdem sie sich dem Herrn dargeboten hatte *(ecce)*. Jesus möchte, dass auch wir dieses Wort *Fiat* sprechen, nachdem wir uns Ihm dargeboten haben. Doch wenn *wir* es sprechen, hat es eine etwas andere Bedeutung als Mariens *Fiat*. Als Maria sagte: „Mir geschehe", erlaubte sie, dass die Fleischwerdung des Wortes in ihrer unbefleckten Seele geschehen konnte. Wenn *wir* „Mir geschehe“ sagen, erlauben wir Gottes barmherziger Liebe zu kommen und sich in unsere schwache, sündhafte Seele zu ergießen.

Es könnte hilfreich sein, unser *Fiat* auf folgende Weise zu denken. Stellen Sie sich erstens vor, dass der Himmel über Ihnen ein unendliches Meer ist. Als nächstes stellen Sie sich vor, dass dieses Meer durch ein riesiges Schleusentor von seiner Entleerung zurückgehalten wird. Nun, wenn wir „*Fiat*“ sagen, ist dies das Zauberwort, welches das Tor entriegelt, und sobald es entriegelt ist: Achtung! Die Wasser des himmlischen Meeres brechen aus und ergießen sich in unsere Seelen wie ein großer, herabstürzender Wasserfall. Aber keine Angst, denn wie wir jetzt sehen, ist es eine wunderbare Sache, dieses Meer zu erleben.

Wie Sie vielleicht schon erraten haben, ist das Meer, das ich gerade beschrieben habe, das Meer der barmherzigen Liebe Gottes. Barmherzige Liebe ist die bestimmte Art von Liebe, die nach Zerbrechlichkeit, Leid, Sünde und Schwäche sucht. Verstehen wir jetzt, warum Jesus es liebt, wenn wir zu Ihm gehen, wie wir sind, sündhaft und elend? Er liebt es, weil Schwäche und Armseligkeit genau das sind, was Seine barmherzige Liebe anzieht. So wartet Er einfach (und begierig) auf unser *Fiat*. Wenn wir es geben: Achtung! Wir werden in der wunderbaren Flut Seiner barmherzigen Liebe gewaschen. Lassen Sie uns nun zum dritten Wort, das Maria gesprochen hat, kommen.

Das Wort *Magnificat* kommt von Mariens Ausruf im Lateinischen: *Magnificat anima mea Dominum* – „Meine Seele preist die Größe des Herrn“. Dies ist Mariens Lobgesang, als sie zu ihrer Kusine ging, nachdem sie dem Herrn ihr *Fiat* gegeben hatte (Lk 1,46-55). Maria war voll des Lobes wegen der „großen Dinge“, die Gott an ihr getan hatte. Nach unserem *Fiat*, sobald wir die Kraft der barmherzigen Liebe Gottes erfahren haben, werden auch wir Gott unser Lob geben wollen. Auch wir werden aus voller Kehle singen das „*Magnificat*“ singen wollen!

Im letzten Abschnitt von „Ein Akt vollkommener Liebe“ wies ich darauf hin, dass der beste Weg, um das Herz Jesu zu trösten, darin besteht, Ihm zu vertrauen. Ich sagte auch dank Pater Seraphim dass der konkrete Ausdruck dieses Vertrauens Lob und Dank ist. Da *Magnificat* im Grunde das Selbe wie Lob und Dank bedeutet, trösten wir Ihn auf die „bestmögliche Art und Weise“, wenn wir Ihm unser *Magnificat* schenken. Manchmal ist es einfacher, den Herrn zu loben und Ihm zu danken, manchmal schwerer. Darüber hinaus tut sich unser Lob manchmal überhaupt nicht nach außen kund. Es wird nur ein Akt des Willens in der Tiefe unseres Herzens sein – und das ist gerade gut so bei Jesus. Wir geben Ihm, was wir können, und Er ist damit zufrieden. Dennoch, wenn wir die barmherzige Liebe betrachten, die Gott in unsere Herzen ergießt, erscheint es leicht, ein Loblied nach außen erklingen zu lassen.

Nachdem ich die Bedeutung der drei Worte *ecce*, *fiat* und *magnificat* erklärt habe, werde ich sie jetzt auf die drei Momente unserer Atmung anwenden: leer, ein und aus.

Mariens Worte bei der Atmung angewandt. Erinnern Sie sich, dass einer der Momente der Atmung „leer“ genannt wird. Es ist der kurze, schwache Moment zwischen dem Ausatmen und Einatmen, in dem wir, wenn wir ihn zu lange aushalten müssten, ohnmächtig würden. Dieser Moment der Leere kennzeichnet für uns das völlige *Ecce*. Mit anderen Worten, er zeigt uns, was wir aus unserer eigenen Sündhaftigkeit heraus sind: leer, schwach und am Rand der Ohnmacht. In der Tat können wir nur eine kurze Zeit im Moment der „leeren Lungen" bleiben, bevor wir ohnmächtig werden und sterben. Das ist genau das, was wir sind bei *Ecce*. Wir sagen: „Siehe, Herr, hier bin ich – ohne Deine Barmherzigkeit würde ich zusammenbrechen und sterben." Wenn wir uns dem Herrn so darbringen, eilt Er natürlich zu uns mit Seiner Barmherzigkeit und wir machen einen tiefen Atemzug.

Der Moment „ein" bezieht sich offensichtlich auf das Einatmen und folgt dem Moment der leeren Lungen. Dieser Moment „ein" fühlt sich großartig an, vor allem, wenn wir die Lungen für 10 bis 20 Sekunden leer behalten haben. Vorwärts, versuchen Sie es. Atmen Sie ein, nachdem Sie ungefähr 20 Sekunden lang leere Lungen hatten. Fühlt sich das Einströmen der Luft nicht gut an? Genießen Sie es für einen Moment, bevor Sie loslassen!

Was Sie gerade erlebt haben (einatmen) zeigt, was passiert, wenn wir sagen: „*Fiat*". Denn wenn wir es sagen, lassen wir die barmherzige Liebe Gottes in unsere Herzen fließen und das fühlt sich großartig an. Es ist genau das, was wir brauchen, nämlich, dass Seine Barmherzigkeit in unsere Leere eindringt.

Nun nehmen Sie dies wahr: Jedes Einatmen kann eine geistliche Kommunion sein. Das passiert, wenn wir es zu unserer Absicht machen, beim Einatmen Gottes abgelehnte barmherzige Liebe in unsere Leere hinein empfangen zu wollen. Es ist vor allem wie der Empfang der sakramentalen Kommunion, wenn wir uns vorstellen, dass die barmherzige Liebe, die wir einatmen, von der durchbohrten Seite Christi als Blut und Wasser herabkommt.

Offensichtlich müssen wir nach dem Einatmen die Luft wieder ausblasen (ausatmen). Dies ist der „Aus"-Moment der Atmung. Gleichermaßen wie nach dem „Einatmen" von Gottes barmherziger Liebe und weil das so gut und erfrischend war, werden wir es „brauchen", ihn zu loben und Ihm zu danken für das Geschenk Seiner Barmherzigkeit. Dieses Lob und dieser Dank werden angedeutet durch die Luft, die wir aus unseren Lungen ausatmen. Wir geben sie Gott zurück als ein ausgeatmetes *Magnificat*.

Nachdem ich nun die Bedeutung von *ecce, fiat* und *magnificat* und wie jedes dieser drei Worte auf die drei Momente unserer Atmung (*ecce*/leer, *fiat*/ein, *magnificat*/aus) angewendet wird, erklärt habe, denke ich, könnte es hilfreich sein, alles in einer Meditation zusammenzubringen. Wenn wir schließlich diese Atemübungen als ein Gebet leben, dann werden wir immer eine geistliche Kommunion empfangen, die Aufopferung an die barmherzige Liebe erneuern und im Lob und Dank leben können. Um unsere Meditation zu machen, lassen Sie uns zum Fuß des Kreuzes gehen, kurz bevor Jesus stirbt.

Atem-Meditation. Fast alle anderen haben Ihn verlassen, aber Maria ist hier bei Ihnen. Sie legt ihre Worte auf Ihre Lippen: „*Ecce* … Hier bin ich, Herr." Sie fahren fort: Hier bin ich, Herr, mit all meiner Sündhaftigkeit, meiner Schwäche und meinen Anhänglichkeiten. Ich verdiene es nicht, hier zu sein, aber ich habe gelernt, dass Dir das gefällt. Also, siehe, o Herr, ich komme hierher, um Dich zu trösten, auch wenn Du gerade stirbst.“ Dieses bescheidene Vertrauen tröstet Jesus genau in dem Moment Seines letzten Atemzuges.

Während Sie hier eine Pause im *Ecce*-Moment der leeren Lungen machen, stößt die Lanze des Soldaten durch Jesu Seite und in Sein Herz, so dass Blut und Wasser heraus- und herunterfließen wie ein Wasserfall, herunter in Ihr Herz und Ihre Seele. Während die ersten Tropfen dieses Blutes und Wassers Ihr Gesicht berühren, atmen Sie tief ein, *Fiat*. Dieses Blut und Wasser (das Seine Barmherzigkeit ist) und diese wunderbare Luft (die auch Seine Barmherzigkeit ist) füllt Ihre Seele. Nachdem Ihre Seele gefüllt ist, nachdem Ihre Lungen gefüllt sind, verweilen Sie am Ende des *Fiat*-Momentes, während Sie genießen und sich an Seiner barmherzigen Liebe erfreuen.

Aber nachdem Sie eine kurze Zeit im *Fiat*-Moment geruht haben, sind Ihr Herz und Ihre Lungen bereit herauszulassen, was Sie gerade genossen haben. Sie sind bereit, Ihre Liebe und Barmherzigkeit, Ihr Lob und Ihren Dank zum Herrn zurückzuatmen. Und so, obwohl Er tot zu sein scheint (weil dieses eine Meditation ist, trösten Sie Ihn tatsächlich noch), hebt Maria Sie zu Seinen Lippen hinauf. Sie atmen Ihr Lob und Ihren Dank in Ihn, die Liebe und Barmherzigkeit, die Sein Blut und Wasser Ihnen gegeben haben. In diesem *Magnificat*-Moment füllen Jesu Lungen sich langsam mit Ihrem Lob und Dank. Doch Sein Herz kann diese zurückgegebene Liebe nicht halten, weil es durchbohrt wurde, und jetzt sind Ihre Lungen leer. Keine Sorge. Maria lässt Sie sanft an den Fuß des Kreuzes sinken, wo das Blut und Wasser aus der durchbohrten Seite des Herrn wieder nach unten zu fließen beginnen und hinein in Ihre Leere, in die Armut Ihres *Ecce*. So beginnt wieder dieser wunderbare Zyklus der Liebe und Barmherzigkeit: *ecce*/leer – *fiat*/ein – *magnificat*/aus – *ecce*/leer – *fiat*/ein – *magnificat*/aus.

Wenn wir diese Haltung leben, indem wir unsere Armseligkeit dem Herrn darbieten (*ecce*), Seine Barmherzigkeit empfangen (*fiat*) und Ihn dann loben und Ihm danken für Seine rettende Barmherzigkeit (*magnificat*), können wir sicher sein, dass wir den Herrn nicht ernsthaft durch unseren Mangel an Vertrauen verwunden können – denn Vertrauen ist nicht nur Lob und Dank, es bedeutet auch, Gottes Barmherzigkeit zu empfangen. Erinnern Sie sich, wie Pater Seraphim sagte, das Vertrauen zu leben, bedeute, Gott für alles zu loben und Ihm zu danken? Einige könnten das gelesen haben und denken: „Hmmm. Das ist alles schön und gut, aber ich habe nicht immer das Gefühl voller Lob und Dank zu sein, vor allem, wenn es schwer ist, dankbar zu sein wegen der Verletzungen im Leben." Ist das nicht die Wahrheit? Aber schauen Sie, was wir gerade von der *Ecce-Fiat-Magnificat*-Bewegung gelernt haben: Der Weg zum Lob beginnt beim *Ecce*-Moment. Hinzukommt, dass uns, während wir im *Ecce*-Moment sind, normalerweise nicht nach loben und danken zumute ist, und das ist in Ordnung. Denn vom *Ecce*-Moment bewegen wir uns schließlich zum *Fiat*-Moment. Das heißt, wir rufen (*Fiat*) Blut und Wasser (Barmherzigkeit) des Herrn in unsere Leere hinab. Dann führt uns der *Fiat*-Moment schließlich zum *Magnificat*, zum Lob und Dank.

Sorge Sie sich nicht, wenn Sie für eine lange Zeit im *Ecce*-Moment sind. Denn der einfache Akt Ihrer Darbringung an den Herrn, so wie Sie sind, mit Sündhaftigkeit und Elend, ist selbst ein Akt des Vertrauens. Darüber hinaus ist der Vorgang des Empfangens der barmherzigen Liebe Gottes (*Fiat*) auch ein

Akt des Vertrauens, und beide dieser Handlungen des Vertrauens (*Ecce* und *Fiat*) neigen dazu, zu einem weiteren Akt des Vertrauens zu führen, und zwar zu Lob und Dank (*Magnificat*).

Da haben Sie nun eine Möglichkeit, die Aufopferung an die barmherzige Liebe zu leben und mit jedem Atemzug als geistliche Kommunion die barmherzige Liebe zu erneuern.

Anhang II

Aufopferung der Familie und Inthronisierung des Bildes der Göttlichen Barmherzigkeit

[Dieser Anhang ist ein Auszug aus „Divine Mercy Image". Erklärung von Pater Michael Gaitley MIC]

Eine der großen Segnungen, Priester zu sein, ist es, im selben Haus wie das Allerheiligste Sakrament zu leben. Aus diesem Grund haben mir viele meiner Laienfreunde einen „heiligen Neid" bekundet, indem sie wünschten, auch so nahe bei der Heiligen Eucharistie leben zu dürfen. Ich versuche, sie zu trösten, indem ich sie einlade, ein Bild der Göttlichen Barmherzigkeit zu erwerben, was meiner Meinung nach die „beste Sache danach" ist. Ich sage das, da das Bild der Göttlichen Barmherzigkeit zwar kein Sakrament, aber ein außerordentliches Bild der Gnade ist.[212]

Eigentlich sage ich meinen Freunden, dass sie nicht nur ein Bild der Göttlichen Barmherzigkeit für ihre Häuser erwerben sollen, sondern es auch inthronisieren müssen. Mit anderen Worten, ich ermutige sie, mit ihren Familien Jesus, den König der Barmherzigkeit, feierlich einzuladen, in ihren Häusern zu herrschen und das Bild zu nutzen als Zeichen, Symbol und Erinnerung an diese Einladung. Diejenigen, die das gemacht haben, wundern sich, wie kraftvoll Jesus ihr Angebot annimmt. Er kommt wahrhaftig, um sie mit einem Überfluss Seiner Barmherzigkeit zu besuchen!

Im Folgenden möchte ich mehr über diese Einladung an Jesus, die Göttliche Barmherzigkeit, sagen und erklären, wie man sie durchführt, und dann beschreiben, wie man das Bild inthronisiert.

Eine Einladung an Jesus, die Göttliche Barmherzigkeit. Es gibt viele Gründe, warum Menschen andere in ihre Häuser einladen. Vielleicht ist es, um ein geschäftliches Treffen zu veranstalten, eine Feier oder einfach nur, um den Ofen anzumachen. Natürlich ist es auch möglich, jemanden aus Barmherzigkeit in unser Haus einzuladen. Zum Beispiel habe ich einmal ein Jahr in einem fremden Land zum Studieren verbracht und konnte nirgendwohin gehen an Weihnachten. Eine meiner Lehrerinnen hatte Mitleid mit mir und lud mich gnädigerweise ein, Weihnachten mit ihr und ihrer Familie zu verbringen – ein wahrer Akt der Barmherzigkeit!

Was ich damit meine, feierlich Jesus, die Göttliche Barmherzigkeit, in unsere Häuser einzuladen, ist etwas Ähnliches. Es ist im Grunde der Moment, in dem wir uns an den Herrn wenden und Mitleid mit Ihm haben, Ihn einladen hereinzukommen. Das mag albern klingen, zumindest bis wir erkennen, dass die Idee dazu von einer wichtigen Heiligen der Göttlichen Barmherzigkeit und zudem Kirchenlehrerin kommt, der heiligen Theresia von Lisieux. Weil Jesus so ergriffen war von der glühenden Liebe der heiligen Theresia zu Ihm, gab Er ihr einen tiefen Einblick in das Geheimnis Seines Herzens. Insbesondere zeigte Er ihr, dass Sein Herz schreckliche Schmerzen leidet, weil Er sich danach sehnt, Seine Barmherzigkeit auf Seelen zu ergießen, sich so viele aber weigern, sie zu empfangen. Diese Ablehnung Seiner Liebe, so hatte Theresia gelernt, ist einer der tiefsten Schmerzen Seines Herzens.
Nachdem sie das erkannt hatte, wurde Theresia von solch einem tiefen Mitgefühl für Jesus bewegt, dass sie Ihn, um Sein Herz zu trösten, einlud, ihr all die Barmherzigkeit zu geben, die andere Seelen ablehnen. Diese Einladung gefiel Jesus so sehr, dass Er sie mit einem Überfluss Seiner Barmherzigkeit erfüllte; die Erfahrung davon wurde der Mittelpunkt von Theresias Spiritualität und führte sie zu den Höhen der Heiligkeit.

Das ist großartig für die heilige Theresia, aber was hat das mit unserem Thema zu tun? Eigentlich viel. Ich sage das, weil Jesus Seine abgelehnte barmherzige Liebe nicht nur auf Einzelne, wie die heilige Theresia, ausgießen möchte. Ich glaube, Er will Seine Barmherzigkeit auch und vor allem auf *Familien* ausgießen. Warum? Weil in unseren Tagen die Familien so sehr angegriffen werden und sich traurigerweise so viele Familien Gottes Barmherzigkeit verweigern, sodass Jesu Herz heute besonders verwundet ist. Deshalb sucht Er nach Familien, die Ihn in ihre Häuser einladen und Ihm erlauben, ihnen die Liebe zu geben, die so viele andere Familien ablehnen. Er sucht nach Familien, die Seine Gaben der Barmherzigkeit, der Liebe, des Friedens und der Freude empfangen möchten. Kurz gesagt, Er sucht Familien, die eine Familien-Aufopferung an die barmherzige Liebe machen. Was ist mit Ihrer Familie?[213]

Im nächsten Abschnitt werde ich erklären, wie Sie und Ihre Familie Jesus, die barmherzige Liebe, in Ihr Haus einladen können und wie Sie das Bild der Göttlichen Barmherzigkeit dort inthronisieren können.

Wie die Einladung (Aufopferung) gemacht wird. Die Familien-Aufopferung an die barmherzige Liebe zu machen, ist ziemlich einfach. Als Erstes laden Sie den Herrn ein, um das Herz Jesu zu trösten und Ihn zu bitten, Ihnen und Ihrer Familie die Barmherzigkeit zu geben, die andere Familien ablehnen. Dann sollte jedes Mitglied der Familie danach streben, diese abgelehnte Barmherzigkeit anzunehmen und mit anderen zu teilen.[214]

Es ist so einfach. Sorgen Sie sich auch nicht, wenn Ihre Familie nicht vollkommen ist. In der Tat ist es ideal, wenn Sie nicht vollkommen sind! Immerhin sagt Jesus: „Je größer der

Sünder, desto größer sein Anrecht auf Meine Barmherzigkeit."[215] Diese Worte gelten auch für Familien: „Je sündhafter die Familie, desto mehr Anrecht hat sie auf Gottes Barmherzigkeit." Also, unabhängig davon, wie stark eine Familie mit der Sünde kämpft, die Mitglieder können auf jeden Fall die Familien-Aufopferung an die barmherzige Liebe vollziehen. Sie müssen einfach aufrichtig versuchen, sich von der Sünde abzuwenden, den Herrn in ihre Häuser einladen und Seine barmherzige Liebe teilen.

Ich schlage die folgende Formel vor, um die Familien-Aufopferung an die barmherzige Liebe zu machen, die mit Jesu Worten an die heilige Faustyna beginnt. Sie hat wie die heilige Theresia diese Spiritualität in gänzlich gelebt:

> ***LEITER:*** Jesus, du sagst zur heiligen Faustyna: „Die Strahlen der Barmherzigkeit brennen Mich; Ich will sie über die Seelen der Menschen ergießen. O welchen Schmerz bereiten sie Mir, wenn sie die Annahme verweigern.[216] Komm wenigstens du so oft wie möglich zu Mir und nimm die Gnaden entgegen, die andere nicht haben wollen, und du wirst dadurch Mein Herz trösten. Wie groß ist die Gleichgültigkeit der Seelen gegenüber so viel Güte, für so viele Beweise der Liebe. Mein Herz wird mit Undankbarkeit und Vergessenheit der Seelen, die in der Welt leben, getränkt; für alles finden sie Zeit, nur zu Mir zu kommen, um Gnaden zu erhalten, haben sie keine Zeit.[217] Meine Tochter, nimm die Gnaden, die von den Menschen verschmäht werden, nimm, soviel du tragen kannst.[218] Ich will Mich den See-

len hingeben und sie mit Meiner Liebe erfüllen; es gibt jedoch wenige Seelen, die alle Gnaden, die von Meiner Liebe für sie bestimmt sind, annehmen wollen. Meine Gnade geht nicht verloren. Falls sie von einer Seele, für die sie bestimmt ist, nicht angenommen wird, fällt sie einer anderen Seele zu.[219]

Alle: Herr Jesus, wenn Du Deine Barmherzigkeit auf Seelen ausgießen möchtest, wieviel mehr musst Du Dich danach sehnen, sie auf ganze Familien auszugießen, vor allem in unserer Zeit, in der so viele Familien Dich ablehnen. Daher, Jesus, opfern wir, die

__________________________-Familie,

uns selbst Deiner barmherzigen Liebe auf und bitten um die Gnaden und die Barmherzigkeit, die andere Familien ablehnen. Wir erbitten dies, um Dein Herz zu trösten und weil wir Deine Barmherzigkeit brauchen. Fülle uns mit Deiner Barmherzigkeit, Herr. Bitte vergib uns unsere Sünden. Wir bereuen unsere Sünden und bitten um die Gnade, miteinander in Taten, Worten und Gebeten barmherzig zu sein.

Barmherziger Heiland, mögen die Strahlen der Barmherzigkeit, die aus Deinem Herzen hervorgehen, in unserem Haus und in unseren Herzen herrschen. Bitte mach aus unserem Haus einen Ort, an dem Deine Barmherzigkeit ausruhen kann, und wo auch wir Ruhe in Deiner Barmherzigkeit finden können. Segne uns mit Deiner Barmherzigkeit, wenn wir unser Haus verlassen, und segne uns wieder, wenn wir zurückkommen. Segne jeden, den wir treffen, mit der Barmherzigkeit, die Du in unser Herz ausgegossen hast. Segne besonders jene, die unser Haus besuchen – mögen sie Deine Barmherzigkeit hier erfahren.

Maria, unsere Mutter der Barmherzigkeit, hilf uns, unsere Aufopferung an die barmherzige Liebe Gottes treu zu leben. Wir geben uns dir hin und bitten dich, dein Unbeflecktes Herz mit uns zu teilen. Hilf uns, die Barmherzigkeit deines Sohnes mit der Offenheit deines Herzens bei der Verkündigung anzunehmen. Hilf uns, dankbar für Gottes Barmherzigkeit zu sein, mit deiner Freude im Herzen bei der Heimsuchung. Hilf uns, auf die Barmherzigkeit Gottes zu vertrauen, mit deinem festen Glauben auf Golgatha, besonders in Zeiten der Dunkelheit. Schließlich, Maria, schütze und bewahre unsere Familie in der Liebe, sodass wir eines Tages uns mit dir und allen Heiligen freuen können in der Gemeinschaft der ewigen Familie der Liebe – Vater, Sohn und Heiliger Geist. Amen.

L: Heiliger Josef, **A:** bitte für uns
L: Heilige Faustyna **A:** bitte für uns
L: Heilige Theresia **A:** bitte für uns

Ich empfehle, dass eine Familie eine solche Aufopferung (oder eine Erneuerung) macht an einem Marienfest, einem Festtag des heiligen Josef (19. März) oder an einem „Barmherzigkeitsfest“, wie dem Gedenktag der heiligen Theresia von Lisieux (1. Okt.), den Gedenktag der heiligen Faustyna (5. Okt.), am Barmherzigkeitssonntag (2. Sonntag nach Ostern)[220] oder am Dreifaltigkeitssonntag, dem Tag, an dem die heilige Theresia zuerst die Inspiration erhielt, sich der barmherzigen Liebe zu opfern. (Siehe die Tabelle auf Seite 18-19 für andere empfohlene Festtage.)

Die Inthronisierung des Bildes der Göttlichen Barmherzigkeit. Das Bild der Göttlichen Barmherzigkeit passt vollkommen zur Familien-Aufopferung an die barmherzige Liebe. Ich möchte mich auf zwei Gründe konzentrieren. Zunächst spricht das Bild der Göttlichen Barmherzigkeit den Hauptzweck der Aufopferung an, der im Trösten oder Barmherzigkeit-Üben gegenüber dem Herzen Jesu besteht.

Erinnern Sie sich daran, dass die Aufopferung den Herzschmerz Jesu lindern soll, der durch so viel Ablehnung Seiner Liebe verursacht wird. Der Weg, um Seinen Herzschmerz zu lindern, ist der Empfang Seiner Barmherzigkeit. In gewisser Weise könnte man sagen, dass das Bild der Göttlichen Barmherzigkeit Jesu eigenes Herzmedikament ist. Es ist so: Jesus leidet an einem schrecklich schmerzhaften Herzleiden, also hat Er für sich selbst ein Rezept für ein Medikament ausgestellt, das Seine Qual lindern soll. Was ist dieses Medikament? Es wirkt, wenn wir die Strahlen Seiner Liebe und Barmherzigkeit empfangen und das Gebet sprechen: „Jesus, ich vertraue auf Dich“ – weil dies wirklich Sein Herz tröstet.

Ein anderer Weg, wie das Bild der Göttlichen Barmherzigkeit völlig mit der Familien-Aufopferung harmoniert, besteht darin, dass es als eine Erinnerung an Jesus dient, den wir eingeladen haben, mit Seiner Barmherzigkeit in unsere Häuser zu kommen. Ich meine, ohne eine konkrete *Erinnerung* könnten wir unsere Einladung an Jesus, mit Seiner Barmherzigkeit zu uns zu kommen und in unseren Häusern zu bleiben, leicht vergessen. Auch das Bild selbst wird zu einer konkreten Realisierung der Einladung. Es ist so: Wir laden Jesus in unsere Häuser ein und mit dem Bild der Göttlichen Barmherzigkeit ist Er da! Wie wir von der heiligen Faustyna gelernt haben, „lebt" dieses Bild wirklich und ist von Gnaden erfüllt.[221] Darüber hinaus, wenn Sie es in Ihrem Haus auf einen Ehrenplatz stellen, wo Sie es täglich sehen, wird es eine ständige, konkrete, leibliche Erinnerung an die feierliche Einladung (Weihe), die Sie und Ihre Familie gemacht haben.

Daher empfehle ich, dass die Familien-Aufopferung von einer Inthronisierung des Bildes der Göttlichen Barmherzigkeit begleitet wird. Ein geeignetes Gebet für eine solche Inthronisation, das nach der Aufopferung vor dem Bild der Göttlichen Barmherzigkeit gesprochen werden kann, ist folgendes:

> ***LEITER:*** Jesus, Du sagst zur heiligen Faustyna: „Ich überreiche den Menschen ein Gefäß, mit dem sie zur Quelle der Barmherzigkeit um Gnaden kommen können. Das Gefäß ist dieses Bild mit der Unterschrift: Jesus, ich vertraue auf Dich."[222] „Durch das Bild werde Ich den Seelen viele Gnaden erteilen."[223]
>
> ***ALLE:*** Herr Jesus, durch dieses Bild Deiner Barmherzigkeit gewähre uns bitte Deine Gnade! Immer wenn wir darauf schauen, hilf uns,

uns an Deine Liebe und Barmherzigkeit zu erinnern, und fülle unsere Herzen mit Vertrauen. Genauso, wie Deine Barmherzigkeit auf diesem Bild dargestellt wird, wie sie aus Deinem durchbohrten Herzen hervorgeht, umgib unser Haus mit den Strahlen Deiner Barmherzigkeit! Mögen das Blut und das Wasser, die aus Deinem Herzen fließen, immer bei uns sein! Jesus, wir vertrauen auf Dich.

Ich empfehle weiterhin, ein solches Gebet mit einem Barmherzigkeitsrosenkranz zu vervollständigen (siehe Anmerkung 159 für die Anleitung, wie er gebetet wird). Auch könnte es eine gute Idee sein, einen Priester einzuladen, um Ihr Haus und das Bild der Göttlichen Barmherzigkeit zu segnen. Wenn der Priester nicht kommen kann, können Sie ihn vielleicht bitten, Ihr Bild feierlich (mit anderen aus der Gemeinde) am Barmherzigkeitssonntag zu segnen. Dies ist angemessen, weil Jesus darum gebeten hat, dass das Bild der Göttlichen Barmherzigkeit feierlich am Barmherzigkeitssonntag gesegnet und öffentlich verehrt wird.[224]

[Die folgenden Anhänge sind von der Übersetzerin angefügt.]

Anhang III

Warum die heilige Theresia vom Kinde Jesus sich als Brandopfer der Liebe anbot

Der Sinn des Weiheaktes

Die heilige Theresia vom Kinde JESUS besaß ein tiefes Verständnis für die Vaterschaft GOTTES. Unermüdlich betonte sie den Novizinnen gegenüber die unaussprechlichen Reichtümer der barmherzigen Liebe, das dem väterlichen Herzen so wesentliche Bedürfnis zu verzeihen, zu helfen, zu erfüllen, die Herzen SEINER Kinder an SICH zu ziehen, vorausgesetzt, dass sie sich IHM in vollem Vertrauen auf SEINE Güte ausliefern.

Andererseits hatte Theresia entdeckt, dass sich unter den Freunden GOTTES Seelen befanden, die voll Begeisterung wünschten, SEINER Gerechtigkeit Genüge zu tun, indem sie die Schulden der Sünder bezahlten. Gleichzeitig erkannte sie, dass jedoch keine von ihnen Ersatz bot für das Zurückweisen jener Liebe, die ER verschwenden will, nicht nur an die Demütigen, die Einfachen, die Kleinen, nicht nur an jene, die das Kennzeichen der geistlichen Kindschaft tragen, sondern an alle frommen Seelen, ja sogar an die Masse der Gleichgültigen und der Sünder.

Sie empfand sozusagen Mitleid mit dem lieben GOTT und erhielt die Eingebung, sich als Opfer SEINER Liebe anzubieten, um Ersatz zu leisten, indem sie zuließ, dass die Fluten der Liebe, die in SEINEM Herzen beschlossen sind, in ihr kindliches Herz überfließen.

In ihrem Akt der Aufopferung als Brandopfer der barmherzigen Liebe erbat Theresia denn auch vom lieben GOTT, „die Ströme unendlicher Zärtlichkeit, die in IHM beschlossen sind, in ihre Seele überfließen zu lassen, damit sie (durch dieses Mittel) eine Märtyrin der Liebe werde".

Unter diesen Umständen konnte keine andere Bezeichnung als das Wort „Opfer" Anwendung finden; ist es doch für das kleine Gefäß, für den kleinen „Würfel“ eine Qual, wenn der Ozean sich auf diese Kleinheit stürzt, um sie zu erfüllen, um sie einzuhüllen in die Flut der unendlichen Liebe. Doch, o liebliche Qual, o unaussprechlicher Martertod!

Ein Martyrium, das man nicht mit jenem der Opfer der Gerechtigkeit verwechseln darf: Hier gab Liebe der Liebe Antwort. Es war Theresias Herz, das verwundet wurde, und – wie Ruysbroeck sagt: „... Wunden, die die Liebe schlägt – was ist lieblicher, was ist schrecklicher?“ Er vollendet diesen Gedanken durch das Bild von CHRISTUS als der Sonne, die den von ihren Strahlen Verwundeten überwältigt.

Das war es, was Theresia von der Liebe verlangte: überwältigt zu werden von der Last göttlicher Zärtlichkeit. Sie verglich sie bald mit dem „Feuer“, bald mit „überfließenden Strömen“ und sie wollte nichts anderes, als dass die Liebe sie überflute, sie verzehre.

Diese neue Ordnung des Sich-Opferns führte zum Martyrium, aber zu einem Martyrium der Liebe: einem ungleichen Kampf zwischen der unendlichen Güte, der unendlichen Barmherzigkeit GOTTES und der Endlichkeit dieses armen kleinen Wesens, das mehr verlangte, als es aufzunehmen vermochte.

Da sie das Martyrium der Liebe, wie oben erklärt, nicht mit dem Ruf nach Leiden, der den Opfern der Gerechtigkeit eigen ist, identifizierte, wagte Theresia – deren große Bedachtsamkeit und außerordentliche Diskretion bekannt sind –, den Legionen „kleinster Seelen“ ihren Weiheakt nahezulegen. Anstatt die Leiden auszunützen, appellierte sie in erster Linie an das Erbarmen des Herzens GOTTES, an SEIN väterliches Herabneigen, bat sie für die schwachen Seelen, deren Elend sie vor IHM ausbreitete, um SEIN Mitleid zu erregen. Sie drückte das in folgenden Worten aus:

„Will die LIEBE vollständige Erfüllung finden, muss sie sich bis zum Nichts erniedrigen."

Theresia liebt es, in GOTT vor allem die Liebe zu betrachten, die sie sich zu eigen machte. Sie weiß, die Liebe findet nur Erfüllung, wenn sie sich bis zum Nichts erniedrigt…, „damit dieses Nichts in Feuer gewandelt werde".

Diese Umwandlung bringt die Reinigung von allen Unvollkommenheiten und Fehlern mit sich:

„Diese barmherzige Liebe erneuert mich in jedem Augenblick, sie reinigt mich und lässt keine Spur einer Sünde in meinem Herzen zurück."

So dachte sie über die Barmherzigkeit GOTTES gegenüber den Brandopfern der Liebe.

Die heftigen physischen und psychischen Leiden, welche die Heilige am Abend ihres Lebens durchlitt, müssen unter dem Gesichtspunkt des Loskaufs der Sünder – gemeinsam mit JESUS, dem Erlöser, – betrachtet werden, Loskauf, der auch die Angriffe des Bösen auf die von Gnaden erfüllten Seelen miteinschließt.

Wie sollte der Böse, der nach den Worten des heiligen Petrus, des Statthalters CHRISTI, des Oberhaupts SEINER Kirche, „umhergeht wie ein brüllender Löwe, suchend, wen er verschlinge", wie sollte der Böse nicht auf irgendeine Weise die Ströme der Gnade ahnen, die sich über ein Wesen ergossen, das seinerseits zur Anführerin zahlreicher Seelen werden sollte, die sie in ihr Heer rief? Der Blick des Teufels durchdringt besser die Welt des Geistigen als unser Blick … Deshalb wendet er sich an GOTT und spricht zu IHM, wie er es einstmals hinsichtlich des Dulders Job tat:

„Es ist nicht erstaunlich, dass diese Seele DICH liebt; sie betrachtet DICH sozusagen von Angesicht zu Angesicht.

Doch ziehe DICH zurück und DU wirst sehen, dass ihr Vertrauen sich ins Gegenteil verwandelt."

Und wie ehemals bei Job, gestattete der HERR, der im Herzen SEINER kleinen Braut – über die ER glücklich und auf die ER stolz ist – liest, dass der Geist der Dunkelheit sie quäle. Und das tat der Teufel mit einer Schärfe, die seiner Eifersucht des zur Liebe Unfähigen gleichkommt.

Wenn ich die heilige Theresia frage, was sie über ihre große Prüfung und ihre unerträglichen physischen Schmerzen empfinde, dann ahne ich, doch nur einen Augenblick lang, wie das Aufzucken eines Blitzes, ahne ich, ihre Versuchung sei so weit gegangen, dass sie voll Furcht sich fragte, ob ein Opfer der Liebe nicht ebenso dem Leiden geweiht sei wie ein Opfer der Gerechtigkeit. Doch gleich darauf nach diesem finsteren Blitzschlag, höre ich sie wieder voll Sicherheit bestätigen:

„Nein, ich hätte niemals geglaubt, dass man so sehr leiden kann … niemals, niemals! ICH KANN ES MIR NICHT ANDERS ERKLÄREN ALS AUS DEM GLÜHENDEN WUNSCH, DEN ICH HATTE, SEELEN ZU RETTEN."

Die körperlichen und seelischen Leiden dieser Heiligen sind also das Resultat ihres freiwilligen Mitwirkens mit der Passion CHRISTI, eines Mitwirkens mit dem göttlichen Willen, das ganz offensichtlich in ihren Akt der Aufopferung miteinbezogen ist.

Ich glaube folgern zu dürfen, dass es in Theresias Berufung zwei chronologisch aufeinanderfolgende Ebenen gibt, die man weder verwechseln noch – wohlgemerkt! – einander entgegenstellen darf:

Seit Juli 1887 – Theresia war damals 14 Jahre alt – besaß sie den Wunsch nach Leiden, um durch das Kreuz Seelen zu retten. Am 9. Juni 1895, am Fest der ALLERHEILIGSTEN DREIFALTIGKEIT – Höhepunkt ihres spirituellen Lebens – legte sie die Weihe als Brandopfer der barmherzigen Liebe ab, um diese verkannte, zurückgewiesene Liebe zu trösten.

Auf ihrem Sterbebett hörte ich meine heilige kleine Schwester bestätigen:

„Glücklicherweise habe ich nicht um das Leiden gebeten; denn hätte ich darum gebeten, dann wäre dieses Leiden mein eigenes und ich müsste fürchten, nicht die Kraft zu haben, es zu ertragen."

Sie verwechselte also die Sehnsucht ihres ganzen Lebens nicht mit einer formellen Bitte, die eine unwiderrufliche Bindung bedeutet hätte. Man begreift sofort den Unterschied. Die Seele, die sich der Liebe darbietet, erbittet keine Leiden, aber indem sie sich den Plänen dieser Liebe vollständig überlässt, nimmt sie alles hin, was die Vorsehung an Freuden, Mühen und Prüfungen für sie zulässt, und sie rechnet damit, dass die unendliche Barmherzigkeit ihre Bürde leicht mache und heilige.

Als das Offizium der heiligen Theresia vom Kinde JESUS erschien, das in der zusammenfassenden Lesung der Matutin den hervorstechenden Satz enthielt: „... vom Wunsche zu leiden entflammt, bot sie sich zwei Jahre vor ihrem Tod der barmherzigen Liebe des lieben GOTTES zum Opfer an", ruhte Mutter Agnes von JESUS nicht, ehe sie von der Heiligen Ritenkongregation eine Abänderung des Textes erreichte. Sie gelangte schließlich zum Ziel. In der Acta Apostolicae Sedis vom 2. Mai 1932 wurde die Korrektur veröffentlicht und der beanstandete Abschnitt durch folgende Lesung, die den theresianischen Gedanken treu wiedergibt, ersetzt: „... entflammt von der göttlichen Liebe, bot sie sich zwei Jahre vor ihrem Tode der barmherzigen Liebe des lieben GOTTES zum Opfer an."

Hier erhebt sich eine weitere Frage: Welche Beziehung besteht zwischen dieser theresianischen Aufopferung und der Lehre vom Liebestod des heiligen Lehrers der Dunklen Nächte und der Lebendigen Flamme?

Meiner Ansicht nach stützte Therese sich auf den heiligen Johannes vom Kreuz, der über das Leben der Liebe aussagt: „Darum ist es eine wichtige Aufgabe der Seele, in diesem Leben sich in Akten der Liebe zu üben, damit sie, in kurzer Zeit und ohne sich da oder dort aufzuhalten, zur Anschauung GOTTES gelange", und der, indem er den Liebestod beschwört, von „erhabensten Antrieben und wonnevollsten Begegnungen" der Seele spricht, die er mit dem Todessang des Schwanes in diesem alleräußersten Augenblick vergleicht.

Die heilige Theresia, die sich, von Liebe verzehrt, jung sterben sah, glaubte an den ersten und bezweifelte nicht die Wahrheit des zweiten Ausspruchs.

Als sie ihren Gesang „Aus Liebe leben" verfasste, enthielt er noch nicht die folgende Strophe:

> „Aus Liebe leben, heißt, nicht hier auf Erden
> SEIN Zelt errichten hoch auf Tabors Höhn.
> Mit JESUS heißt es tragen die Beschwerden
> und in dem Kreuz das höchste Gut zu sehn!"

Erst auf meine Bitte, wurde ich doch innerlich auf eine harte Probe gestellt, fügte sie diese Strophe ein. In einem einzigen Aufschwung verfasst, handelt dieser Gesang von nichts anderem als – paradox, doch wahr! – von der Lieblichkeit der Wunden, die die Liebe schlägt, vom beglückenden Leiden der Liebe! Man beachte auch den Vers:

> „Welch lieblicher Martertod: aus Liebe sterben …"

In den Abgrund herbster Leiden der Seele und des Leibes gestoßen, sprach Theresia jene Worte, die bereits zitiert wurden:

> „Ich kann es mir nicht anders erklären als aus dem glühenden Wunsch, den ich hatte, Seelen zu retten."

Wie bei unserem HERRN waren Theresias Leiden die Antwort auf ihre Liebe zu den Seelen und führten sie mit IHM auf den Erlöserweg.

Wie es ein Geheimnis der Verlassenheit auf dem Kreuz gibt, da JESUS in Todesangst GOTT nicht mehr VATER zu nennen wagt und ausruft: „Mein GOTT, mein GOTT, warum hast DU MICH verlassen?", ebenso hatte GOTT sich scheinbar von Theresia zurückgezogen, ohne aufzuhören, ihr gegenwärtig zu sein, und sie empfand die ganze Bitterkeit dieses schmerzlichen Leides …

Es ist wohl wahr, dass die „Seelen nur durch das Kreuz gerettet werden können". Indem unser himmlischer VATER Theresia das Leiden ausschöpfen ließ, das ihr zu einem kostbaren Quell wurde, erfüllte ER den Wunsch der Heiligen, Seelen zu retten – einen Wunsch, den sie ebenso oft ausgesprochen hatte wie den, ein Brandopfer der göttlichen Liebe zu sein.

Doch sollte auch der zweite Wunsch erfüllt werden, und zwar so, wie sie es erhofft hatte. Noch mehr: Die Erfüllung sollte alles übertreffen. Nachdem sie, um die Sünder loszukaufen, „… in die Schattentäler des Todes niedergestiegen war", offenbarte GOTT Sich Seiner getreuen Braut – im Augenblick ihres letzten Seufzers – in einer erhabenen Ekstase, deren lieblicher Angriff „den Vorhang ihres Lebens zerriss", und schenkte ihr jenen Liebestod, den sie während ihrer kurzen Verbannung im Glauben erhofft und besungen hatte.

Schwester Geneviève vom Heiligsten Antlitz
und von der heiligen Theresia
(Entnommen dem Buch *Céline Martin: Meine Schwester Therese*)

Anhang IV

Die Barmherzigkeit Gottes ist größer
Die hl. Theresia vom Kinde Jesus über das Fegefeuer
von Hubert van Dijk

Das Fegefeuer ist in einer Zeit, in der die Existenz der Hölle bezweifelt wird, aus dem Blick geraten. Doch ist das Fegefeuer nach katholischer Lehre eine Tatsache. Die Kirche hat aber auch immer gelehrt, dass skrupulöse Ängste der Gerechtigkeit und Barmherzigkeit Gottes nicht gerecht würden. Die vollkommene Reue und der vollkommene Ablass wurden von der Kirche immer empfohlen. Der folgende Artikel will den Ort der Läuterung wieder in das Blickfeld rücken und auf ein umfassendes Gottesbild hinweisen.

Kirchenlehrerin für das dritte Millennium

Die hl. Theresia von Lisieux, die am 19. Oktober 1997 von Papst Johannes Paul II. zur Kirchenlehrerin erhoben wurde, spürte im Kloster die Berufung, andere zu unterrichten. Sie wollte gerne Lehrer (docteur) sein (Ms B, 2v). Schon früher hatte Gott sie in die Geheimnisse Seiner Liebe eingeweiht. Sie schreibt darüber: „Oh! Wenn Gelehrte, die ihr ganzes Leben mit Studieren verbracht haben, mir Fragen gestellt hätten, sie wären sicher erstaunt gewesen zu sehen, dass ein 14-jähriges Kind die Geheimnisse der Vollkommenheit versteht, Geheimnisse, die all ihre Wissenschaft ihnen nicht zu enthüllen vermag, da man arm im Geiste sein muss, um ihrer teilhaft zu werden“ (*Ms A*, 49r).

Im Apostolischen Schreiben *Divini amoris scientia* – erschienen zu Theresias Erhebung zur Kirchenlehrerin – sagt der Papst, dass man in den Schriften Theresias keine wissenschaftliche Darlegung der Geheimnisse Gottes suchen soll. „Dennoch kann man mit Recht in der Heiligen von Lisieux das Charisma eines Kirchenlehrers erkennen, sowohl wegen der Gabe des Heiligen Geistes, die sie empfangen hat, um ihre Glaubenserfahrung zu leben und in Worten auszudrücken, als auch wegen ihres besonderen Verständnisses des Geheimnisses Christi … Sie war zweifelsohne begünstigt mit außerordentlichen natürlichen Gaben, aber darüber hinaus durch den Heiligen Geist begnadet mit einem Charisma der Weisheit“ (ib., Nr. 7).

Ihre Schriften bieten eine Fülle von Denkanstößen auf beinahe jedem Gebiet der Theologie und der Spiritualität, eine Fülle die hundert Jahre nach ihrem Tod noch längst nicht erschöpft ist. Wie die Päpste wiederholt gesagt haben: Theresia von Lisieux ist ein Geschenk an die Kirche. Sie wurde kurz vor dem Jahr 2000 zur Kirchenlehrerin erhoben, als dritte Frau unter den 33 Kirchenlehrern, welche die Kirche kennt. Früh gestorben, ist sie nicht nur die Jüngste von allen, sondern auch die Meistbekannte, Geliebte und Gelesene! Sie hat der Kirche schon viel geschenkt und im neuen Millennium wird sie auch noch genug zu schenken haben. Man nennt sie darum nicht ohne Grund: Kirchenlehrerin für das dritte Millennium.

Man braucht nicht ins Fegefeuer kommen!

Die Theologie der kleinen Theresia ist eine gelebte Theologie, eine Theologie der Erfahrung. Sie hat zuhause und in der Pfarrei wie auch in der Klosterschule der Benediktinerinnen in Lisieux eine echt katholische Erziehung empfangen und war somit vertraut mit dem Glauben an das Fegefeuer. Aber ihre Offenheit für alles, was das Fegefeuer anbelangt, ging weit über das Normale hinaus. Unter der Führung des Heiligen Geistes entwickelten sich über die Jahre in ihr Gedanken, Ahnungen und Ideen, die zum Schluss ausmündeten in das, was man „Die Lehre der Kleinen Theresia über das Fegefeuer“ nannte (Philippe de la Trinité, *La doctrine de sainte Thérèse sur le Purgatoire*, Éditions du Parvis, 1648 Hauteville/Suisse 1992, S. 16).

Es besteht in der Kirche die allgemein verbreitete Auffassung, dass man wohl kaum am Fegefeuer vorbeikommt. Darüber machte die Heilige schon als Novizin gegenüber einer Mitschwester, Schwester M. Philomena, die auch so dachte, die Bemerkung: „Sie haben nicht genug Vertrauen, Sie haben zu viel Angst vor dem guten Gott. Ich versichere Ihnen, dass Er darüber betrübt ist. Sie sollen das Fegefeuer nicht fürchten wegen dem, was man dort zu leiden hat, sondern man soll verlangen, nicht dorthin kommen zu müssen, um Gott damit zu erfreuen, der so ungern diese Strafe auferlegt. Sobald Sie versuchen, Ihm in allem zu gefallen, und Sie ein unerschütterliches Vertrauen haben, reinigt Er Sie jeden Augenblick in Seiner Liebe und lässt Er in Ihnen keine Sünde mehr zurück. Und dann können Sie gewiss sein, nicht ins Fegefeuer zu kommen!“ (*Annales de Sainte Thérèse*, Lisieux, Nr. 610, Febr. 1982.) Sie sagte sogar, dass wir durch Mangel an Vertrauen, nach dem Tod gleich in den Himmel zu kommen, Gott beleidigen. Als sie bemerkte, dass ihre Novizinnen gelegentlich davon sprachen, dass das Fegefeuer auch einmal auf sie zukommen dürfte, korrigierte sie sie und sagte: „Oh! Ihr tut mir leid und Ihr beleidigt den guten Gott, wenn Ihr glaubt, ins Fegefeuer gehen zu müssen. Wenn man liebt, kann es kein Fegefeuer geben“ (Brief der Schw. Marie de l’Eucharistie vom 8. Juli 1897, *Dokumentation*, Karmel von Lisieux).

Das ist nun eine neue Lehre, aber nur für die, welche Gott nicht kennen, die nicht Kind sind, nicht vertrauen. Aber wie richtig ist es, die Dinge so zu sehen. Gott wird uns zwar einmal richten, aber Er ist immer zuerst unser Vater, der … leidet, wenn Er sein Kind strafen muss und leiden sieht. Das Kind müsste schon aus Kindesliebe, nicht um der Strafe zu entgehen, Seinen Willen tun. Das bedeutet im Grund, Gott will das Fegefeuer nicht! Er lässt das Leiden Seiner Kinder zu, aber so als würde Er dabei wegschauen müssen (*La doctrine*, a.a.O., S. 16).

Wenn Theresia Recht hat, dass man nicht ins Fegefeuer kommen muss, weil Gott Selbst es nicht will und uns sicher gerne helfen wird, ist der Gedanke, dass man am Fegefeuer vorbeikommen kann, schon nicht mehr so abwegig. Aber vorerst gibt es das Problem von der genannten Auffassung, nach welcher die wenigsten dem Fegefeuer entgehen. Es wird dieser Glaube außerdem bestätigt von großen Heiligen und Mystikern, wie dem hl. Johannes vom Kreuz, der in seiner Schrift *Die Dunkle Nacht* (2. Buch, Kap. XX) sagt: „Nur eine kleine Anzahl der Seelen erreicht die vollkommene Liebe“ (die nötig ist, um gleich in den Himmel zu kommen). Auch die große Theresia von Avila hat die Erfahrung gemacht, dass die wenigsten am Fegefeuer vorbeikommen (Ferdinand Holböck: *Das Fegefeuer*, Salzburg 1977, S. 94f). Der hl. Pfarrer von Ars erklärt: „Es ist sicher, dass nur sehr wenige Auserkorene nicht ins Fegefeuer gekommen sind und dass die Leiden, die man dort aushalten muss, all das übertreffen, was wir uns vorstellen können“ (*La doctrine*, a.a.O., S. 22f).

Dazu kommt die auch unter frommen Christen verbreitete Überzeugung, dass sogar brave Gläubige und Gottgeweihte nach dem Tod noch für eine bestimmte Zeit der Reinigung des Fegefeuers ausgeliefert werden müssen. Als Grund dafür hört man immer das gleiche Argument: „Am Fegefeuer ist gar nicht leicht vorbeizukommen. Keiner ist heilig und ich werde bestimmt auch dort eine Zeit zubringen müssen.“ Daran wird oft noch großzügig angefügt: „Gott ist ja gerecht“ oder „Wir hätten es wohl auch verdient“. Umso verwunderlicher ist darum die Meinung der kleinen heiligen Theresia. Als sie einmal ihre Novizin, Schwester M. de la Trinité, ermutigte, zu glauben, dass es auch für sie möglich ist, nach dem Tod gleich in den Himmel zu kommen, fragte diese: „Wenn ich mich regelmäßig an kleinen Verstößen schuldig mache, kann ich dann doch noch hoffen, ohne Umwege zum Himmel zu kommen?" Schwester Theresia, die gut um die Schwächen ihrer Novizin wusste, antwortete: „Doch! Gott ist so gut. Er wird wissen, wie Er Ihnen beikommen kann. Aber versuchen Sie trotzdem, treu zu sein, damit Er nicht vergebens auf Ihre Liebe wartet!" (Lucien Regnault: *La Pensée de Ste Thérèse de l'Enfant Jésus sur le Purgatoire,* in: *Annales de Sainte Thérèse*, 1986, Suppl. Nr. 101, S. 21-29. Zitat auf S. 26).

Gott mehr Vater als Richter

Einmal hatte Theresia zu diesem Thema im Kloster eine Konfrontation mit Schwester M. Febronia, 67 Jahre alt und Subpriorin. Diese hatte mitbekommen, dass Schwester Theresia die Novizinnen aufforderte zu glauben, dass sie nach ihrem Tod sofort in den Himmel kommen könnten. Das gefiel ihr nicht, weil sie dieses Vertrauen für vermessen hielt, und so machte sie Schwester Theresia Vorhaltungen. Diese versuchte, gütig und ruhig ihre Meinung zu erklären, aber ohne Erfolg. Schwester M. Febronia hielt fest an ihrer, d.h. der auch heute noch fast allgemein akzeptierten Auffassung über die Gerechtigkeit Gottes. Nun war Gott für Theresia mehr ein Vater als ein Richter und sie erlaubte sich zu sagen: „Meine Schwester, Sie suchen wohl die Gerechtigkeit Gottes, Sie werden diese auch erfahren. Die Seele bekommt von Ihm genau das, was sie verlangt."

Es dauerte kein Jahr, bis Schwester M. Febronia mit noch anderen Schwestern im Januar 1892 der damals grassierenden

Grippe zum Opfer fiel und starb. Drei Monate danach hatte Schwester Theresia einen Traum, den sie der Schwester Priorin erzählte, und der in den Prozessakten festgehalten ist: „O meine Mutter, meine Schwester M. Febronia ist diese Nacht gekommen, mich zu bitten, dass man für sie beten soll. Sie ist im Fegefeuer, sicher wohl, weil sie zu wenig auf die Barmherzigkeit des guten Gottes vertraut hat. Durch ihr flehentliches Benehmen und ihren tiefen Blick schien sie mir sagen zu wollen: Sie hatten Recht, an mir vollzieht sich jetzt die ganze Gerechtigkeit Gottes, aber es ist meine Schuld. Wenn ich auf Sie gehört hätte, wäre ich jetzt nicht hier!" (*Annales de Sainte Thérèse*, Nr. 610, Febr. 1983, S. 5.)

Im ersten Teil legt der Verfasser dar, wie die heilige Theresia von Lisieux, seit 1997 zur Kirchenlehrerin erhoben, einer weit verbreiteten Auffassung entgegentritt, nach der kaum jemand am Fegefeuer vorbeikommt. Theresia stellt nicht das Fegefeuer in Frage, ihr geht es vielmehr darum, dass Gott mehr als Vater denn als Richter gesehen wird. Im abschließenden Teil wird die Lehre der heiligen Theresia in sieben Stichworten näher erläutert.

Die Lehre Theresias in sieben Stichworten

1. Das Fegefeuer ist von einer Ausnahme zur Regel geworden. Ungezählt viele, die im Fegefeuer leiden und für welche die Kirche im Memento nach der Heiligen Wandlung täglich betet, hätten dort nicht hinkommen müssen. Menschlich gedacht, war das Fegefeuer im Plan Gottes gar nicht vorgesehen. Gott hat uns nicht auf die Erde gesetzt, wo wir seit dem Sündenfall geprüft werden und viel leiden müssen, um uns nach dem Tod nochmals – und dann viel schlimmer – im Jenseits leiden zu lassen. Jeder empfängt

genügend Gnaden, um gleich nach der bestandenen Prüfung auf Erden zu Gott zu kommen. Das Fegefeuer ist eine Notlösung für diejenigen, die ihre Zeit vertan haben. Aber was von Gott als eine Ausnahme gedacht war, wurde zur Regel, und die Regel – sofort nach dem Tod zum Himmel zu kommen – wurde zur Ausnahme.

2. Das Sich-mit-dem-Unvermeidlichen-Abfinden ist ein verhängnisvoller Irrtum

Wenn Gott das Fegefeuer an sich nicht will, will Er es für mich auch nicht. Aber dann muss auch ich es nicht wollen! Keiner würde durch ein mittelmäßiges und – wie heute oft – sündiges Leben, sich der Gefahr des Fegefeuers aussetzen, wenn er sich auch nur kurz mit der Schwere der Leiden im Fegefeuer auseinandersetzen würde. Hier belehren uns einstimmig die Mystiker und sagen, dass das geringste Leiden im Fegefeuer ungemein schwerer ist als das schwerste Leiden auf Erden. Der Grund für das schwere Leiden ist, dass das Fegefeuer nicht mehr die Zeit der Barmherzigkeit, sondern die Zeit der Gerechtigkeit Gottes ist. Hier gilt das Wort des Herrn: „Ihr werdet nicht daraus kommen, bis nicht der letzte Heller bezahlt ist" (Lk 12,59). Wenn viele leichtsinnig sagen: „Ich werde dort schon noch einige Zeit zubringen müssen", ist dies tatsächlich ein verhängnisvoller Irrtum. Man bringt da nicht einfach eine Zeit zu, man leidet, wie man auf Erden nie gelitten hat und auch nicht hätte leiden können. Und dort wird oft auch lange gelitten. Hätten die Armen Seelen auf Erden gewusst, was ihnen im Jenseits bevorstand, wäre das Fegefeuer leer geblieben.

3. **Das Fegefeuer ist eine nutzlose, vertane Zeit**
   So sagt es Schwester Theresia. „Ich weiß, von mir aus verdiente ich nicht einmal, in diesen Ort der Sühne einzugehen, da nur die heiligen Seelen zu ihm Zutritt haben können; ich weiß aber auch, dass das Feuer der Liebe heiligender ist als das des Fegefeuers; ich weiß, das Jesus nicht wünschen kann, uns unnötige Leiden aufzuerlegen, und dass Er mir nicht das Verlangen eingäbe, das ich fühle, wollte Er es nicht stillen“ (*Ms A*, 84v).
   Zwar ist das Fegefeuer auch eine sehr große Gnade, denn ohne die dortige Reinigung kämen wir gar nicht in den Himmel und würde das Kunstwerk, als welches Gott uns ursprünglich gemeint und geschaffen hat, auch nicht vollendet. Dennoch hat Theresia Recht: Beim Tod ist unser Ewigkeitsmaß schon endgültig vorgegeben. Nachher gibt es kein Wachstum in der Gnade mehr. Wer nicht im Fegefeuer war, hat nichts versäumt!

4. **Wir brauchen ein positiveres Gottesbild**
   Wir hörten, wie Schwester Theresia ihren Novizinnen sagte, dass sie Gott beleidigten, wenn sie glaubten, sie kämen ins Fegefeuer. Das ist eine fast schockierende Aussage, denn wenn dies stimmt, müssten Millionen Christen mit ihrer Auffassung über ein wohl unvermeidliches Fegefeuer Gott beleidigen oder jedenfalls kränken. Und doch ist es so. Sie bleiben eben bei sich stehen, glauben – nicht ohne Grund –, dass sie das Fegefeuer verdient haben, und nehmen Gott gar nicht wahr, obwohl Er gleichsam direkt neben ihnen steht und ihnen doch so gerne helfen möchte. Dass wir das Fegefeuer so fürchten, hat allerdings auch mit einem eher negativen Gottesbild zu tun. Wir Christen aus dem 20. Jahrhundert wurden, wie so viele vor uns, zum

Teil noch erzogen mit dem Bild eines strengen Gottes, darauf bedacht, uns zu strafen, so oft wir es verdienen … Dieses Denken, so wird vermutet, geht zurück auf Häresien wie den Jansenismus, Quietismus oder Calvinismus (*La Pensée*, a.a.O., S. 23).

5. Die Liebe bannt die Furcht

Die Frage nach dem Himmel, gleich auf den Tod folgend, ist die Frage nach dem Vertrauen. Was Gott von uns braucht, um uns gleich zu Sich zu nehmen, sind nicht unsere Verdienste, sondern unser ganzes Vertrauen! Was umgekehrt Gott daran hindern könnte, uns diese Gnade zu verleihen, sind letztlich nicht unsere Sünden, sondern unser Mangel an Vertrauen. Also müssen wir schlussfolgern, dass alles allein auf das Vertrauen ankommt. Nun aber gibt es kein Vertrauen ohne die vollkommene Liebe. Aber umgekehrt gibt es auch keine Liebe ohne Vertrauen. Dies ist genau, was der Apostel Johannes in seinem Ersten Brief schreibt: „Darin ist die Liebe unter uns vollendet, dass wir freudige Zuversicht haben am Tag des Gerichtes (…). Furcht ist nicht in der Liebe, sondern die vollendete Liebe treibt die Furcht aus; denn die Furcht hat es mit Strafe zu tun; wer sich also fürchtet, ist in der Liebe nicht vollendet“ (1 Joh 4,17).

Dieser Text wirft ein helles Licht auf unser Thema. Der Tag des Gerichtes ist der Tag unseres Todes. Wer im Augenblick seines Todes die vollkommene Liebe erlangt hat, sieht Gott als so barmherzig und großmütig, dass er für sich nicht an eine Strafe im Fegefeuer glauben kann. Um die gleiche Gnade geht es auch im Sakrament der Krankensalbung. Der hl. Thomas von Aquin lehrt, dass dieses Sakrament als eigentliche Frucht den Nachlass der Sündenstrafen mit sich bringt (*Summa Theologica*, Suppl. qu. 30, art. 1). Nach dem Empfang des Sakramentes stellen Umstehende bei Sterbenskranken tatsächlich oft eine Periode eines wachsenden Friedens und Vertrauens fest, verbunden mit einer großen Ergebenheit in den Willen Gottes, und sogar Heiterkeit und Verlangen nach dem Himmel. Dies gilt auch für solche, die bis dahin wenig gläubig oder gar in schweren Sünden gelebt haben. Auch solche, so lehren die großen Theologen der Scholastik, wie der hl. Albert der Große und der hl. Bonaventura, gehen direkt in den Himmel ohne Fegefeuer. Man sieht hier die große Gnade der Sterbesakramente (P. Philipon, in: *Vie Spirituelle*, Jan./Febr. 1945, S. 16f; 21ff).

6. Die Letzten werden die Ersten sein

Obwohl viele Christen die Sterbesakramente empfangen, muss aufgrund der Erfahrung gefürchtet werden, dass sie dennoch nicht gleich in den Himmel kommen. Bei den Mystikern ist öfters nachzulesen, dass im Fegefeuer viele Priester und Ordensleute lange Zeit leiden und ihrer Erlösung entgegenharren müssen. Doch sind wohl alle oder fast alle davon vor ihrem Tod mit den Sakramenten versehen worden. Was ist der Grund? Die Antwort ist sicher, dass sie die Sakramente nicht mit der nötigen Reue und Ergebenheit in den Willen Gottes empfangen haben oder dass sie sich nicht schon längere Zeit vor ihrem Tod von Fehlhaltungen und Untugenden bekehren wollten.

Die heilieg Theresia von Lisieux berichtet, einmal gehört zu haben, dass manchmal große Heilige mit vielen Verdiensten vor den Richterstuhl Gottes kommen und dennoch ins Fegefeuer müssen, weil unsere Gerechtigkeit vor Gott oft doch noch unrein ist. Darum empfiehlt sie, alle

Verdienste unserer guten Werke immer sofort zu verschenken und lieber mit leeren Händen vor Gott zu erscheinen (*La doctrine*, a.a.O., S.13). Sie rät ihrer ältesten Schwester und Patin Maria darum, sich den Himmel von Gott gratis schenken zu lassen (LT 197).

Wenn also die Ersten nicht immer als Erste in den Himmel eingelassen werden, dann gibt es dafür genug Beispiele, dass Letzte Erste werden. So verweist Theresia in ihren Schriften auf die Barmherzigkeit Jesu gegenüber dem guten Schächer (*RP* 6,9v) und wünscht, dass die Geschichte vom Liebestod und der sofortigen Aufnahme in den Himmel einer großen Sünderin, Paesie genannt (eine Geschichte aus den *Wüstenvätern*), später in ihrem Lebensbericht *Geschichte einer Seele* abgedruckt wird: „Die Seelen werden es gleich verstehen. Die Geschichte gibt so treffend wieder, was ich sagen möchte" (*CJ*, 11.7.6.).

Wenn unsere große Stunde kommt, wird, – wie Schwester Theresia dem Abbé Roulland (Missionar in China) – schreibt, die Muttergottes uns, wenn wir nur vertrauen, die Gnade erbitten, „einen Akt vollkommener Liebe zu erwecken". Damit wird uns jede „Spur der menschlichen Schwachheit", die uns bis dahin noch anhaften dürfte, genommen und wir sind uns des Himmels gewiss (*LT* 226 vom 9. Mai 1897).

7. Die Lehre Theresias, eine große Botschaft für das dritte Millennium

Theresia stellt, so wird mit Recht behauptet, alle herkömmlichen Auffassungen über das Fegefeuer auf den Kopf (*La Pensée*, a.a.O., S. 28). Sie will mit leeren Händen vor Gott hintreten und erklärt, warum es den Sündern, die nichts haben, auf das sie sich berufen können, zum Teil leichter fällt in den Himmel zu kommen, als den großen Heiligen mit ihren Verdiensten. Sie betont, dass das Vertrauen allein genügt, dass Verdienste keine Garantie, sondern nicht selten ein Hindernis sind für den geraden Weg zum Himmel und dass die Sünden gar kein Hindernis zu sein brauchen. Nach einem ganz verpfuschten Leben kann Gott einen immer noch sofort zu sich nehmen, wenn der Sterbende nur vertraut. Und wie leicht kann das Vertrauen sein, wenn man keine Leistungen vorzuweisen hat, vielmehr nur sein Elend! Mit dem Vertrauen zeigt sie allen Kleinen und Demütigen den kürzeren Weg zum Himmel. Und so werden viele den Weg gehen können und ihn gehen. Sie schreibt ihrer Schwester Maria: „Was Gott an mir gefällt, ist zu sehen, dass ich meine Kleinheit und meine Armut liebe, ist das blinde Vertrauen, das ich auf Seine Barmherzigkeit setze, … Das ist mein einziger Schatz: Meine liebe Patin, warum sollte dieser Schatz nicht auch Ihr Schatz sein?" (*LT* 197). Sowie man von ihr gesagt hat, dass sie die Heiligkeit vulgarisiert hat, d.h. durch ihren „Kleinen Weg" allen zugänglich gemacht hat, so gilt das auch für den geraden Weg zum Himmel … Dieser wird nicht länger eine Ausnahme sein. Einmal wird er für alle, die so klug sind, sich den „Schatz" der neuen Kirchenlehrerin anzueignen, sich als gut gehbar erweisen, besonders für alle, die zu jener Legion der Kleinen Seelen gehören wollen, um die Schwester Theresia am Ende ihres Manuskriptes „B" Gott gebeten hat: „Ich flehe Dich an, erniedrige Deinen göttlichen Blick auf viele kleine Seelen … Ich flehe Dich an, erwähle Dir eine Legion kleiner, Deiner Liebe würdiger Opfer" (*Ms* B, 5v). Ja, hörend auf ihre wunderbare Botschaft, werden sie viele sein, sehr viele … und damit hört das Fegefeuer auf, der fast unvermeidliche Umweg zum Himmel zu sein.

Nachwort

Die heilige Theresia vom Kinde Jesus hat uns viel zu denken gegeben. Noch bleibt für die Theologie aus dem Schatz ihrer Botschaft viel Neues zu schöpfen. Nur ist für uns von alldem, was sie geschrieben hat, gerade die Botschaft über das Fegefeuer von größter, ja, von einer wirklich existenziellen Bedeutung. Die Frage, was mit uns gleich nach dem Tod geschieht, müsste uns ja zutiefst bewegen. Wenn wir an Schwester Febronia denken und ihr Leiden im Fegefeuer, dann muss uns ihre stumme Botschaft aus dem Jenseits nachgehen. „Es war mir", so Theresia, „als wollte sie sagen: Wenn ich auf Sie gehört hätte, wäre ich jetzt nicht hier." Bei einigem Nachdenken ist dies erschütternd. Man muss sagen, dass Schwester M. Febronia durch die „falsche" Tür ins Jenseits eingetreten ist. Und mit ihr wohl Tausende und Millionen, die es verdient hätten, ja, die es geschafft hätten, das Fegefeuer zu vermeiden. Und warum haben sie es nicht geschafft? Der einfache Grund ist, dass keiner ihnen den richtigen Weg gezeigt hat. So versteht man erst recht, dass die heilige Theresia ein wahres Geschenk an die Kirche ist. Gott hat sie uns gegeben als Führerin und Trösterin für die apokalyptischen Tage, in denen wir schon so eindeutig leben. Ihre Botschaft über das Fegefeuer ist eine wahrhaftige Gnade der barmherzigen Liebe Gottes für den Augenblick unseres Heimgangs. Darauf lässt sich aber die dringende Mahnung des Herrn anwenden: „Wer Ohren hat zu hören, der höre!" (Lk 8,8)

Anhang V

Apostolisches Schreiben
von Johannes Paul II.
DIVINI AMORIS SCIENTIA
zur Proklamation der
heiligen Theresia vom Kinde Jesus
und vom Heiligen Antlitz
zur Kirchenlehrerin

1. Die Wissenschaft der göttlichen Liebe, die der Vater des Erbarmens durch Jesus Christus im Heiligen Geist ausgießt, ist ein Geschenk, das den Kleinen und Demütigen gewährt wird, damit sie die Geheimnisse des Gottesreiches, die den Gelehrten und Weisen verborgen sind, erkennen und verkünden. Darum frohlockte Jesus im Heiligen Geist und pries den Vater, der es so verfügt hat (Lk 10,21-22; Mt 11,25-26).

Auch die Mutter Kirche freut sich, da sie feststellt, wie der Herr sich im Lauf der Geschichte auch weiterhin den Kleinen und Demütigen offenbart und seine Auserwählten durch den Heiligen Geist, der „alles ergründet, auch die Tiefen Gottes" (1 Kor 2,10), fähig macht, von dem zu sprechen, „was uns von Gott geschenkt worden ist, … nicht mit Worten, wie menschliche Weisheit sie lehrt, sondern wie der Geist sie lehrt, indem wir den Geisterfüllten das Wirken des Geistes deuten" (1 Kor 2,12.13). Auf diese Weise führt der Heilige Geist die Kirche hin zur ganzen Wahrheit; er unterweist sie mit mannigfaltigen Gaben, zeichnet sie mit seinen Früchten aus, macht sie jugendlich mit der Kraft des Evangeliums und setzt sie instand, die Zeichen der Zeit zu erforschen, um immer besser dem Willen Gottes zu entsprechen (*Lumen gentium*, 4.12; *Gaudium et spes*, 4).

Unter den Kleinen, denen in bevorzugter Weise die Geheimnisse des Gottesreiches erschlossen wurden, leuchtet Theresia vom Kinde Jesus und vom Heiligen Antlitz hervor, Nonne vom Orden der Unbeschuhten Karmelitinnen, deren Eintritt in die himmlische Heimat sich in diesem Jahr zum hundertsten Mal jährt.

Während ihres Lebens gingen Theresia „neue Lichter" auf, „verborgene und geheimnisvolle Bedeutungen" (*Ms A* 83v), und sie empfing vom göttlichen Meister jene „Wissenschaft der Liebe“, die sie dann in einer sie kennzeichnenden Weise in ihren Schriften klar darlegte (*Ms B* 1r). Diese Wissenschaft bringt lichtvoll ihre Kenntnis vom Geheimnis des Gottesreiches und ihre persönliche Erfahrung der Gnade zum Ausdruck. Sie kann als ein besonderes Charisma der Weisheit des Evangeliums betrachtet werden, das Theresia, wie andere Heilige und Lehrer des Glaubens, im Gebet in sich aufnahm (*Ms C* 36r).

2. Das Beispiel ihres Lebens und ihrer dem Evangelium entstammenden Lehre wurde in unserer Zeit schnell, überall und stetig aufgenommen. Ihre Heiligkeit wurde, gewissermaßen in Nachahmung ihrer frühzeitigen geistlichen Reife, von der Kirche im Zeitraum von wenigen Jahren anerkannt. In der Tat unterzeichnete Pius X. am 10. Juni 1914 das Dekret zur Einleitung des Seligsprechungsprozesses, am 14. August 1921 erklärte Benedikt XV. den heroischen Tugendgrad der Dienerin Gottes und hielt bei diesem Anlass eine Ansprache über den Weg der geistlichen Kindschaft.

Pius XI. sprach sie am 29. April 1923 selig. Wenig später, am 17. Mai 1925, nahm der gleiche Papst vor einer ungeheuren Menschenmenge in der Petersbasilika die Heiligsprechung vor. Dabei betonte er vor allem den Glanz ihrer Tugenden und die besonderen ihr eigenen Wesenszüge ihrer Lehre. Zwei Jahre darauf, am 14. Dezember 1927, folgte er den Bitten vieler Missionsbischöfe und erklärte sie, zusammen mit dem hl. Franziskus Xaverius, zur Patronin der Missionen.

Nach diesen Würdigungen durch die Kirche nahm die geistliche Ausstrahlung Theresias vom Kinde Jesus zu und breitete sich bis in die heutige Zeit über die ganze Erde aus. Viele Institute geweihten Lebens und kirchliche Bewegungen, vor allem in den jungen Kirchen, haben sie als Patronin und Lehrmeisterin erwählt und sich von ihrer geistlichen Lehre anregen lassen. Ihre Botschaft, oft als der sogenannte „Kleine Weg" zusammengefasst, der nichts anderes ist als der dem Evangelium gemäße Weg der Heiligkeit für alle, wurde von Theologen und Kundigen der Spiritualität erforscht. Kathedralen, Basiliken, Gotteshäuser und Heiligtümer in der ganzen Welt wurden unter dem Patrozinium der Heiligen von Lisieux errichtet und dem Herrn geweiht. Sie wird in der katholischen Kirche in den verschiedenen Riten des Ostens und des Westens verehrt. Viele Gläubige haben die Macht ihrer Fürsprache erfahren können. Viele, die zum priesterlichen Dienst oder zum geweihten Leben berufen wurden, besonders in den Missionen und in Klausurklöstern, schreiben die göttliche Gnade ihrer Berufung ihrer Fürbitte und ihrem Beispiel zu.

3. Die Hirten der Kirche, angefangen bei meinen Vorgängern, den Päpsten dieses Jahrhunderts, die Theresias Heiligkeit als Beispiel für alle vorgestellt haben, betonten auch, dass sie Lehrmeisterin im geistlichen Leben ist aufgrund einer Lehre, die einfach und zugleich tief ist: Unter Führung des göttlichen Meisters hat sie aus den Quellen des Evangeliums geschöpft und dann den Brüdern und Schwestern in der Kirche auf höchst wirksame Weise davon mitgeteilt (*Ms B* 2v-3r).

Diese geistliche Lehre wurde uns vor allem durch ihre Selbstbiographie übermittelt. Aus drei von ihr in den letzten Lebensjahren verfassten Manuskripten entnommen und ein Jahr nach ihrem Tod unter dem Titel *Histoire d'une Âme (Geschichte einer Seele*, Lisieux 1898) veröffentlicht, hat sie bis in unsere Tage ein außerordentliches Interesse geweckt. Diese Autobiografie, zusammen mit ihren anderen Schriften in etwa fünfzig Sprachen übersetzt, hat Theresia in allen Gegenden der Welt bekannt gemacht, auch außerhalb der katholischen Kirche. Ein Jahrhundert nach ihrem Tod wird Theresia vom Kinde Jesus weiterhin als eine der großen Lehrmeisterinnen geistlichen Lebens unserer Zeit anerkannt.

4. Es ist daher nicht zu verwundern, dass dem Apostolischen Stuhl viele Bitten vorgelegt wurden, sie möge mit dem Titel einer Kirchenlehrerin ausgezeichnet werden.

Seit einigen Jahren und besonders, seitdem das hundertste Gedenkjahr ihres Todes näherrückte, trafen solche Bitten immer zahlreicher, auch von Bischofskonferenzen, ein. Ferner fanden Studienkongresse statt und es wurden immer mehr Schriften veröffentlicht, die hervorheben, dass Theresia vom Kinde Jesus eine außergewöhnliche Weisheit besaß und dass sie mit ihrer Lehre vielen Männern und Frauen in allen Lebensverhältnissen Jesus Christus und sein Evangelium kennen und lieben hilft.

Durch solche Äußerungen angeregt, veranlasse ich eine eingehende Untersuchung darüber, ob die Heilige von Lisieux die notwendigen Voraussetzungen habe, um mit dem Titel Kirchenlehrerin ausgezeichnet zu werden.

5. Es ist mir ein Anliegen, in diesem Zusammenhang kurz einiges aus dem Leben Theresias vom Kinde Jesus in Erinnerung zu rufen. Sie ist am 2. Januar 1873 in Alençon, Frankreich, geboren. Zwei Tage später wird sie in der Notre-Dame-Kirche getauft und erhält die Namen Maria Franziska Theresia. Ihre

Eltern sind Louis Martin und Zélie Guérin, deren beider heroischen Tugendgrad ich vor kurzem anerkannt habe. Nach dem Tod der Mutter, die am 28. August 1877 starb, siedelt Theresia mit der ganzen Familie in die Stadt Lisieux über, wo sie, umgeben von der Liebe ihres Vaters und ihrer Schwestern, streng, zugleich aber auch voll Zärtlichkeit erzogen wird.

Gegen Ende 1879 empfängt sie zum ersten Mal das Bußsakrament. Am Pfingsttag 1883 wird ihr durch die Fürsprache „Unserer Lieben Frau von den Siegen" die einzigartige Gnade der Heilung von einer schweren Krankheit zuteil. Sie geht bei den Benediktinerinnen von Lisieux in die Schule. Am 8. Mai 1884 empfängt sie nach einer eifrigen Vorbereitung die Erste Heilige Kommunion. Einen einzigartigen Höhepunkt bildet die Gnade, dass sie die tiefinnere Verbundenheit mit Christus empfindet. Wenige Wochen später, am 14. Juni des gleichen Jahres, empfängt sie das Sakrament der Firmung und ist sich dabei total bewusst, dass ihr damit die persönliche Anteilnahme an der Gnade des Pfingstfestes zuteilwird. Weihnachten 1886 macht sie eine sehr tiefe geistliche Erfahrung, die sie als „vollständige Bekehrung" bezeichnet. Dadurch überwindet sie die emotionelle Schwäche, die auf den Tod der Mutter gefolgt war, und beginnt „den Lauf eines Riesen" auf dem Weg zur Vollkommenheit (*Ms A* 44v-45v).

Theresia hatte Verlangen nach dem kontemplativen Leben, wie ihre Schwestern Pauline und Maria es im Karmel von Lisieux führten, aber ihr jugendliches Alter hinderte sie noch daran. Anlässlich einer Pilgerfahrt nach Italien, wobei sie auch das Heilige Haus in Loreto und die heiligen Stätten der Ewigen Stadt besucht, wird den Gläubigen der Diözese Lisieux von Papst Leo XIII. am 20. November 1887 eine Audienz gewährt.

Dabei erbittet und erhält Theresia von Leo XIII. die Erlaubnis, schon mit 15 Jahren in den Karmel einzutreten.

Am 9. April 1888 tritt sie in den Karmel von Lisieux ein, wo sie am 10. Januar des folgenden Jahres das Gewand des Ordens der heiligsten Jungfrau empfängt und am 8. September 1890, dem Fest Mariä Geburt, ihre Ordensprofess ablegt. Im Karmel geht sie voll Eifer und Treue den von der Mutter Gründerin, Theresia von Jesus, vorgezeichneten Weg der Vollkommenheit in der Erfüllung der verschiedenen ihr in der Gemeinschaft übertragenen Aufgaben. Vom Wort Gottes erleuchtet, geprüft durch den Schmerz, den die Krankheit ihres so sehr geliebten Vaters ihr bereitet, der am 29. Juli 1894 stirbt, geht Theresia voran auf dem Weg zur Heiligkeit. Dabei gibt sie stets der Liebe den Vorzug. Sie entdeckt den „Kleinen Weg" der geistlichen Kindschaft und unterweist die ihrer Sorge anvertrauten Novizinnen darin. Auf diesem Weg fortschreitend, dringt sie immer tiefer in das Geheimnis der Kirche ein, und von der Liebe Christi angezogen, fühlt sie, wie die apostolische und missionarische Berufung in ihr stärker wird und sie dazu drängt, alle mit sich zu ziehen, hin zum göttlichen Bräutigam.

Am 9. Juni 1895, dem Fest der Heiligsten Dreifaltigkeit, weiht sie sich als Ganzopfer der barmherzigen Liebe Gottes. Am 3. April des folgenden Jahres werden in der Nacht vom Gründonnerstag zum Karfreitag zum ersten Mal die Anzeichen der Krankheit erkennbar, die sie zum Tod führen wird. Theresia nimmt sie an als geheimnisvollen Besuch des göttlichen Bräutigams. Gleichzeitig beginnt für sie eine innere Anfechtung des Glaubens, eine Prüfung, die bis zu ihrem Tod andauern wird. Da ihre Krankheit sich verschlimmert, wird sie am 8. Juli 1897 ins Krankenzimmer verlegt. Ihre Mitschwestern und andere Ordensfrauen zeichnen ihre Äußerungen auf. Ihre Schmerzen und Prüfungen, die sie geduldig erträgt, nehmen zu, bis sie am Nachmittag des 30. September stirbt. „Ich sterbe nicht, ich gehe ins Leben ein", hatte sie an einen ihrer geistlichen Brüder, Don Bellière, geschrieben (*LT* 244). Ihre letzten Worte „Mein Gott, ich liebe dich" sind das Siegel ihres Lebens.

6. Theresia vom Kinde Jesus hat uns Schriften hinterlassen, durch die sie mit Recht den Titel einer Lehrerin des geistlichen Lebens verdient. Ihr Hauptwerk bleibt der Bericht über ihr Leben in den drei autobiografischen Manuskripten (*Manuscrits autobiographiques A, B, C*), erstmals veröffentlicht unter dem bald berühmt gewordenen Titel Histoire d'une Âme (Geschichte einer Seele).

Im Manuskript A – auf die Bitte der Schwester Agnes von Jesus, damals Priorin des Klosters, geschrieben und ihr am 21. Januar 1896 übergeben – beschreibt Theresia die Wegstrecken ihrer religiösen Erfahrung: die ersten Jahre der Kindheit, vor allem das Ereignis ihrer Ersten Heiligen Kommunion und das der Firmung und die Jugendzeit bis zum Eintritt in den Karmel und zu ihrer ersten Profess.

Das Manuskript B, auf die Bitte ihrer Schwester Maria vom göttlichen Herzen verfasst während der geistlichen Einkehrtage des gleichen Jahres, enthält einige der schönsten, der bekanntesten und der meistzitierten Seiten der Heiligen von Lisieux. In ihnen offenbart sich die volle Reife der Heiligen, die von ihrer Berufung in der Kirche als Braut Christi und Mutter der Seelen spricht.

Das Manuskript C – wenige Monate vor ihrem Tod im Monat Juni und in den ersten Julitagen 1897 niedergeschrieben und der Priorin Maria de Gonzaga gewidmet, die sie darum gebeten hatte – vervollständigt die im Manuskript A wiedergegebenen Erinnerungen über das Leben im Karmel. Diese Seiten offenbaren die übernatürliche Weisheit der Verfasserin. Aus diesem letzten Abschnitt ihres Lebens berichtet Theresia einige sehr tiefe Erfahrungen. Bewegende Seiten widmet sie der Prüfung des Glaubens: Es ist die Rede von der Gnade der Läuterung, die sie in eine lange und schmerzvolle dunkle Nacht taucht, die aber erhellt ist durch ihr Vertrauen in die erbarmungsvolle und väterliche Liebe Gottes. Von neuem und ohne sich zu wiederholen, lässt Theresia das strahlende Licht des Evangeliums aufleuchten. Wir finden hier die schönsten Seiten, die sie dem vertrauensvollen Sich-den-Händen-Gottes-Überlassen, dem Verbunden sein von Gottes- und Nächstenliebe und ihrer missionarischen Berufung in der Kirche gewidmet hat.

In diesen drei verschiedenen Manuskripten, die in der Thematik und in einer fortschreitenden Beschreibung ihres Lebens und ihres geistlichen Weges übereinstimmen, hat Theresia uns eine echte Autobiografie dargeboten, die die Geschichte ihrer Seele darstellt. Aus ihr geht deutlich hervor, dass Gott durch ihr Leben der Welt eine bestimmte Botschaft gegeben hat. Er hat einen Weg nach dem Evangelium gewiesen, nämlich den „Kleinen Weg“, den alle gehen können, da ja alle zur Heiligkeit berufen sind.

In den uns erhaltenen 266 Briefen, die an ihre Angehörigen, an Ordensfrauen und an ihre „Brüder“, die Missionare, gerichtet sind, offenbart Theresia ihre Weisheit und entfaltet eine Unterweisung, die in der Tat eine tiefschürfende Praxis geistlicher Seelenführung darstellt.

Zu ihren Schriften gehören auch 54 Gedichte, darunter einige von großer theologischer und geistlicher Dichte, von der Heiligen Schrift inspiriert. Besonders verdienen erwähnt zu werden: *Vivre d'Amour* (P 17) und *Pourquoi je t'aime, o Marie*! (P 54), eine schöne Zusammenfassung des Weges der Jungfrau Maria nach dem Evangelium. Zu diesen Schriften kommen noch acht *Récréations pieuses*: poetische Texte und Bühnenstücke, von der Heiligen für ihre Klostergemeinschaft erdacht und vorgeführt zu gewissen, in der Tradition des Karmel gebräuchlichen Festen. Unter anderen Schriften ist noch an eine Reihe von 21 Gebeten zu erinnern. Und es darf die Sammlung ihrer Worte, die sie in den letzten Monaten ihres Lebens gesprochen hat, nicht vergessen werden. Sie sind in verschiedenen Versionen erhalten, bekannt als *Novissima verba (Letzte Worte)* und unter dem Titel *Derniers Entretiens (Letzte Gespräche).*

7. Aus der genauen Untersuchung der Schriften der hl. Theresia vom Kinde Jesus und aus dem Echo, das sie in der Kirche fanden, lassen sich die besonders herausragenden Aspekte der „hervorragenden Lehre" entnehmen, d.h. des grundlegenden Elementes, auf das sich die Verleihung des Titels „Kirchenlehrerin" stützt.

Es ist vor allem ein besonderes Charisma der Weisheit festzustellen. Diese junge Karmelitin ohne besondere theologische Vorbildung, aber vom Licht des Evangeliums erleuchtet, sieht sich vom göttlichen Meister belehrt, der, wie sie sagt, „der Lehrmeister der Lehrmeister" (Doctor doctorum) ist (*Ms A*

83v), von dem sie die „göttlichen Unterweisungen“ (*Ms B* 1r) empfängt. Sie erkennt, dass sich in ihr die Worte der Schrift verwirklicht haben: „Wenn jemand klein ist, so komme er zu mir…; den Geringen wird Barmherzigkeit erwiesen“ (*Ms B* 1v; Spr 9,4; Weish 6,6), und sie weiß, dass sie zur Weisheit der Liebe angeleitet wurde, die den Weisen und Klugen verborgen ist, die aber der göttliche Meister geruhte, ihr, wie allen Kleinen, zu erschließen (*Ms A* 49r; Lk 10,21-22).

Papst Pius XI., der Theresia von Lisieux als „Stern seines Pontifikats“ betrachtete, zögerte nicht, in der Predigt am Tag ihrer Heiligsprechung, dem 17. Mai 1925, zu behaupten: „… der Geist der Wahrheit enthüllte ihr und lehrte sie, was er gewöhnlich den Weisen und Klugen verbirgt und den Unmündigen offenbart (Mt 11,25). Tatsächlich erwarb sie – nach dem Zeugnis Unseres unmittelbaren Vorgängers – eine solche Einsicht in die übernatürlichen Dinge, dass sie den anderen einen sicheren Weg des Heiles vorzeichnen konnte„ (*AAS* 17 [1925], S. 213; zitiert in *O.R.*, dt. 43, 24.10.1997, S. 12).

Ihre Lehre stimmt nicht nur mit der Heiligen Schrift und mit dem katholischen Glauben überein, sondern sie ragt hervor (eminet) durch ihre Tiefe und die in ihr zustandegekommene Synthese der Weisheit. Ihre Lehre ist zur gleichen Zeit ein Bekenntnis des Glaubens der Kirche, ein Erleben des christlichen Mysteriums und ein Weg zur Heiligkeit. Theresia bietet eine reife Synthese der christlichen Spiritualität; sie verbindet die Theologie und das geistliche Leben, ihr Ausdruck ist kraftvoll und sicher, voll großer Überzeugungs- und Kommunikationsfähigkeit, wie die Aufnahme und Verbreitung ihrer Botschaft im Gottesvolk zeigen.

Die Lehre Theresias drückt die Dogmen des christlichen Glaubens konsequent aus und vereint sie harmonisch als Lehre der Wahrheit und Lebenserfahrung. Diesbezüglich darf nicht vergessen werden, dass, wie das II. Vatikanische Konzil lehrt, das Verständnis für den von den Aposteln überkommenen Glaubensschatz in der Kirche unter dem Beistand des Heiligen Geistes voranschreitet: „…es wächst das Verständnis der überlieferten Dinge und Worte durch das Nachsinnen und Studium der Gläubigen, die sie in ihrem Herzen erwägen (Lk 2,19.51), durch innere Einsicht, die aus geistlicher Erfahrung stammt, durch die Verkündigung derer, die mit der Nachfolge im Bischofsamt das sichere Charisma der Wahrheit empfangen haben" (*Dei Verbum*, 8).

In den Schriften Theresias von Lisieux finden wir vielleicht nicht, wie bei anderen Kirchenlehrern, eine wissenschaftlich ausgearbeitete Darstellung der göttlichen Dinge, aber wir können ihnen ein erleuchtetes Zeugnis des Glaubens entnehmen, das, während es mit vertrauender Liebe die achtungsvolle Barmherzigkeit Gottes und das Heil in Christus aufnimmt, das Geheimnis und die Heiligkeit der Kirche offenbart.

Mit Recht also kann man in der Heiligen von Lisieux das Charisma des Kirchenlehrers erkennen, sowohl wegen der Gabe des Heiligen Geistes, die sie empfangen hat, um ihre Glaubenserfahrung zu leben und zum Ausdruck zu bringen, als auch wegen des besonderen Verstehens des Geheimnisses Christi. In ihr konzentrieren sich die Gaben des neuen Gesetzes, das heißt die Gnade des Heiligen Geistes, der sich offenbart im lebendigen Glauben, der durch die Liebe wirksam ist (Thomas v. Aquin, *Summa Theol.*, I–II, q. 106, art. 1; q. 108, art. 1).

Wir können auf Theresia von Lisieux anwenden, was mein Vorgänger Paul VI. von einer anderen jungen Heiligen, der Kirchenlehrerin Katharina von Siena, sagte: „Was uns bei dieser Heiligen am meisten erschüttert, ist die eingegossene Weisheit, d.h. die klare, tiefe und begeisterte Aufnahme der göttlichen Wahrheiten und der Geheimnisse des Glaubens [...]: ein Aufnehmen, das sicherlich von einzigartigen natürlichen Gaben begünstigt, aber offensichtlich wunderbar einem Charisma der Weisheit des Heiligen Geistes zu verdanken war" (*AAS* 62 [1970], S. 675).

8. Mit ihrer einzigartigen Lehre und ihrem unverkennbaren Stil erscheint Theresia als echte Lehrmeisterin des Glaubens und des christlichen Lebens. Durch ihre Schriften strömt belebend, wie durch die Aussagen der Heiligen Väter, die katholische Tradition, deren Reichtümer sich, wie wiederum das II. Vatikanische Konzil bestätigt, „in Tun und Leben der glaubenden und betenden Kirche ergießen" (*Dei Verbum*, 8).

Wenn die Lehre Theresias von Lisieux in ihrer literarischen Gattung und ihrer Erziehung und Kultur sowie den besonderen Verhältnissen ihrer Zeit entsprechend aufgenommen wird, erscheint sie in einer providentiellen Einheit mit der ureigensten Tradition der Kirche, sowohl hinsichtlich des Bekenntnisses des katholischen Glaubens als auch der Förderung des durchaus echten geistlichen Lebens, das allen Gläubigen in einer lebendigen und zugänglichen Sprache vorgelegt wird.

Sie hat in unserer Zeit die Schönheit des Evangeliums aufleuchten lassen; sie hatte die Sendung, die Kirche, den mystischen Leib Christi, kennen und lieben zu lehren, und hat dazu beigetragen, die Seelen von den Härten und Ängsten der jansenistischen Lehre zu heilen, die mehr dazu neigte, die Gerechtigkeit Gottes als sein göttliches Erbarmen zu betonen. In der Barmherzigkeit Gottes hat Theresia alle göttlichen Vollkommenheiten betrachtet und angebetet, denn „selbst die Gerechtigkeit Gottes scheint mir (mehr vielleicht als jede andere Vollkommenheit) in Liebe gekleidet zu sein" (*Ms A* 83v). So ist sie zu einem lebendigen Abbild jenes Gottes geworden, der, wie die Kirche es im Tagesgebet am 26. Sonntag im Jahreskreis formuliert, „omnipotentiam suam parcendo maxime et miserendo manifestat" (seine Macht vor allem im Erbarmen und im Verschonen offenbart) (vgl. *Missale Romanum*).

Wenn Theresia auch keine ganze und eigentliche Sammlung von Lehren vorzulegen hat, so leuchten doch aus ihren Schriften außergewöhnliche Lichtblitze der Lehre auf, die, gleichsam durch die Gnade des Heiligen Geistes, die Offenbarung in ihrem innersten Mark in einzigartiger und neuer Sicht erfassen und die Unterweisung auf hervorragende Art darbieten.

Der Kern ihrer Botschaft ist das Geheimnis Gottes selbst, der die Liebe ist, des dreieinigen, in sich unendlich vollkommenen Gottes. Wenn die echte, christliche, geistliche Erfahrung im Einklang sein muss mit den geoffenbarten Wahrheiten, in denen Gott sich selbst und das Geheimnis seines Willens mitteilt (*Dei Verbum*, 2), dann muss man bestätigen, dass Theresia die göttliche Offenbarung fortschreitend erfahren hat bis hin zur Kontemplation der erhabensten Wahrheiten unseres Glaubens und deren Fülle im Geheimnis des dreifaltigen Lebens. Den Gipfelpunkt bildet als Quelle und Ziel die erbarmende Liebe der drei göttlichen Personen, wie die Heilige es hauptsächlich in ihrem „Akt der Weihe an die barmherzige Liebe" zum Ausdruck bringt. An der Basis steht, auf Seiten des Menschen, die

Erfahrung, in Jesus Adoptivkind des Vaters zu sein. Darin liegt die eigentliche Bedeutung der geistlichen Kindschaft: in der vom Heiligen Geist bewirkten Erfahrung, Kind Gottes zu sein. Ferner befindet sich an der Basis uns gegenüber der Nächste, alle anderen, an deren Heil wir mitarbeiten müssen mit und in Jesus, mit dieser seiner barmherzigen Liebe.

Durch diese geistliche Kindschaft macht man die Erfahrung, dass alles von Gott kommt, zu Ihm zurückkehrt und in Ihm bleibt, zum Heil aller Menschen, im Geheimnis der barmherzigen Liebe. Das ist die Botschaft der Lehre, welche die Heilige hinterließ und die sie selbst gelebt hat.

Wie zu allen Zeiten bei den Heiligen der Kirche, so war auch in Theresias geistlicher Erfahrung Christus die Mitte und die Fülle der Offenbarung. Theresia hat Jesus gekannt, sie hat ihn mit der Leidenschaft einer Braut geliebt und sich dafür eingesetzt, dass auch andere ihn liebten. Sie ist in die Geheimnisse seiner Kindheit eingedrungen und in die Worte seines Evangeliums, in die Passion des leidenden Gottesknechtes, die sie in die Züge seines Heiligen Antlitzes eingeprägt fand, in den Glanz seines Lebens in der Herrlichkeit und in seine eucharistische Gegenwart. Sie hat die Liebe Christi besungen, wie sie das Evangelium in vielfacher Weise darstellt (*Gedichte*, 24, „Jésus, mon Bien-Aimé, rappelle-toi!").

Theresia hat in besonderer Weise Licht empfangen über die Wirklichkeit des mystischen Leibes Christi, über die Vielfalt seiner Charismen, über die Gaben des Heiligen Geistes und die überragende Kraft der Liebe, die gleichsam das Herz der Kirche ist, wo sie ihre Berufung als Kontemplative und Missionarin entdeckte (*Ms B* 2r-3v).

Schließlich muss unter den besonders ihr ureigenen Kapiteln ihrer geistlichen Wissenschaft noch die weise Untersuchung erwähnt werden, die Theresia über das Geheimnis und den Weg der Jungfrau Maria unternahm, wobei sie zu Ergebnissen kam, die der Lehre des II. Vatikanischen Konzils im 8. Kapitel der Konstitution Lumen Gentium und dem, was ich selbst in meiner Enzyklika Redemptoris Mater vom 25. März 1987 schrieb, sehr nahe stehen.

9. Die Hauptquelle ihrer geistlichen Erfahrung und ihrer Lehre ist das Wort Gottes im Alten und Neuen Testament. Das bekennt sie selbst und hebt dabei besonders ihre leidenschaftliche Liebe zum Evangelium hervor (*Ms A* 83v). In ihren Schriften zählt man mehr als tausend Bibelzitate, über vierhundert aus dem Alten und über sechshundert aus dem Neuen Testament.

Obgleich sie nur unzulänglich vorbereitet war und keine geeigneten Hilfsmittel für das Studium und die Auslegung der heiligen Bücher zur Hand hatte, widmete Theresia sich voll Glauben und einzigartigem Eifer der Betrachtung des Wortes Gottes. Unter dem Einfluss des Heiligen Geistes gewann sie zu ihrem eigenen und anderer Nutzen eine tiefschürfende Kenntnis der Offenbarung. Durch die Liebe, mit der sie sich in die Heilige Schrift versenkte – gern hätte sie sich Kenntnisse in Hebräisch und Griechisch angeeignet, um Geist und Buchstaben der heiligen Bücher besser zu erfassen –, hat sie erkennen lassen, wie wichtig die biblischen Quellen für das geistliche Leben sind. Sie hat die Ursprünglichkeit und Frische des Evangeliums bekanntgemacht und eine kluge geistliche Auslegung des Gotteswortes im Alten und Neuen Testament gepflegt. So entdeckte sie verborgene Schätze und machte sich

Worte und Episoden zu eigen, manchmal nicht ohne übernatürliche Kühnheit, so, wenn sie z.B. beim Lesen der Schriften des hl. Paulus (1 Kor 12-13) ihre Berufung zur Liebe daraus entnahm (*Ms B* 3r-3v). Erleuchtet durch das Wort der Offenbarung hat Theresia geniale Seiten über die Einheit von Gottes- und Nächstenliebe geschrieben (*Ms C* 11v-19r) und sich hineinversetzt in das Gebet Jesu beim Letzten Abendmahl als Ausdruck seiner Bitte um das Heil aller (*Ms C* 34r-35r).

Ihre Lehre stimmt, wie ich bereits sagte, mit der Lehre der Kirche überein. Von Kindheit an wurde sie von ihrer Familie zum Gebet und zur Teilnahme an der kirchlichen Liturgie erzogen. Bei der Vorbereitung auf ihre erste Beichte, auf die Erstkommunion und auf das Sakrament der Firmung zeigte sie eine außerordentliche Liebe zu den Glaubenswahrheiten und lernte den Katechismus fast Wort für Wort auswendig (*Ms A* 37r-37v). Am Ende ihres Lebens schrieb sie mit ihrem eigenen Blut das Apostolische Glaubensbekenntnis als Ausdruck ihrer vorbehaltlosen Treue zum Glauben nieder.

Außer den Worten der Schrift und der Lehre der Kirche waren Theresias geistliche Nahrung von Jugend an auch die Unterweisungen der *Nachfolge Christi*, die sie, wie sie selbst sagt, fast auswendig kannte (*Ms A* 47r). Entscheidend für die Verwirklichung ihrer Berufung als Karmelitin waren die geistlichen Schriften der Gründerin, Mutter Theresia von Jesus, besonders jene, welche die kontemplative und kirchliche Bedeutung des Charismas des theresianischen Karmels darlegten (*Ms C* 33v). Doch in ganz besonderer Weise zog Theresia ihre geistliche Nahrung aus der mystischen Lehre des hl. Johannes vom Kreuz, der ihr wahrer geistlicher Lehrer war (*Ms A* 83r). Es ist also nicht zu verwundern, dass auch sie, eine ausgezeichnete

Schülerin in der Schule dieser beiden Heiligen, die später zu Kirchenlehrern erklärt wurden, schließlich eine Lehrerin des geistlichen Lebens wurde.

10. Die geistliche Lehre Theresias von Lisieux hat zur Ausbreitung des Reiches Gottes beigetragen. Mit ihrem Beispiel der Heiligkeit, der vollkommenen Treue zur Mutter Kirche, der vollen Gemeinschaft mit dem Stuhl Petri wie auch mit den besonderen Gnaden, die sie für viele Missionare und Missionarinnen erlangte, hat sie einen außerordentlichen Dienst für die erneuerte Verkündigung und Praxis des Evangeliums Christi und für die Ausbreitung des katholischen Glaubens unter allen Völkern der Erde geleistet.

Es ist nicht notwendig, dass wir uns weiter verbreiten über die Universalität der theresianischen Lehre und über die umfassende Aufnahme ihrer Botschaft während des Jahrhunderts, das seit ihrem Tod vergangen ist: Diese Dinge wurden gut dokumentiert in den Studien, die der Verleihung des Titels „Kirchenlehrerin" an die Heilige vorausgingen.

In dieser Hinsicht ist die Tatsache von besonderer Bedeutung, dass das Lehramt der Kirche nicht nur die Heiligkeit Theresias anerkannt, sondern auch ihre Weisheit und ihre Lehre klar herausgehoben hat. Schon Pius X. sagte von ihr, dass sie „die größte Heilige der modernen Zeit" war. Als er mit Freude die erste italienische Ausgabe der „Geschichte einer Seele" in Empfang nahm, lobte er die Früchte, die sich aus der theresianischen Spiritualität entnehmen ließen. Benedikt XV. erläuterte bei der Verkündigung des heroischen Tugendgrades der Dienerin Gottes den Weg der geistlichen Kindschaft und pries die Wissenschaft von den göttlichen Wahrheiten, die Gott

Theresia verliehen hatte, um andere die Wege des Heils zu lehren (*AAS* 13 [1921], 449-452). Pius XI. legte sowohl bei der Selig- wie bei der Heiligsprechung die Lehre der Heiligen dar und empfahl sie, wobei er die besondere göttliche Erleuchtung unterstrich (Discorsi di Pio XI, Bd. I, Turin 1959, S. 91). Er nannte Theresia Lehrmeisterin des Lebens (*AAS* 17 [1925], S. 211-214). Pius XII. sagte bei der Weihe der Basilika von Lisieux 1954 unter anderem, Theresia sei mit ihrer Lehre bis in das Herz des Evangeliums eingedrungen (*AAS* 46 [1954], S. 404-408). Kardinal Angelo Roncalli, der spätere Papst Johannes XXIII., besuchte einige Male Lisieux, vor allem als er Nuntius in Paris war. Während seines Pontifikats ließ er bei verschiedenen Gelegenheiten seine Verehrung für die Heilige erkennen und erläuterte die Beziehungen zwischen der Lehre der Heiligen von Avila und derjenigen ihrer Tochter, Theresia von Lisieux (*Discorsi, Messaggi, Colloqui*, Bd. 2 [1959–1960], S. 771f). Während des II. Vatikanischen Konzils kamen die Väter mehrmals auf ihr Beispiel und ihre Lehre zu sprechen. Bei der Jahrhundertfeier ihrer Geburt richtete Paul VI. am 2. Januar 1973 einen Brief an den Bischof von Bayeux und Lisieux, worin er das Beispiel Theresias in ihrer Gottsuche pries und sie als Meisterin des Gebetes und der theologischen Tugend der Hoffnung und als Vorbild der Verbundenheit mit der Kirche vorstellte; den Lehrern, Erziehern, Priestern und auch den Theologen empfahl er das Studium ihrer Lehre (*AAS* 65 [1973], S. 12-15). Ich selbst hatte bei verschiedenen Gelegenheiten die Freude, Bezug zu nehmen auf die Gestalt und die Lehre der Heiligen anlässlich meines unvergesslichen Besuchs in Lisieux am 2. Juni 1980, als ich allen in Erinnerung rief: „Von Theresia von Lisieux kann man mit Überzeugung sagen, dass der Geist Gottes ihrem Herzen möglich gemacht hat, den Menschen unserer Zeit das grundlegende Geheimnis, die Wirklichkeit des Evangeliums direkt zu offenbaren: … Der ‚Kleine Weg' ist der Weg der heiligen Kindheit. Auf diesem Weg gibt es etwas Einzigartiges, den Genius der heiligen Theresia von Lisieux. Gleichzeitig sehen wir eine sehr grundlegende und allgemein gültige Wahrheit bekräftigt und neu herausgestellt. Welche Wahrheit aus der Botschaft des Evangeliums ist denn wohl grundlegender und allgemeiner gültig als jene: Gott ist unser Vater, und wir sind seine Kinder?" (*Insegnamenti di Giovanni Paolo II*, Bd. III/1 [1980], S. 1659; s. *O.R.*, dt., 25, 20.6.1980, S. 12).

Diese einfachen Hinweise auf eine ununterbrochene Reihe von Zeugnissen der Päpste dieses Jahrhunderts über die Heiligkeit und die Lehre der hl. Theresia vom Kinde Jesus und auf die universale Ausbreitung ihrer Botschaft bringen klar zum Ausdruck, wie sehr die Kirche in ihren Hirten und ihren Gläubigen die geistliche Lehre dieser jungen Heiligen aufgenommen hat.

Zeichen für die Aufnahme der Unterweisung der Heiligen seitens der Kirche ist auch der Rückgriff auf ihre Lehre in vielen Dokumenten des ordentlichen Lehramts der Kirche, vor allem wenn von der kontemplativen und missionarischen Berufung, von Vertrauen auf den gerechten und barmherzigen Gott, von der christlichen Freude und von der Berufung zur Heiligkeit die Rede ist. Auch im *Katechismus der Katholischen Kirche* ist ihre Lehre zu finden (Nr. 127, 826, 956, 1011, 2011, 2558). Sie, die aus dem Katechismus so gern die Wahrheiten des Glaubens lernte, hat es verdient, unter die maßgeblichen Zeugen der katholischen Lehre gezählt zu werden.

Theresia besitzt eine einzigartige Universalität. Ihre Person, ihre evangelische Botschaft vom „Kleinen Weg" des Vertrauens und der geistlichen Kindschaft haben eine überraschende, alle Grenzen überschreitende Aufnahme gefunden und finden sie auch weiterhin.

Der Einfluss ihrer Botschaft umfasst vor allem Männer und Frauen, deren Heiligkeit oder heroischen Tugendgrad die Kirche selbst anerkannt hat, Hirten der Kirche, solche, die sich der Theologie widmen und die Spiritualität pflegen, Priester und Seminaristen, Ordensmänner und Ordensfrauen, kirchliche Bewegungen und neue Gemeinschaften, Männer und Frauen jeder Herkunft und von allen Kontinenten. Allen gibt Theresia ihre persönliche Bestätigung, dass das christliche Mysterium, für das sie Zeugin und Apostolin geworden ist – da sie sich, wie sie kühn sagt, im Gebet zur „Apostolin der Apostel" (*Ms A* 56r) gemacht hat –, wörtlich genommen werden muss mit möglichst großem Realismus, da es zeitlich wie räumlich von universaler Bedeutung ist. Die Kraft ihrer Botschaft liegt darin, dass sie konkret zeigt, wie alle Verheißungen Jesu sich erfüllen in dem Gläubigen, der die rettende Gegenwart des Erlösers mit Vertrauen in sein Leben aufzunehmen weiß.

11. Alle diese Erwägungen bezeugen sehr klar die Aktualität der Lehre der Heiligen von Lisieux und die starke Auswirkung ihrer Lehre auf die Männer und Frauen unseres Jahrhunderts. Dazu kommen verschiedene Umstände, aus denen ihre Bestimmung zur Lehrerin der Kirche unserer Zeit noch deutlicher hervorgeht.

Vor allem ist Theresia eine Frau, die, wenn sie sich mit dem Evangelium befasste, ihm seine verborgenen Reichtümer zu entnehmen verstand, so konkret und mit so tiefer Resonanz im Leben und Denken, wie es dem weiblichen Genius im Allgemeinen eigen ist. Aus der Schar der heiligen Frauen, in denen die Weisheit des Evangeliums hell aufleuchtet, ragt Theresia wegen ihrer Universalität hervor.

Ferner ist sie eine kontemplative Frau. In der Verborgenheit ihres Karmels lebte sie so das große Abenteuer christlicher Erfahrung, dass sie die Länge und Breite, die Höhe und Tiefe der Liebe Christi kennenlernte (Eph 3,18-19). Gott hat nicht gewollt, dass ihre Geheimnisse verborgen blieben, darum würdigte er Theresia, das Geheimnis des Königs zu offenbaren (*Ms C* 2v). Durch ihr Leben bietet Theresia ein Zeugnis und eine theologische Erläuterung der Schönheit des kontemplativen Lebens als Ganz-Aufopferung an Christus, den Bräutigam der Kirche, und als lebendige Bestätigung des Primates Gottes in allem. Ihr verborgenes Leben hat eine geheimnisvolle Fruchtbarkeit für die Ausbreitung des Glaubens und erfüllt die Kirche und die Welt mit dem Wohlgeruch Christi (*Briefe* 169, 2v).

Theresia von Lisieux ist eine Jugendliche. Sie ist in ihrer blühenden Jugend zur Reife der Heiligkeit gelangt (vgl. Ms C 4r). Sie stellt sich daher als eine Lehrerin des Lebens nach dem Evangelium dar, die überaus geeignet ist, die Wege der Jugendlichen zu erleuchten, deren Aufgabe es sein wird, unter den kommenden Generationen das Evangelium zu leben und zu bezeugen.

Theresia vom Kinde Jesus ist nicht nur ihrem Alter nach die jüngste Kirchenlehrerin, sondern sie steht uns auch zeitlich am nächsten und unterstreicht damit sozusagen die Kontinuität, mit welchr der Geist des Herrn der Kirche seine Boten, Männer und Frauen, als Lehrer und Zeugen des Glaubens sendet. Denn bei all ihrer Verschiedenartigkeit, die sich im Lauf der Geschichte feststellen lässt, und bei deren mannigfaltigen Auswirkungen im Leben und Denken der Menschen in den einzelnen Epochen dürfen wir nicht das fortlaufende Band unbeachtet lassen, das die Kirchenlehrer miteinander verbindet: In jedem geschichtlichen Kontext bleiben sie Zeugen jenes Evangeliums, das niemals verändert wird, und mit dem Licht und der Kraft, die ihnen der Heilige Geist gewährt, werden sie seine Boten und verkünden den Menschen ihrer Zeit dieses Evangelium in seiner ganzen Reinheit. Theresia ist Lehrmeisterin für unsere Zeit, die nach lebendigen und wesentlichen Worten, nach heroischen und glaubhaften Zeugnissen dürstet. Darum ist sie auch von Brüdern und Schwestern anderer christlicher Gemeinschaften geliebt und angenommen.

12. In diesem Jahr, in dem die Hundertjahrfeier des glorreichen Todes Theresias vom Kinde Jesus und vom Heiligen Antlitz begangen wird, während wir uns weiter auf das Große Jubiläum des Jahres 2000 vorbereiten und nachdem ich zahlreiche und maßgebliche Bitten, vor allem von vielen Bischofskonferenzen der ganzen Welt, erhalten hatte sowie das offizielle Gesuch, den *Supplex libellus*, datiert vom 8. März 1997, vom Bischof von Bayeux und Lisieux, dann auch die Gesuche des Generalobern des Ordens der Unbeschuhten Karmeliten der Heiligen Jungfrau Maria vom Berge Karmel und des Generalpostulators dieses Ordens, beschloss ich, der für diesen Bereich zuständigen Kongregation für die Selig- und Heiligsprechungsprozesse „praehabito voto Congregationis pro Doctrina Fidei ad eminentem doctrinam quod attinet" (*Pas-*

tor bonus, 73) die gebührende Untersuchung zu übergeben für den Prozess zur Verleihung des Titels einer Kirchenlehrerin an diese Heilige.

Nachdem die notwendige Dokumentation erbracht war, haben die oben erwähnten beiden Kongregationen die Frage in ihren jeweiligen Beratungen behandelt: in der „Consulta" der Kongregation für die Glaubenslehre am 5. Mai 1997 das, was die „hervorragende Lehre" (eminens doctrina) betrifft, und in der „Consulta" der Kongregation für die Selig- und Heiligsprechungsprozesse am 29. Mai des gleichen Jahres zur Prüfung der entsprechenden „Positio".
Am darauffolgenden 17. Juni kamen die diesen Kongregationen als Mitglieder angehörenden Kardinäle und Bischöfe, einem von mir für diese Gelegenheit approbierten Verfahren entsprechend, zu einer interdikasterialen Vollversammlung zusammen und diskutierten die Angelegenheit. Einmütig brachten sie ihre Zustimmung zur Verleihung des Titels „Ecclesiae universalis doctor" an die hl. Theresia vom Kinde Jesus und vom Heiligen Antlitz zum Ausdruck. Dieses Gutachten wurde mir von Kardinal Joseph Ratzinger, Präfekt der Kongregation für die Glaubenslehre, und vom Pro-Präfekten der Kongregation für die Selig- und Heiligsprechungsprozesse, Msgr. Alberto Bovone, Titular-Erzbischof von Cäsarea in Numidien, persönlich mitgeteilt.

In Anbetracht dessen habe ich am vergangenen 24. August beim Angelusgebet in Gegenwart Hunderter Bischöfe und vor einer endlosen Menge von Jugendlichen aus aller Welt, die zum zwölften Weltjugendtag in Paris versammelt waren, persönlich die Absicht kundtun wollen, Theresia vom Kinde Jesus und vom Heiligen Antlitz in Rom anlässlich des Weltmissionstages zur Kirchenlehrerin zu proklamieren. Heute, am 19. Oktober 1997, habe ich vor einer den Petersplatz dicht füllenden Menge von Gläubigen aus aller Welt in Gegenwart zahlreicher Kardinäle, Erzbischöfe und Bischöfe in der festlichen Eucharistiefeier Theresia vom Kinde Jesus und vom Heiligen Antlitz mit folgenden Worten zur Kirchenlehrerin proklamiert:

„Den Wünschen einer großen Zahl meiner Brüder im Bischofsamt und zahlreicher Gläubigen aus aller Welt entgegenkommend, nach Anhören des Gutachtens der Kongregation für die Selig- und Heiligsprechungsprozesse und nach Erhalt des Votums der Kongregation für die Glaubenslehre hinsichtlich der „hervorragenden Lehre" erklären wir aus sicherer Kenntnis und nach reiflicher Überlegung kraft der vollen apostolischen Autorität die hl. Jungfrau Theresia vom Kinde Jesus und vom Heiligen Antlitz zur Kirchenlehrerin. Im Namen des Vaters und des Sohnes und des Heiligen Geistes."

Nachdem dies in gebührender Weise vollzogen ist, bestimmen wir, dass dieses Apostolische Schreiben ehrfürchtig aufbewahrt werde und jetzt und in Zukunft voll wirksam sei. Außerdem wird entschieden und festgelegt, dass es vergeblich und zwecklos ist, hieran bewusst oder unbewusst etwas zu ändern, gleich von welcher Seite es ausgehen mag und mit welcher Autorität auch immer.

Gegeben in Rom bei Sankt Peter unter dem Fischerring am 19. Tag des Monats Oktober im Jahre 1997, dem zwanzigsten des Pontifikats.

IOANNES PAULUS PP. II

Weiheakt an die barmherzige Liebe Gottes

O mein Gott! Glückselige Dreifaltigkeit, ich verlange danach, Dich zu lieben und dahin zu wirken, dass Du geliebt wirst, an der Verherrlichung der Heiligen Kirche zu arbeiten, indem ich die Seelen rette, die auf Erden sind und jene befreie, die im Fegefeuer leiden. Ich verlange danach, heilig zu werden, aber ich fühle meine Ohnmacht und ich bitte Dich, o mein Gott, sei Du selbst meine Heiligkeit.

Da Du mich so sehr geliebt hast, dass Du mir Deinen einzigen Sohn gabst, auf dass Er mein Erlöser und mein Bräutigam sei, so sind auch die unendlichen Schätze Seiner Verdienste mein, freudig bringe ich sie Dir dar und flehe Dich an, nicht anders auf mich zu schauen als durch das Antlitz Jesu hindurch und in Seinem von Liebe brennenden Herzen.

Ich bringe Dir ferner dar alle Verdienste der Heiligen, derer im Himmel und derer auf Erden, ihre Liebesakte und die der heiligen Engel. Endlich biete ich Dir an, o glückselige Dreifaltigkeit, die Liebe und die Verdienste der Heiligen Jungfrau, meiner geliebten Mutter, ihr überlasse ich meine Opfergabe mit der Bitte, sie Dir vorzustellen. Ihr göttlicher Sohn, mein vielgeliebter Bräutigam, hat uns in den Tagen Seines sterblichen Lebens gesagt: „Alles, worum ihr Meinen Vater in Meinem Namen bitten werdet, das wird Er euch geben!“ So bin ich gewiss, dass Du meine Wünsche erhören wirst; ich weiß es, o mein Gott, je mehr Du geben willst, umso mehr steigerst Du das Verlangen. Ich fühle in meinem Herzen unermessliche Wünsche und mit Vertrauen bitte ich Dich, zu kommen und von meiner Seele Besitz zu ergreifen. Ach, ich kann die Heilige Kommunion nicht so oft empfangen, wie ich es möchte, aber, Herr, bist Du nicht allmächtig? … Bleibe in mir wie im Tabernakel, entferne Dich nie von Deiner kleinen Hostie …

Ich möchte Dich trösten über die Undankbarkeit der Bösen und ich flehe Dich an, nimm mir die Freiheit weg, Dir zu missfallen, wenn ich zuweilen aus Schwachheit falle, so möge Dein göttlicher Blick mich sogleich reinigen, alle meine Unvollkommenheiten verzehren, dem Feuer gleich, das ein Jegliches in sich selbst umwandelt …

Ich danke Dir, o mein Gott, für alle Gnaden, die Du mir gewährt hast, ganz besonders dafür, dass Du mich durch die Feuerprobe des Leidens hindurchgehen ließest. Mit Freude werde ich Dich am Jüngsten Tag betrachten, wenn Du das Zepter des Kreuzes tragen wirst; da Du Dich gewürdigt hast, mir dieses so kostbare Kreuz als Anteil zu geben, hoffe ich, im Himmel Dir ähnlich zu sein und an meinem verklärten Leib die geheiligten Wundmale Deines Leidens erglänzen zu sehen …

Nach der Verbannung auf Erden hoffe ich, in der Heimat mich an Dir zu erfreuen, aber ich will keine Verdienste für den Himmel anhäufen, ich will einzig um Deiner Liebe willen arbeiten, in der alleinigen Absicht, Dich zu erfreuen, Dein Heiligstes Herz zu trösten und Seelen, die Dich ewig lieben werden, zu retten.

Am Abend dieses Lebens werde ich mit leeren Händen vor Dir erscheinen, denn ich bitte Dich nicht, Herr, meine Werke zu zählen. Alle unsere Gerechtigkeiten sind befleckt in Deinen Augen. Ich will mich also mit Deiner eigenen Gerechtigkeit bekleiden und von Deiner Liebe den ewigen Besitz Deiner selbst empfangen. Ich will keinen anderen Thron und keine andere Krone als Dich, o mein Vielgeliebter …

In Deinen Augen ist die Zeit nichts, ein einziger Tag ist wie tausend Jahre. Du kannst mich also in einem Augenblick vorbereiten, vor Dir zu erscheinen …

Um in einem Akt vollkommener Liebe zu leben, weihe ich mich als Ganz-Brandopfer Deiner Barmherzigen Liebe und bitte Dich, mich unablässig zu verzehren, die Ströme unendlicher Zärtlichkeit, die in Dir beschlossen sind, in meine Seele überfließen zu lassen, damit ich eine Märtyrin Deiner Liebe werde, o mein Gott …

Möge dieses Martyrium, nachdem es mich vorbereitet hat, vor Dir zu erscheinen, mir endlich den Tod geben und meine Seele sich ohne Verzug aufschwingen in die ewige Umarmung Deiner Barmherzigen Liebe …

Ich will, o mein Vielgeliebter, mit jedem Schlag meines Herzens Dir diese Weihe unzählige Male erneuern, bis dass ich, wenn die Schatten schwinden, Dir in einem ewigen Angesicht-zu-Angesicht meine Liebe beteuern darf.

Deine ______________________

Gebet zur Weihe an die barmherzige Liebe Gottes

Barmherziger Vater, unter Berufung auf die Gebete und Beispiele von Abraham und Maria, meinem Vater und meiner Mutter im Glauben, und von der heiliegn Theresia und der heiligen Faustyna, meinen Schwestern auf dem Weg des demütigen Vertrauens,
wähle ich, ____________________, diesen Tag,
um mit der Hilfe Deiner Gnade mit meinem ganzen Herzen danach zu streben, dem „Kleinen Weg" zu folgen.

Und so verspreche ich:

Ich beabsichtige, fest gegen Entmutigung zu kämpfen, kleine Dinge mit großer Liebe zu tun und barmherzig gegenüber meinem Nächsten zu sein in Tat, Wort und Gebet.

Ich nehme mir vor, meine Armut, Schwäche, Zerbrechlichkeit und Sünde immer vor Augen zu haben, vertrauend, dass meine Kleinheit und mein zerknirschtes Herz Deine barmherzige Liebe anziehen.

Ich beschließe, immer klein zu bleiben, mich nicht auf meine eigenen Verdienste zu berufen, sondern einzig und allein auf Deine, geliebter Herr, und auf jene der seligen Mutter.

Endlich glaube ich, mein Gott, dass Du mich zu einer Heiligen machen kannst und willst, auch wenn ich es nicht sehen werde, auch wenn ich mein ganzes Leben lang gegen Untugenden und Sünde zu ringen habe, auch wenn ich bis zum Ende meines Lebens warten muss.

Diese blinde Hoffnung auf Deine Barmherzigkeit,
o Herr, ist mein einziger Schatz.

Und nun, um Dir meine Entschlossenheit zu zeigen und um Dich zu trösten für so viel Ablehnung Deiner Barmherzigkeit und um in einem Akt vollkommener Liebe zu leben, weihe ich mich Dir, durch die Hände meiner Unbefleckten Mutter Maria, als Ganz-Brandopfer Deiner barmherzigen Liebe und bitte Dich, mich unablässig zu verzehren, die Ströme unendlicher Zärtlichkeit, die in Dir beschlossen sind, in meine Seele überfließen zu lassen, damit ich eine Märtyrin Deiner Liebe werde, o mein Gott. und ein Geschenk der Barmherzigkeit für so viele andere.

Barmherziger Vater, im Namen Deines geliebten Sohnes Jesus, der Jungfrau Maria und aller Heiligen bitte ich Dich, entzünde in mir das Feuer des Geistes der Liebe und gewähre mir die Gnade, dahin zu wirken, dass du von Allen geliebt wirst. Amen.

Anmerkungen

[1] Therese von Lisieux, Geschichte einer Seele. Hrsg., übers. u. m. Anm. vers. v. Andreas Wollbold, Herder, Freiburg i. Br., S. 220

[2] The Kolbe Reader: The Writings of St. Maximilian M. Kolbe OFM Conv. Ed. and commentary, Fr. Anselm W. Romb OFMCap., Libertyville, Ill., Marytownpress 2007, S. 61f

[3] *The Second Greatest Story Ever Told: Now Is the Time of Mercy.* Stockbridge, Marian Press 2015, S. 56-60. Beispiele, wie Jesus zur heiligen Faustyna über die Aufopferung an die barmherzige Liebe gesprochen hat („Faustyna-Stil", der mit dem Theresia-Stil der Aufopferung fast identisch ist), s. Passage von Tag 16 u. S. 73f dieses Buches. Außerdem ist es interessant zu bemerken, dass die heilige Theresia der heiligen Faustyna einmal erschien und sie ermutigte, auf Jesus zu vertrauen (s. Tagebuch d. Sr. Maria Faustyna Kowalska, Barmherzigkeit Gottes in meiner Seele. Misericordia-Ver., Krakau 2011, TB 150 [Anmerkung der Übersetzerin: Dieses Buch wird auf Deutsch „Die zweitgrößte Geschichte aller Zeiten" heißen und als Nächstes übersetzt und herausgebracht werden.]

[4] Ein Teil der Reflexion dieses Tages stammt aus meinem Buch *The Second Greatest Story Ever Told*, S. 17f

[5] Hervorhebung von mir. (Wenn nicht anders angegeben, sind alle Hervorhebungen in Zitaten original.)

[6] Katechismus der Katholischen Kirche (KKK), Neuübers. aufgr. d. Editio Typica Latina, Oldenbourg, St. Benno-Verl., Paulusverl. 2003, 397 (Hervorhebung von mir)

[7] Ebd., 399

[8] Ebd.

[9] TB 731

[10] KKK 144/148 (vollkommenster Glaubensgehorsam auf Deutsch)

[11] Ebd., 149 (lauterste Glaubensgestalt auf Deutsch)

[12] Enzyklika Redemptoris mater von Papst Johannes Paul II., Über die selige Jungfrau Maria im Leben der pilgernden Kirche, 25.3.1987, 12

[13] Der erste Segen ist derjenige, den wir wiederholen, wenn wir das Ave Maria beten: „Gesegnet bist du unter den Frauen und gesegnet ist die Frucht deines Leibes!" (auf Deutsch: Gebenedeit) (Lk 1,42)

[14] *Redemptoris Mater*, 12
[15] Ebd., 14 (Hervorhebungen von mir)
[16] Ebd., 17
[17] Ebd.
[18] Ebd.
[19] Ebd.
[20] Ebd.
[21] Zweites Vatikanisches Konzil, Dogmatische Konstitution Lumen gentium, Über die Kirche, 21.11.1964, 58
[22] *Redemptoris Mater*, 18
[23] Ebd., 19
[24] Wie wir es in Woche 3 dieser Exerzitien und anderswo lernen werden, ist das „Trösten Jesu“ ein wichtiger Teil der Spiritualität der heiligen Theresia.
[25] *Geschichte einer Seele*, S. 295. Die heilige Faustyna schreibt etwas Ähnliches: „Ich will im Geiste des Glaubens leben. Alles, was auf mich zukommt, nehme ich als Gabe des liebenden Willens Gottes an, der aufrichtig mein Glück will. So nehme ich alles, was Gott mir sendet, ergeben und dankbar an … (TB 1549)
[26] Dass Maria die „Neue Eva“ ist, wird abgeleitet aus der Heiligen Schrift, gelehrt durch die frühen Kirchenväter und treu beibehalten in der ganzen Tradition der Kirche. KKK 411.511.975
[27] Die Kirchenväter und zahlreiche Päpste lehrten, dass Maria die „Mittlerin der Gnaden“ ist, und mehrere Päpste haben den Titel „Mittlerin aller Gnaden“ sogar benutzt. (Papst Johannes Paul II. hat z.B. diesen letzteren Titel sieben Mal während seines Pontifikats benutzt.) S. *Lumen gentium*, 61-62, die die Rolle Mariens als Mittlerin beschreibt
[28] *33 Days to Morning Glory: Tue-es-Selbst-Exerzitien als Vorbereitung auf die Marienweihe.* Stockbridge, Marian Press 2011, S. 97-100
[29] KKK 494
[30] Weil der heroische Glaube des heiligen Josef so wesentlich mit Maria verbunden ist, wird ihm die gleiche Achtung zuteil, wie sie seiner Frau durch ihren Glauben gegeben ist. S. *Redemptoris custos* v. Johannes Paul II. über Gestalt und Sendung des heiligen Josef im Leben Christi und der Kirche, 4
[31] Zitiert v. Johannes Paul II. im Apostolischen Schreiben *Divini amoris scientia* zur Proklamation der hl. Theresia vom Kinde Jesus und vom Heiligen Antlitz zur Kirchenlehrerin, 19.10.1997, 10

[32] Seit der Zeit haben die Päpste drei weitere Heilige zur Liste der Kirchenlehrer/innen hinzugefügt auf insgesamt 36.

[33] Aus dem Zeugnis, das während des Seligsprechungsprozesses von Zélie Martin gegeben wurde und in *The Context of Holiness: Psychological and Spiritual Reflections on the Life of St. Thérèse of Lisieux* von Marc Foley OCD, Washington D.C., ICS Publications 2008, auf S. 100 zitiert wurde. Auf derselben Seite geht Foley auf weitere Details über Zélies „übermäßige Angst" ein und was es für sie bedeutete, in einem Haus aufgewachsen zu sein, das „dominiert wurde durch eine gewisse Atmosphäre der Strenge, des Zwangs und der Gewissenhaftigkeit".

[34] Volles Zitat: „Sie gerät wirklich leicht außer sich. Kaum hat sie eine Kleinigkeit angestellt, muss es jedermann wissen. Gestern hat sie unabsichtlich ein kleines Stück von der Tapete abgerissen. Da war sie ein Bild des Elends. Wir mussten es unbedingt ihrem Vater sagen. Vier Stunden später kam er heim. Wir hatten es längst vergessen, aber sie ging gleich zu Marie und sagte zu ihr: ‚Sag Papa schnell, dass ich das Papier zerrissen habe!' Dann steht sie da wie ein Verbrecher, der seine Verurteilung erwartet." (*Geschichte einer Seele*, S. 50)

[35] Volles Zitat: „[Theresia] ist sehr empfindsam; wenn sie ein Wort zu viel gesagt hat oder wenn sie einen Fehler gemacht hat, bemerkt sie es sofort, und um es wieder gut zu machen, bricht das arme Baby in Tränen aus und sie bittet ohne Ende um Verzeihung. Wir sagen ihr, dass ihr vergeben sei, aber das ist vergeblich. Sie weint genauso weiter." (Letters of St. Thérèse of Lisieux, trans. John Clarke OCD, vol. 1, 1877-1890, Washington D.C., ICS Publications 1982, S. 114)

[36] Ebd.

[37] Conrad De Meester OCD, *Mit leeren Händen*, Die Botschaft der hl. Theresia von Lisieux, vorb. v. Sr. Ancilla Karl OCD u. P Antonio Sagardoy OCD, Verl. Christliche Innerlichkeit, Wien 1994, S. 61

[38] Ebd., S. 70

[39] *Letters of St. Thérèse of Lisieux*, Bd. 1, S. 226. Die Themen der Exerzitien waren „Hölle, Gericht, Todsünde, die Notwendigkeit, eine gute Beichte zu machen und sakrilegische Kommunion" (*The Context of Holiness*, S. 104).

[40] *Mit leeren Händen*, S. 64

[41] Ebd., S. 58 u. in: *Briefe der heiligen Therese von Lisieux*, Johannes-Verl., Leutesdorf, S. 115f

[42] *Geschichte einer Seele*, S. 152

[43] S. Anm. 126

[44] *Geschichte einer Seele*, S. 95-98. S. auch *The Context of Holiness*, S. 71-83

[45] Gemäß Theresia sei sie ein Opfer des Drangsalierens, eine Außenseiterin und Einzelgängerin, die nicht an den Spielen der anderen teilnehmen oder ihre eigenen Haare kämmen konnte, s. *Story of a Soul*, S. 53f.75.81-83.87. S. auch *The Context of Holiness*, S. 37-42 (Anm. d. Übersetzerin: Da nicht genau festzustellen war, auf welche Textstellen sich der Autor bezog, habe ich die englische Bezugsquelle angegeben.)

[46] *Geschichte einer Seele*, S. 115f

[47] Ebd., S. 116

[48] Ebd., S. 58

[49] Ebd., S. 59

[50] *Mit leeren Händen*, S. 54

[51] *Geschichte einer Seele*, S. 308

[52] Ebd., S. 160

[53] Ebd. S. 339f (Hervorhebungen v. mir.)

[54] Ebd., S. 340f

[55] Conrad De Meester OCD, *The Power of Confidence: Genesis and Structure of the „Way of Spiritual Childhood" of St. Thérèse of Lisieux*, übers. v.. Susan Conroy, New York, Alba House 1998, S. 12 (leider nicht auf Deutsch erschienen)

[56] KKK 1846

[57] *Geschichte einer Seele*, S. 341 (Hervorhebungen v. mir)

[58] Pius XII. erklärte anlässlich der Weihe der Basilika von Lisieux am 11.7.1954, dass die heilige Theresia „das Evangelium wiederentdeckte" (AAS 46 [1954], S. 404-408).

[59] *Geschichte einer Seele*, S. 390

[60] *Mit leeren Händen*, S. 130

[61] TB 723

[62] *Mit leeren Händen*, S. 140

[63] Ebd., S. 140

[64] *The Power of Confidence*, S. 283. Natürlich bedeutet das nicht, dass kleine Seelen niemals erfolgreich sein können in der Übung der Tugenden, aber wenn sie es sind, beschreibt die heilige Theresia, wie ihre Einstellung dazu sein sollte:

Klein zu sein ist auch nicht, sich selbst die Tugenden, die man

> übt, zuschreiben, zu glauben, für alles selbst in der Lage zu sein, sondern zu erkennen, dass Gott diesen Schatz der Tugend in die Hände seines kleinen Kindes legt, um sie zu gebrauchen, wenn es notwendig ist; aber es bleibt immer Gottes Schatz (ebenda, S. 228).

Auch in seinem Buch *Der Name Gottes Ist Barmherzigkeit: Ein Gespräch mit Andrea Tornielli*, übers. v. Elisabeth Liebl, Kösel-Verl., erklärt Papst Franziskus, warum Gott erlauben mag, dass jemand in die Sünde fällt:

Ich habe mich schon dabei überrascht, dass ich bestimmten, sehr rigiden Gläubigen gewünscht habe, sie möchten doch einmal straucheln, denn dann könnten sie sich als Sünder erkennen und Jesus wirklich begegnen. Da kommen mir die Worte des Gottesdieners Johannes Paul I. in den Sinn, der bei einer Mittwochsaudienz einmal sagte: „Der Herr liebt die Demut so sehr, dass er mitunter schwerwiegende Sünden erlaubt. Warum? Auf dass jene, die sie begangen haben, nachdem sie diese Sünden bereut haben, demütig bleiben mögen" (S. 92).

65 Die heilige Theresia wusste, dass Gott nicht nach unserem Aussehen richtet. Vielmehr richtet er das Herz. Was für uns wie ein hoffnungsloser Fall erscheint – z.B. steckt eine Person im Kreislauf einer Abhängigkeit oder jemand hat ein unerträgliches Temperament – mag in Wirklichkeit ein versteckter Heiliger sein, der besonders von Gott geliebt wird wegen seiner Demut und unsichtbaren Bemühungen. Conrad de Meester erklärt Theresias Lehre in diesem Punkt:

> Theresia weiß allerdings, wie sehr sich das göttliche Leben unter der Oberfläche der Psyche und des Temperaments verbergen kann. Manche Menschen sind Gott viel näher, als ihre Unruhe und ihre Hemmungen es vermuten lassen.
>
> Was in unseren Augen wie ein Versäumnis ausschaut, sagt Theresia, ist in den Augen Gottes oft Heldentum (Heiligsprechungsprozess 1755).
>
> Und Céline erzählt:
>
> Am Letzten Tag werden Sie erstaunt sein, wenn Ihre Schwestern – befreit von allen Unvollkommenheiten – Ihnen als große Heilige erscheinen werden (MST 122).
>
> Hier werden diese „Kleinen" nicht gelobt und können sich wegen keiner Sache rühmen, aber in den Augen Gottes sind sie groß, denn in all ihrer Armut sind sie voller Hoffnung (*Mit leeren Händen*, S. 137).

Eine Schwester, die Theresia wahrscheinlich im Sinn hatte als eine mit einer Menge „Unvollkommenheiten", war Schwester Marie vom heiligen Josef, die an einer psychischen Erkrankung litt und die außerhalb der Gemeinschaft von Lisieux lebte, weil niemand bereit war, mit ihr zu arbeiten, mit Ausnahme von Theresia. Theresia kannte Schwester Maries gequälte Seele mehr als irgendjemand anders und teilte ihrer Schwester Pauline (Mutter Agnes) mit:

> Wenn Sie sie so gut wie ich kennen, würden Sie sehen, dass sie nicht verantwortlich ist für all die Dinge, die uns so schrecklich erscheinen. Sie ist zu bemitleiden, sie ist wie eine alte Uhr, die jede Viertelstunde wieder aufgezogen werden muss. Ja, es ist so schlecht wie das. Wenn ich ein solches Gebrechen wie sie hätte und so einen defekten Geist, würde ich es nicht besser als sie machen und dann würde ich verzweifeln (zit. aus *The Context of Holiness*, S 44).

Aber Schwester Marie vom heiligen Josef verzweifelte nicht. Selbst nach dem Tod ihrer einzigen wahren Freundin im Konvent (Theresia), selbst nachdem sie wegen ihrer psychischen Krankheit den Konvent im Alter von 55 Jahren, nach 28 Jahren Ordensleben, verlassen musste, selbst nach „Jahren ziellosen Sich-Wunderns über die französische Landschaft" (ebd., S. 51) – erstaunlicherweise – konnte sie noch die folgenden Worte an Mutter Agnes schreiben, Worte, die ihre verborgene Heiligkeit offenbaren:

> Das Werk der Heiligmachung, welches meine geliebte Theresia so liebevoll in mir begonnen hat, bevor sie starb, schreitet fort. Und ich kann in aller Aufrichtigkeit sagen, dass – mein Haus im Ruhezustand ist. Und ich lebe jetzt im völligen Verzicht. Solange ich Jesus liebe und Er und Theresia zufrieden sind, zählt nichts anderes für mich (ebd., S. 51).

[66] Predigt von Papst Franziskus, 5. Fastensonntag in der Gemeinde St. Anna im Vatikan, 17.3.2013

[67] *Die Kraft des Vertrauens*, S. 221

[68] Ebd., S. 222

[69] Ebd., S. 93

[70] In Anlehnung und Anwendung des Magnifikats Marias sich selbst gegenüber, um ihren Dank an Gott auszudrücken, weil er ihr so lebhaft ihre Kleinheit bewusst gemacht hat, schreibt Theresia:

> Ich will lieber ganz einfach zugeben, dass der Allmächtige große

Dinge in der Seele des Kindes seiner heiligen Mutter getan hat. Das Größte aber besteht darin, dass er ihm seine Kleinheit, seine Ohnmacht gezeigt hat (*Geschichte einer Seele*, S. 342).

71 *Geschichte einer Seele*, S. 388

72 Über das Vertrauens als Schlüssel, um Gottes Barmherzigkeit zu erhalten, erzählte Jesus der Sr. Faustyna:

> „Aus Meiner Barmherzigkeit schöpft man Gnaden nur mit einem Gefäß – und das ist das Vertrauen. Je mehr eine Seele vertraut, umso mehr bekommt sie. Seelen, die unbegrenzt vertrauen, sind Mir eine große Freude, denn in solche Seelen gieße Ich alle Meine Gnadenschätze. Es freut Mich, dass sie viel verlangen, denn es ist Mein Wunsch, viel zu geben, und zwar sehr viel. Es betrübt Mich dagegen, wenn die Seelen wenig verlangen und ihr Herz verengen" (TB 1578).

73 Theresia glaubte, sie werde eine große Heilige, aber ihr Glaube und ihre Hoffnung in dieser Hinsicht gründeten nicht auf Stolz, vielmehr auf Demut, wie aus dem folgenden Absatz ersichtlich ist:

> Ich dachte, ich sei für den Ruhm geboren, und als ich den Weg zu Ihm suchte, gab mir der liebe Gott die Empfindungen ein, die ich eben beschrieben habe. Er ließ mich auch begreifen, dass mein persönlicher Ruhm den Augen der Sterblichen nicht sichtbar sein würde. Nein, er würde darin bestehen, eine große Heilige zu werden!!! Dieses Verlangen könnte vermessen wirken, bedenkt man, wie schwach und unvollkommen ich war und wie ich es auch jetzt nach sieben Jahren im Kloster immer noch bin. Dennoch fühle ich weiterhin dieselbe unbeirrbare Zuversicht, eine große Heilige zu werden. Denn ich setze nicht auf meine Verdienste, habe ich doch kein einziges, sondern ich hoffe auf Den, Der die Tugend, die Heiligkeit selbst ist. Er gibt Sich mit meinen schwachen Bemühungen zufrieden und Er allein ist es, Der mich bis zu Sich erheben und mich zur Heiligen machen wird, indem Er mich mit Seinen unendlichen Verdiensten umgibt (*Geschichte einer Seele*, S. 104).

74 *Geschichte einer Seele*, S. 312

75 Papst Franziskus, Ansprache an den Klerus der Diözese von Rom, Aula Paolo VI, Donnerstag, 6.3.2014
Ein darauf bezogenes Zitat von Papst Franziskus kam während eines Interviews im Flugzeug auf dem Rückflug vom Weltjugendtag in Bra-

silien am 28.7.2013:

> „Das ist ein Thema, nach dem immer gefragt wird. Die Barmherzigkeit ist größer als jener Fall, den Sie vorstellen. Ich glaube, dass dies die Zeit der Barmherzigkeit ist. Dieser Epochenwechsel, auch viele Probleme der Kirche – wie ein ungutes Zeugnis einiger Priester, Korruption in der Kirche, Klerikalismus, um nur einige Beispiele zu nennen – haben viele Verwundete hinterlassen, viele Verwundete. Und die Kirche ist Mutter: Sie muss hingehen und die Verwundeten pflegen, mit Barmherzigkeit. Wenn aber der Herr nicht müde wird zu verzeihen, haben wir keine andere Entscheidung als diese: vor allem, die Verwundeten zu pflegen. Sie ist Mutter, die Kirche, und sie muss diesen Weg der Barmherzigkeit gehen und eine Barmherzigkeit für alle finden. Ich denke, als der ‚verlorene Sohn' nach Hause kam, hat der Vater nicht zu ihm gesagt: ‚Aber du, hör mal, komm herein: Was hast du denn mit dem Geld gemacht?' Nein! Er hat ein Fest gefeiert! Später, vielleicht, als der Sohn sprechen wollte, hat er gesprochen. So muss es die Kirche machen. Wenn da einer ist, nicht nur auf ihn warten: hingehen und ihn aufsuchen! Das ist die Barmherzigkeit! Und ich glaube, dass dies ein Kairós ist: Diese Zeit ist ein Kairós der Barmherzigkeit."
>
> In diesem Zusammenhang erinnerte der Heilige Vater an den Impuls, den Johannes Paul II. der Kirche gegeben hat durch die Betonung der Göttlichen Barmherzigkeit – ein Impuls, den er selbst aus der Spiritualität der Schwester Faustyna Kowalska empfangen hatte (Vatikanische Übersetzung).

Später baute der Papst in seinem Buch *Der Name Gottes ist Barmherzigkeit* weiter auf diesen Kommentar im Flugzeug auf:

> „Ja, ich glaube, dass diese Zeit die Zeit der Barmherzigkeit ist. Die Kirche zeigt der verletzten Menschheit ihr mütterliches Antlitz, ihr Mama-Gesicht. Sie wartet nicht, bis die Verwundeten an ihre Tür klopfen, sondern geht hinaus auf die Straße, um sie zu suchen, aufzusammeln, zu umarmen, zu heilen und dafür zu sorgen, dass sie sich geliebt fühlen. Ich habe damals gesagt – und ich bin heute noch überzeugter davon –, dass dies ein *kairós* ist, ein günstiger Zeitpunkt."

Übrigens, Papst Franziskus besitzt eine große Verehrung für die heilige Theresia und erhält oft eine weiße Rose, von der sie sagen würde:

„Nach meinem Tod werde ich Rosen vom Himmel regnen lassen." *Theresia und Lisieux*, P. Maximilian Breig, S. 290 und *Prozesse der Seligsprechung ...*, S. 173 (auf Englisch in: *The Passion of Thérèse of Lisieux* von Guy Gaucher, New York, Crossroad 1989, S. 194). Um mehr über die Verehrung des Papstes und seine weißen Rosen zu erfahren, s. *The Great Reformer: Francis and the Making of a Radical Pope* von Austen Ivereigh, New York, Henry Holt and Comp. 2014, S. 338-340

[76] Gespräch mit Kardinal Joseph Ratzinger von Niels Christian Hvidt, http://www.tlig.org/gm/gmratzfull.html (Hervorhebungen v. mir)

[77] Der heilige Ludwig Maria Grignion von Montfort lehrt auch, dass Gott in unserer Zeit aus den Schwachen und Gebrochenen große Heilige erwecken möchte, „die die meisten der anderen Heiligen übertreffen sollen". S. *33 Days to Morning Glory*, S. 21-23

[78] TB 47

[79] Im folgenden Gebet lernen wir, dass die heilige Faustyna die Hoffnung hatte, eine der größten Heiligen zu werden, obwohl sie sehr schwach und gebrochen war, weil sie vollkommen auf die Macht von Gottes Barmherzigkeit vertraute:

> Wahrer Einziger Gott in der Dreifaltigkeit.
> Ich will Dich so lieben, wie Dich noch keine menschliche Seele geliebt hat. Obwohl ich klein und ungewöhnlich elendig bin, habe ich doch den Anker meines Vertrauens tief in den Abgrund Deiner Barmherzigkeit versenkt – mein Gott und mein Schöpfer. Trotz meines großen Elends fürchte ich mich vor nichts, sondern habe die Hoffnung, ewig ein Loblied zu singen. Möge keine Seele zweifeln, wäre sie auch die elendste von allen; solange sie lebt, kann sie zu großer Heiligkeit gelangen, denn die Macht der Gnade Gottes ist stark. An uns liegt es, sich gegen das Wirken Gottes nicht zu sträuben (TB 283).

Später offenbarte Jesus selbst der heiligen Faustyna die Wichtigkeit des Vertrauens, um die Gnade Seiner Barmherzigkeit zu erhalten, die uns in Heilige umformt:

> Seelen, die nach Vollkommenheit streben, sollten Meine Barmherzigkeit besonders preisen, denn die Fülle der Gnaden, die Ich ihnen erteile, fließt aus Meiner Barmherzigkeit. Ich wünsche, dass diese Seelen sich mit unbegrenztem Vertrauen in Meine Barmherzigkeit auszeichnen. Ich selbst befasse Mich mit der Heiligung solcher Seelen; Ich lasse ihnen alles zukommen, was sie zu ihrer

Heiligkeit benötigen. Aus Meiner Barmherzigkeit schöpft man Gnaden nur mit einem Gefäß – und das ist das Vertrauen. Je mehr eine Seele vertraut, umso mehr bekommt sie. Seelen, die unbegrenzt vertrauen, sind Mir eine große Freude, denn in solche Seelen gieße Ich alle Meine Gnadenschätze. Es freut Mich, dass sie viel verlangen, denn es ist Mein Wunsch, viel zu geben, und zwar sehr viel. Es betrübt Mich dagegen, wenn Seelen wenig verlangen und ihr Herz verengen (TB 1578).

[80] *Geschichte einer Seele,* S. 220

[81] Briefe der heiligen Theresia von Lisieux, Nr. 197, S. 303-304

[82] *St. Therese of Lisieux: By Those Who Knew Her,* hrsg. u. übers. v. Christopher O'Mahony, Dublin, Veritas Publications 1995, S. 49

[83] Ebd.

[84] *Mit leeren Händen, S. 92*

[85] *The Power of Confidence,* S. 167

[86] Ebd. (Hervorhebungen v. mir)

[87] Ebd.

[88] Ebd.

[89] Ebd., S. 229

[90] Ebd., S. 228f

[91] Ebd., S. 229

[92] Marie-Eugene vom Kinde Jesu OCD, *I Want to See God: A Practical Synthesis of Carmelite Spirituality*, übers. v. M. Verda Clare CSC, Chicago, Fides Publishers Association 1953, S. 25 (Hervorhebungen v. mir)

[93] Um uns weiter verstehen zu helfen, wie „Jesus uns tatsächlich ‚braucht' und dass wir Seinem heiligsten und barmherzigen Herzen Erleichterung verschaffen können", s. den ersten Abschnitt v. Anhang I: „Wie wir Jesus trösten können"

[94] TB 367 (Hervorhebungen v. mir)

[95] Ebd., 1074

[96] Ebd., 1705

[97] Das ist es vielleicht, warum Gott das Gebet der Menschen annehmen wird, die sich selbst als Opferseelen der Göttlichen Gerechtigkeit darbringen wollen – es ist so, weil Jesus es zuerst getan hat! Die Tatsache, dass Jesus am Kreuz ein Opfer der Göttlichen Gerechtigkeit ist, schließt sicherlich nicht aus, dass er auch ein geistliches Opfer ist.

[98] *33 Days to Morning Glory*, S. 70-72

[99] Geneviève of the Holy Face (Céline Martin), in: *My Sister St. Therese*, übers. v. Carmelite Sisters of New York of Conseils et Souvenirs, Rockford, Ill., TAN Books and Publishers 1997, S. 80. Anderswo schreibt sie: Die Seele, die sich der Liebe opfert, bittet nicht um Leiden, aber sie liefert sich selbst ganz den Plänen der Liebe aus, sie nimmt alles an, was die Vorsehung für sie an Freude, Mühe, Versuchungen zulässt, und sie zählt auf die unendliche Barmherzigkeit für alles (aus: Père Jean du Coeur de Jésus d'Elbée, *I Believe in Love: Retreat Conferences on the Interior Life*, übers. v. Marilyn Teichert u. Madeleine Stebbins, Petersham, MA, St. Bede's Publications 1974, S. 144.
Indem ich diese zwei Aussagen der Sr. Geneviève zitiert habe, wage ich zu behaupten, dass sie möglicherweise ein tieferes und differenzierteres Verständnis der Natur des Leidens, das mit der Aufopferung an die barmherzige Liebe kommt, haben mag, als ihre Schwester Pauline (Mutter Agnes von Jesus), die einfach nur sagt, dass laut Theresia, „sich der Liebe zu übergeben bedeutet, sich dem Leiden zu übergeben" (*By Those Who Knew Her*, S. 47). Aber was war die Natur dieses Leidens? Soweit ich das sagen kann, ist es nur Sr. Geneviève, die dies ergänzt (s. die obigen Zitate), was kleine Seelen erleichtert. Die Aufopferung an die barmherzige Liebe ist nicht das Opfern seiner selbst an die Göttliche Gerechtigkeit. Tatsächlich erklärt Sr. Geneviève ausdrücklich, dass sie „nicht um Leiden bittet". Vielmehr ist es eine Anfrage, das zu erhalten, was Theresia „unendliche Zärtlichkeit" nennt. Sie nimmt alles an, was die Vorsehung für sie zulässt, nicht nur bei „Mühen und Versuchungen", sondern auch bei „Freuden" und sie „zählt auf unendliche Barmherzigkeit für alles".

[100] Hier ist ein Teil der Lehre der Kirche über das Fegefeuer aus dem *Katechismus*:

> Wer in der Gnade und Freundschaft Gottes stirbt, aber noch nicht vollkommen geläutert ist, ist zwar seines ewigen Heiles sicher, macht aber nach dem Tod eine Läuterung durch, um die Heiligkeit zu erlangen, die notwendig ist, in die Freude des Himmels eingehen zu können.
> Die Kirche nennt diese abschließende Läuterung der Auserwählten, die von der Bestrafung der Verdammten völlig verschieden ist, Purgatorium [Fegefeuer]. Im Anschluss an gewisse Schrifttexte [1 Kor 3,15; 1 Petr 1,7] spricht die Überlieferung der Kirche von einem Läuterungsfeuer (KKK 1030-1031).

[101] TB 20 (Hervorhebungen v. mir)

[102] *Geschichte einer Seele*, S. 229-230

[103] *The Power of Confidence*, S. 344

[104] Ebd., S. 347

[105] Ja, Theresia verwendete wahrhaftig das Wort „leicht", um den „Kleinen Weg" zu beschreiben:

> Mein Weg ist ganz Vertrauen und Liebe. Die Vollkommenheit erscheint mir leicht, ich sehe, dass es genügt, sein Nichts zu erkennen und sich wie ein Kind Gott in die Arme zu werfen (*Briefe der heiligen Theresia von Lisieux*, Brief 226, S. 347).

Die heilige Faustyna ging ebensoweit, Heiligkeit gemäß dem Weg der Barmherzigkeit als „sehr leicht" zu beschreiben:

> O mein Jesus, wie leicht ist es, sich zu heiligen, – man benötigt nur ein wenig guten Willen. Wenn Jesus in einer Seele den Funken guten Willens sieht, eilt Er, Sich ihr hinzugeben, und kann durch nichts aufgehalten werden – weder durch Fehler noch durch Sündenfall –, durch gar nichts. Jesus hat es eilig, einer solchen Seele zu helfen, und wenn die Seele treu zu Gottes Gnade steht, gelangt sie in ganz kurzer Zeit zu höchster Heiligkeit, wie sie ein Geschöpf hier auf Erden erlangen kann. Gott ist sehr freigebig und versagt Seine Gnade niemandem. Er schenkt mehr, als wir erbitten (TB 291).

[106] *The Power of Confidence*, S. 348

[107] Ebd., S. 347

[108] *Der Fels* 2001/2002, Anhang 4. Die Barmherzigkeit Gottes ist größer: Die hl. Theresia vom Kinde Jesus über das Fegefeuer von Hubert van Dijk, s. *The Power of Confidence*, S. 347-348

Mit der Lehre, dass „unerschütterliches Vertrauen dich reinigt" und der Versicherung, „dass du nicht ins Fegefeuer gehen musst", ist Theresia in guter Gesellschaft. Wir lesen in: *Trustful Surrender to Divine Providence: The Secret to Peace and Happiness* v. Vater Jean-Baptiste Saint-Jure u. St. Claude de la Colombière, übers. v. Paul Garvin, Rockford Ill., TAN Books and Publishers 1984, das Folgende, was sich mit Theresias Idee verbindet und was wir an Tag 21 lernen, nämlich dass die Aufopferung an die barmherzige Liebe in uns bewirkt, ein „Märtyrer der Liebe" zu werden:

> Es ist die Lehre großer Meister des geistlichen Lebens, dass eine Person, die in der Todesstunde einen Akt der vollkommenen

Gleichförmigkeit mit dem Willen Gottes macht, (z.B. einen Ausdruck von „unerschütterlichem Vertrauen") nicht nur von der Hölle befreit werden wird, sondern auch vom Fegefeuer, selbst wenn sie alle Sünden der Welt begangen hätte. „Der Grund", sagt der heilige Alfons, „ist, dass der, der den Tod mit vollkommener Ergebenheit annimmt, dieselben Verdienste erwirbt, wie die eines Märtyrers, der freiwillig sein Leben für Christus hingegeben hat, und selbst inmitten der größten Leiden wird er glücklich und voll Freude sterben" (S. 61-62).

[109] Van Dijk, Anhang 4

[110] Ebd., auch: *The Power of Confidence*, S. 348

[111] Ebd.

[112] Ich habe ein Buch geschrieben, das erklärt, wie wir Barmherzigkeit zeigen können und so erhoffen, sie zu bekommen. Es heißt: *You Did It to Me: A Practical Guide to Mercy in Action,* Stockbridge, Marian Press 2014

[113] *The Power of Confidence*, S. 347

[114] Es scheint, die heilige Theresia verfasste ein ähnliches Gebet: „Ja, mein Gott, alles, was Du willst, aber hab Mitleid mit mir!" (Therese Martin, *Ich gehe ins Leben ein: Letzte Gespräche der Heiligen von Lisieux*, Johannes-Verl., Leutesdorf, S. 228

[115] *Geschichte einer Seele*, S. 305

[116] Was die abgelehnte Barmherzigkeit betrifft, die „frei zu nehmen" ist, sind die folgenden Worte Jesu an die heilige Faustyna aufgezeichnet in ihrem Tagebuch:

> … als König der Barmherzigkeit will Ich die Seelen mit Gnaden beschenken, doch sie wollen sie nicht annehmen. Komme wenigstens du so oft wie möglich zu Mir und nimm die Gnaden entgegen, die andere nicht haben wollen, und du wirst dadurch Mein Herz trösten (TB 367).
>
> Meine Tochter, nimm die Gnaden, die von den Menschen verschmäht werden, nimm, so viel du tragen kannst (TB 454).
>
> Ich will Mich den Seelen hingeben und sie mit Meiner Liebe erfüllen; es gibt jedoch wenige Seelen, die alle Gnaden, die von Meiner Liebe für sie bestimmt sind, annehmen wollen. Meine Gnade geht nicht verloren. Falls sie von einer Seele, für die sie bestimmt ist, nicht angenommen wird, fällt sie einer anderen Seele zu (TB 1017).

[117] *Geschichte einer Seele*, S. 229

[118] *Theresia von Lisieux, Selbstbiographie*, Johannes-Verl., Einsiedeln, S. 280-282

[119] Die Verdienste anderer auch als die eigenen anzusehen, scheint ein Geheimnis zu sein, um die Gefühle von Neid zu überwinden bezüglich der geistlichen Güter von anderen. Als Theresias Schwester Céline z.B. zur zukünftigen Heiligen sagte: „Worum ich dich beneide, das sind deine guten Werke", antwortete Theresia, indem sie Johannes Tauler zitierte:

> „Wenn ich das Gute liebe, das in meinem Nächsten ist, so wie er es selbst liebt, ist das Gute genauso viel meines, wie es seines ist." Durch diese Einheit kann ich mich selbst bereichern mit all dem Guten, das im Himmel und auf Erden ist, in den Engeln, in den Heiligen und in all denen, die Gott lieben (Studienausg. *Story of a Soul*, vorb. v. Marc Foley OCD, Washington D.C., ICS Publications 2005, S. 107.

[120] Menschen erlauben manchmal dem Teufel, Besitz von ihrer Seele zu ergreifen. Sie werden „besessen". Hier erbittet die heilige Theresia, *von Gott* besessen zu werden.

[121] Als Antwort auf die Frage, ob Theresias Worte über den Verbleib der Heiligen Kommunion in ihr wortwörtlich oder bildhaft genommen werden müssen, erklärte Theresiass Schwester Pauline (Mutter Agnes):

> Sie erweiterte diese Ideen oft, wenn sie zu mir sprach, und ich bin sicher, sie meinte sie wortwörtlich. Ihr liebendes Vertrauen in unseren Herrn machte sie außerordentlich kühn in den Dingen, die sie von Ihm erbat. Wenn sie über Seine allmächtige Liebe nachdachte, hatte sie keine Zweifel an irgendetwas (*By Those Who Knew Her*, S. 46).

Wie die Heilige des „Kleinen Weges", erhielt die heilige Faustyna ebenso die Gnade, dass die Heilige Kommunion in ihr verblieb:

> 29.9.[37]. Heute sind mir viele Geheimnisse begreiflich geworden. Ich erkannte, dass die Heilige Kommunion in mir bis zur nächsten Heiligen Kommunion bestehen bleibt. Die lebendige, spürbare Anwesenheit Gottes währt in der Seele. Dieses Bewusstsein versenkt mich in tiefe Sammlung ohne eigene Anstrengung Mein Herz ist ein lebendiger Tabernakel, der eine lebendige Hostie aufbewahrt. Niemals habe ich Gott in der Ferne gesucht, son-

dern in meinem eigenen Inneren; in der Tiefe des eigenen Seins pflege ich Umgang mit meinem Gott (*TB* 1302).

122 Um zu lernen, wie wir Jesus „trösten“ können, siehe den ersten Abschnitt von Anhang I. Zu diesem Thema ist auch interessant anzumerken, dass die heilige Theresia den Ordensnamen „Schwester Theresia vom Kinde Jesus und vom Heiligen Antlitz“ erhielt. Der „Kinde Jesus“-Teil der Heiligen zeigt klar die Wichtigkeit, ein kindliches Vertrauen zu Gott zu haben. Aber warum wählte sie „das Heilige Antlitz“? Ich glaube, es hat mit ihrer „Praxis der Vertrautheit mit Jesus“ zu tun (s. Anm. 141) und mit ihrer Betonung, ein tiefes persönliches Verhältnis zu Jesus zu haben, das auf gegenseitiger Liebe gründet. Das Gesicht ist das Fenster zur Seele und in gewissem Sinn offenbart es die Person. Darüber hinaus hat das Heilige Antlitz Jesu eine besondere Note, nämlich seine Trauer und sein Leiden. Das Heilige Antlitz ist kein lächelndes, glückliches Gesicht. Es ist das Antlitz Christi während Seiner Passion. Aber vielleicht ist dies für Theresia die wichtigste Motivation für ihre Vertrautheit mit Jesus, weil Sein gebrochenes, geschlagenes, trauriges Antlitz sie einlädt, ihn zu „trösten“. Gleichzeitig tröstet es sie. Sie selbst erklärt dies in den folgenden Zeilen aus einem Gedicht, das sie über das Heilige Antlitz schrieb mit dem Titel: „Mein Himmel hienieden“:

Ach, Du weißt es: Dein mildes Gesicht
Ist für mich der Himmel hienieden.
Meine Liebe entdeckt die Zauber
Deines Gesichtes, das Tränen verschönen.
Durch meine Tränen hindurch lächle ich,
Wenn ich Deine Schmerzen betrachte …

Oh, ich will, um Dich zu trösten,
Unbekannt leben auf dieser Erde. …

Dein Antlitz ist meine einzige Heimat. …
Es ist die Lilie des Tales,
Deren geheimnisvoller Duft
Meine verbannte Seele tröstet
Und sie den Frieden des Himmels verkosten lässt.

(*Gedichte der heiligen Theresia von Lisieux*, P. Maximilian Breig SJ)

123 *The Power of Confidence*, S. 302

[124] *Geschichte einer Seele*, S. 230

[125] Patrick Ahern, in: *Maurice and Therese: The Story of a Love*, New York, Doubleday 1998, S. 139

[126] Theresia verstand die Macht der Gnade Gottes gut, sie „in einem Augenblick" zu reinigen. Wie wir an Tag 8 sahen: Als sie 14 Jahre alt war, erfuhr sie die Gnade ihrer „Weihnachts-Bekehrung", die ihr sofort die Stärke gab, ihre tiefe, gefühlsmäßige Empfindlichkeit zu überwinden, die sie seit ihrer frühen Kindheit hatte. Diese Gnade beschreibt sie:

> In einem Augenblick vollbrachte Jesus das Werk, das ich in zehn Jahren nicht fertiggebracht hatte, und gab sich mit meinem guten Willen zufrieden, an dem es mir nie gefehlt hatte. Wie seine Apostel konnte ich zu ihm sagen: „Herr, die ganze Nacht habe ich gefischt, ohne etwas zu fangen." Jesus aber war mit mir noch barmherziger als mit seinen Jüngern und nahm selbst das Netz, warf es aus und zog es voll mit Fischen heraus. Er machte aus mir einen Seelenfischer (Geschichte einer Seele, S. 153f).

[127] Das ist nicht genauso, wie der berühmte Karmelit und Kirchenlehrer, der heilige Johannes vom Kreuz, es sagt. Das Verlangen der Seele nach Gott wird so intensiv, dass der Faden dieses Lebens gerissen ist. In einem Brief an ihre Schwester Pauline (Mutter Agnes) schreibt die heilige Theresia über die Arten des Todes, beginnend mit einem Zitat des heiligen Johannes vom Kreuz:

> „Zerreiße den Schleier dieser süßen Begegnung!" Ich habe diese Worte immer auf den Tod aus Liebe angewandt, den ich ersehne. Die Liebe wird den Schleier meines Lebens nicht abnutzen. Sie wird ihn plötzlich zerreißen (Gaucher, S. 222).

Und noch einmal, der Tod aus Liebe erlaubt es einem, am Fegefeuer vorbeizugehen, wie Theresia es indirekt im Text der Aufopferung sagt, wenn sie den Flug ihrer Seele zu Gott „ohne Verzug" erklärt. Die heilige Faustyna macht diesen Punkt ein wenig deutlicher in dem folgenden Absatz aus ihrem Tagebuch:

> Manchmal gelangt die Barmherzigkeit Gottes im letzten Augenblick zum Sünder, in sonderbarer und geheimnisvoller Weise. Nach außen scheint es, als wäre alles verloren, aber so ist es nicht. Angestrahlt vom starken Strom der endgültigen Gnade Gottes wendet sich die Seele im letzten Moment mit solcher Liebe Gott zu, dass sie sofort Nachlass aller Schuld und Strafe erhält. Nach außen gibt sie uns keine Zeichen der Reue und Zerknirschung,

> weil sie auf äußere Dinge nicht mehr reagiert. O, wie unerforschlich ist die Barmherzigkeit Gottes (TB 1698).

Hier ist zu bemerken, dass Gott solchen Seelen „Nachlass aller Schuld und Strafe“ gewährt. Das bedeutet, kein Fegefeuer! Und Faustyna verweist sogar auf die Seele, die diese Gnade als „Sünder“ erhält. Gott kann sicher diese „letzte Gnade“ jemandem schenken, der sich vom Stand der Todsünde zu ihm hinwendet – wie groß ist die Kraft von Gottes Barmherzigkeit! Wie groß ist die Kraft des *fürbittenden Gebetes!* Ich sage das, weil unsere Gebete wahrhaftig für andere diese wunderbare Gnade erwirken können, sogar für jene, die hoffnungslos verloren scheinen. Ich sage das auch, weil die heilige Schwester Faustyna selbst das o. g. Zitat einleitet, indem sie sagt: „Oft begleite ich die Seelen Sterbender, erflehe ihnen Vertrauen auf Gottes Barmherzigkeit und bitte Gott um Seine große Gnade, die immer den Sieg davonträgt.“

128 Heiliger Johannes vom Kreuz, *The Living Flame of Love*, Kommentar zur Strophe 1, Zeile 6 (Gaucher, S. 221)

129 *Selbstbiographie*, S. 282

130 *Geschichte einer Seele*, S. 229-230

131 *The Power of Confidence*, S. 157

132 *Geschichte einer Seele,* S. 230

133 Ebd., S. 201

134 Über Todsünde und lässliche Sünde lehrt der KKK:

> Die Sünden sind nach ihrer Schwere zu beurteilen. Die schon in der Schrift erkennbare Unterscheidung zwischen Todsünde und lässlicher Sünde wurde von der Überlieferung der Kirche übernommen. Die Erfahrung der Menschen bestätigt sie.
>
> Die Todsünde zerstört die Liebe im Herzen des Menschen durch einen schweren Verstoß gegen das Gesetz Gottes. In ihr wendet sich der Mensch von Gott, seinem letzten Ziel und seiner Seligkeit, ab und zieht ihm ein minderes Gut vor.
>
> Die lässliche Sünde lässt die Liebe bestehen, verstößt aber gegen sie und verletzt sie.

Auch ist es gemäß dem Theologen Jordan Aumann OP „notwendig zu unterscheiden zwischen lässlichen Sünden, die aus Schwäche, überraschend oder einem Mangel an Aufmerksamkeit und Bedachtsamkeit begangen wurden, und jenen, die kalt und mit dem vollem Bewusstsein begangen wurden, dass man damit Gott missfällt“ (Spiritual Theology, Huntington, Ind. Our Sunday Visitor 1980, S. 153). Die letztere Art von Sünden sind die, die ich mit „bedachten lässlichen Sünden" meine, die Art von Sünden, die gewählt wurden nach Überlegung und mit Bewusstsein, dass es Gott missfällt.

135 *Geschichte einer Seele*, S. 116, 390

136 Ebd., S. 305

137 *The Power of Confidence*, S. 241. Gaucher, S. 172

138 *Geschichte einer Seele*, S. 390

139 Ebd., S. 390

140 *Selbstbiographie*, S. 275, aus Gaucher, S. 186

141 Die heilige Theresia beschreibt oft ihren „Kleinen Weg" als einen Pfad, der Furcht ausschließt, was Sinn hat, denn „Furcht gibt es in der Liebe nicht, sondern die vollkommene Liebe vertreibt die Furcht" (1 Joh 4,18). Sie schreibt: „… ich bin weit davon entfernt, auf dem Weg der Furcht geleitet zu werden" (*Geschichte einer Seele*, S. 220). „Ich bin so veranlagt, dass die Furcht mich rückwärts gehen lässt, mit der Liebe hingegen schreite ich nicht nur voran, sondern fliege … (ebd., S. 221). „Ach, der Herr ist so gut zu mir, so dass ich Ihn unmöglich fürchten kann" (ebd., S. 381). Ein zusammenfassender Kommentar von Guy Gaucher:

> Im Vorgriff auf die Liturgiereform nach fast 60 Jahren verwendete Theresia die vertraute [nicht formale] Form von „Tu", wenn sie von Jesus spricht. Sie küsste „das Antlitz" und „beide Wangen" und nicht den Fuß des Kreuzes, wie es zu der Zeit Brauch war. Indem sie auf ein Bild von zwei Kindern mit Jesus blickte, sagte sie: „Das andere kleine gefällt mir nicht so sehr; es benimmt sich, wie ein Erwachsener. Ihm wurde etwas gesagt und es weiß, dass es Jesus achten muss." Im Himmel würde sie nicht wie die Seraphime sein, die sich „selbst mit ihren Flügeln vor Gott bedecken" (Gaucher, S. 149f).

Theresia erkennt jedoch, dass die „Praxis der Vertrautheit mit Jesus" nicht einfach ist, dass „wir das nicht an einem einzigen Tag bekommen" (Ahern, S. 167). Also versucht sie, „durch ein sehr einfaches Beispiel zu erklären, wie sehr Jesus sogar sehr unvollkommene Seelen liebt, die auf Ihn vertrauen":

> Ich denke an einen Vater, der zwei Kinder hat, die spitzbübisch und ungehorsam sind, und wenn er kommt, um sie zu bestrafen, sieht er einen, der zittert und sich von ihm aus Furcht entfernt,

> wissend in der Tiefe seines Herzens, dass er es verdient hat, bestraft zu werden. Dazu entgegengesetzt wirft sich sein Bruder in die Arme des Vaters, beteuert, dass es ihm leid tut, ihn verletzt zu haben, dass er ihn liebt, und um das zu beweisen, will er von nun an gut sein. Wenn dann dieses Kind seinen Vater bittet, es mit einem Kuss zu bestrafen, bezweifle ich, dass das Herz des glücklichen Vaters in der Lage sein wird, dem kindlichen Vertrauen des Sohnes zu widerstehen, von dessen Aufrichtigkeit er überzeugt ist. Er ist sich sehr bewusst, dass das Kind oft in diese selben Fehler zurückfallen wird, aber er ist immer bereit, ihm zu vergeben, vorausgesetzt, der Junge wird immer nach seinem Herzen greifen. Ich sage nichts über das erste Kind . Sicher wissen wir, dass sein Vater es genauso lieben kann wie das andere und es mit den gleichen Ablässen versehen kann (ebd., S. 167f).

Aber was Jesus verwundet, erklärt Theresia, ist, „wenn seine Freunde ihre ständigen Ungehörigkeiten nur ignorieren, eine Gewohnheit daraus machen und nicht um Vergebung dafür bitten" (ebd., S. 189). Papst Franziskus nennt diese sündhafte Situation „korrumpiert sein":

> Korrumpiert zu sein (Anm. d. Übersetzerin: verfallen sein, verderbt sein, sich verführen, verleiten lassen), heißt, dass die Sünde nicht als solche erkannt wird und uns deshalb nicht demütig macht. Sie wird vielmehr zum System erhoben, wird zur geistigen Gewohnheit, zur Lebensweise. Wir spüren nicht mehr, dass wir Vergebung und Barmherzigkeit nötig haben, sondern halten uns und unser Verhalten für gerechtfertigt. Der reuige Sünder, der schwach ist und immer wieder in die Sünde verfällt, findet jederzeit Vergebung, wenn er einsieht, dass er der Barmherzigkeit bedarf. Ist aber jemand von der Sünde korrumpiert, dann bereut er nicht. Er sündigt weiter und tut doch so, als wäre er christlich. Und dieses Doppelleben ist es, das Anstoß erregt.
>
> Die Sünde kann, vor allem wenn sie wiederholt wird, dazu führen, dass wir uns von ihr korrumpieren lassen. Doch dabei handelt es sich nicht um eine quantitative Veränderung, sondern um eine qualitative: Man bildet Gewohnheiten heraus, die unsere Fähigkeiten zu lieben einschränken und zur Selbstgerechtigkeit führen. Ein von der Sünde korrumpierter Mensch hört auf, um Vergebung zu bitten, und glaubt am Ende sogar, dass er das nicht nötig hat. Von der Sünde korrumpiert wird man nicht von heute

> auf morgen. Es handelt sich vielmehr um einen langen Abstieg. Wir gleiten die schiefe Bahn hinunter, und das heißt nicht, dass wir einfach nur eine Sünde nach der anderen begehen. Man kann ein großer Sünder sein, sich aber trotzdem nicht von der Sünde korrumpieren lassen. (Alle Sünder im Evangelium) waren offen für die Vergebung, ihr Herz spürte die eigene Schwäche, und eben dies war der Türspalt, durch den die Kraft Gottes Eingang in sie fand (*Der Name Gottes ist Barmherzigkeit*, S. 105f).

So brauchen wir uns also „nur“ davor fürchten, korrumpiert zu werden. Wir brauchen nur die Sünde der Vermessenheit zu fürchten, bei der wir versuchen, „uns selbst und unser Verhalten zu rechtfertigen“, ohne um Vergebung und Barmherzigkeit zu bitten. Wir brauchen nur zu fürchten, „derjenige zu werden, der sündigt, aber nicht bereut“, einer, der „aufhört, um Vergebung zu bitten und am Ende sogar glaubt, dass er das nicht nötig hat, darum zu bitten“. Abgesehen vom Fallen in die üble Gewohnheit der Korrumpiertheit, würde Theresia sagen, gibt es keinen Grund, sich zu fürchten.

Damit wir nicht denken, dass Theresia allein ist mit dem kühnen Sprechen darüber, keine Furcht vor Gott zu haben und so vertraut mit Ihm zu sein, lesen wir Folgendes bei der heiligen Faustyna: „Wenn man mir wer weiß wie viel von Seiner Gerechtigkeit erzählen würde, hätte ich vor Ihm keine Angst, denn ich habe Ihn gut erkannt, …“ (TB 589). Und auch:

> Sollte man mir auch von der Gerechtigkeit Gottes erzählen und wie vor Ihm selbst reine Geister erzittern und mit verhülltem Antlitz unentwegt heilig ausrufen, um daraus zu schließen, dass mein enger Umgang mit dem Herrn Seiner Ehre und Herrlichkeit Abbruch tun könnte – [ich würde antworten,] o nein, und nochmals nein (TB 947).

[142] Hinweis darauf in den Fußnoten von *Geschichte einer Seele*, S. 421 (ganze Geschichte in: Weisung der Väter, Apophthegmata Patrum, Bd. 6, Paulinusverl., Trier, Nr. 355*, S. 126-128). Obwohl die Wirklichkeit von Gottes Barmherzigkeit für Sünder „durch die Macht der Worte nicht ausgedrückt werden kann“, versucht die heilige Faustyna den Schleier des Geheimnisses in den folgenden Absätzen ihres *Tagebuches* zu lüften:

> Oft habe ich mit Sterbenden zu tun, denen ich Gottes Barmherzigkeit erbitte. Wie groß ist doch die Güte Gottes, größer, als wir

begreifen können. Es gibt Momente und Geheimnisse der Barmherzigkeit Gottes, über die die Himmel staunen. Unsere Urteile über Seelen sollten verstummen, denn Gottes Barmherzigkeit ihnen gegenüber ist sonderbar (TB 1684).

Oft begleite ich die Seelen Sterbender, erflehe ihnen Vertrauen auf Gottes Barmherzigkeit und bitte Gott um Seine große Gnade, die immer den Sieg davonträgt. Manchmal gelangt die Barmherzigkeit Gottes im letzten Augenblick zum Sünder, in sonderbarer und geheimnisvoller Weise. Nach außen scheint es, als wäre alles verloren, aber so ist es nicht. Angestrahlt vom starken Strom der endgültigen Gnade Gottes wendet sich die Seele im letzten Moment mit solcher Liebe Gott zu, dass sie sofort Nachlass aller Schuld und Strafe erhält. Nach außen gibt sie uns kein Zeichen der Reue und Zerknirschung, weil sie auf äußere Dinge nicht mehr reagiert. O, wie unerforschlich ist die Barmherzigkeit Gottes (TB 1698).

Über Gottes wunderbare Barmherzigkeit für Sünder, die durch die Macht der Worte nicht ausgedrückt werden kann, sagte Jesus einmal zur heiligen Faustyna: „Meine Tochter, bist du der Meinung, dass du über Meine Barmherzigkeit genug geschrieben hast? Das, was du aufgeschrieben hast, ist erst ein Tropfen im Vergleich mit dem Ozean. Ich bin lauter Liebe und Barmherzigkeit“ (TB 1273).

143 Ahern, S. 190 (Hervorhebungen v. mir)

144 Das ganze Zitat lautet wie folgt:

Du siehst, was du aus dir selbst bist, aber sei deshalb nicht entsetzt; wollte Ich dir dein ganzes Elend enthüllen, das du bist, würdest du vor Entsetzen sterben. Doch wisse, was du bist. Deswegen, weil du ein so großes Elend bist, habe Ich vor dir das ganze Meer Meiner Barmherzigkeit enthüllt. Solche Seelen, wie deine, suche und verlange ich, aber es sind nur wenige. Dein großes Vertrauen zu Mir zwingt Mich, dir unentwegt Gnaden zu verleihen. Du hast ein großes und unbegreifliches Anrecht auf Mein Herz, weil du eine Tochter voller Vertrauen bist (TB 718).

Zum selben Thema schreibt die heilige Faustyna Folgendes über sich selbst: „Es gibt keine elendere Seele als mich. Ich erkenne mich wahrhaftig als solche und wundere mich, dass Gottes Majestät sich dermaßen herabneigt“ (TB 440).

145 Gaucher, S. 147; *Geschichte einer Seele*, S. 388

[146] *Geschichte einer Seele*, S. 209: „Sehr bald sah ich ein, je mehr man auf diesem Weg voranschreitet, umso mehr glaubt man sich vom Ziel entfernt. Darum finde ich mich jetzt damit ab, mich stets als unvollkommen zu erkennen, und schöpfe daraus meine Freude."

[147] *Geschichte einer Seele*, S. 388 (Hervorhebung v. mir)

[148] *Selbstbiographie*, S. 280-282

[149] *Briefe der heiligen Theresia von Lisieux*, Nr. 254, S. 371

[150] Die Spiritualität der Aufopferung unserer selbst zusammen mit Christus während des „Durch Ihn und mit Ihm und in Ihm … „dichtesten Augenblick der Heiligen Messe bietet uns auch eine Möglichkeit, unsere Gebete für andere zu vereinfachen. Ich glaube, dass wir bei der Aufopferung der Heiligen Messe die folgenden Worte der heiligen Theresia bestens verstehen können (besonders „Ziehe mich an dich, wir werden nachlaufen"), was offenbart, wie sie einen einfachen Weg fand, für andere Fürsprache zu halten:

> Seitdem ich zwei Brüder und die kleinen Novizinnen-Schwestern habe, habe ich nicht mehr genügend Zeit, um für jede Seele das, was sie nötig hat, ausdrücklich im Einzelnen im Gebet zu erbitten, und ich würde dabei sehr wahrscheinlich auch Wichtiges vergessen. Einfache Seelen brauchen keine komplizierten Mittel. Weil ich zu diesen Seelen gehöre, hat mir Jesus eines Morgens bei meiner Danksagung ein einfaches Mittel zur Erfüllung meiner Aufgabe in die Hand gegeben.
>
> Er ließ mich jenes Wort aus dem Hohelied verstehen: „ZIEHE MICH AN DICH, WIR WERDEN *dem Duft Deiner Wohlgerüche* NACHLAUFEN." Jesus, ich brauche also nicht einmal zu sprechen: *„Indem Du mich anziehst, ziehe auch die Seelen an, die ich liebe!"* Das einfache „Ziehe mich an Dich!" reicht aus. Herr, ich verstehe, wenn eine Seele sich „vom betörenden *Duft Deiner Wohlgerüche*" hat gefangennehmen lassen, dann kann sie nicht allein laufen. Alle Seelen, die sie liebt, werden in ihrem Gefolge mitgezogen. Das geschieht ohne Zwang und ohne Anstrengung; es ist vielmehr eine natürliche Folge ihres Angezogenseins von Dir. Wie ein Wildbach, der sich mit ungestümer Macht ins Meer stürzt, alles mit sich reißt, was er unterwegs angetroffen hat, so nimmt die Seele, die in das uferlose Meer Deiner Liebe eintaucht, mein Jesus, alle Schätze mit sich, die sie besitzt. … Herr, Du weißt, keine anderen Schätze habe ich als die Seelen, die Du mit

der meinen vereinen wolltest. Du selbst bist es, Der mir diese Schätze anvertraut hat (*Geschichte einer Seele*, S. 385f).

Für mehr Informationen über die Spiritualität der Aufopferung unserer selbst mit Christus an den Vater während der Heiligen Messe s. mein Buch *The „One Thing" Is Three: How the Most Holy Trinity Explains Everything*, Stockbridge, Marian Press 2012, S. 255-283.

151 Der französische Philosoph Blaise Pascal sagt, dass „die alleinige Ursache des Unglücks des Menschen ist, dass er nicht weiß, wie man in seinem eigenen Zimmer ruhig bleibt", aus: *Pensées*, London, Penguin Classics 1966, 136. Er erklärt auch: „Man findet nichts so unerträglich wie den Zustand völliger Ruhe ohne Beschäftigung, ohne Abwechslung …" (622)

152 Um ein kraftvolles Beispiel für dieses Gefühl zu haben, s. das You Tube-Video von Johnny Cashs Interpretation von „Schmerz" von Nine Inch Nails.

153 Theresia glaubte, sie könne nur „kleine Dinge" für Gott tun. Sie schreibt:

Ich fasste den Entschluss, mich nun erst recht einem ernsthaften und abgetöteten Leben zu widmen. Wenn ich dabei von abgetötet spreche, so nicht, um den Eindruck zu erwecken, ich hätte Bußübungen auf mich genommen. Leider habe ich nie auch nur eine einzige verrichtet. Weit davon entfernt, den schönen Seelen zu gleichen, die seit ihrer Kindheit jegliche Art von Abtötungen praktizierten, habe ich niemals eine Neigung dazu verspürt. Das kam sicher von meiner Feigheit, denn wie Céline hätte ja auch ich tausend kleine Ideen für ein freiwilliges Leiden entwickeln können. Stattdessen habe ich mich immer in Watte packen und vollstopfen lassen wie ein kleiner Vogel, der Bußübungen nicht nötig hat. … Meine Abtötungen bestanden darin, meinen Willen zu brechen, der stets bereit war, das Zepter in die Hand zu nehmen, weiterhin darin, ein Widerwort zurückzuhalten, kleine Dienste zu erweisen, ohne Beachtung dafür zu suchen, beim Sitzen den Rücken nicht anzulehnen usw. usw. … (*Geschichte einer Seele*, S. 197).

Kein anderes Mittel habe ich, Dir meine Liebe zu beweisen, … mir kein einziges kleines Opfer entgehen zu lassen … und sie aus Liebe zu tun (*ebd.*, S. 307).

… Sie merken, ich bin eine sehr kleine Seele, die dem lieben Gott nur sehr kleine Dinge anbieten kann … (*ebd.*, S. 381).

154 Ahern, S. 52, auf Deutsch: Briefe der heiligen Theresia von Lisieux, Nr. 110, S. 146

155 Tatsächlich will gemäß dem Zeugnis der heiligen Faustyna der Herr in dieser großen Zeit der Barmherzigkeit uns zu Heiligen machen, nicht nur um die Welt zu retten, sondern auch *um die Welt auf Seine endgültige Wiederkunft vorzubereiten.* Sie gibt Folgendes in ihrem *Tagebuch* wieder:

> Als ich Gottes Absichten mir gegenüber spürte, war ich über ihre Größe erschrocken. Ich fühlte mich ganz unfähig, sie zu erfüllen. So fing ich an, jedes innere Gespräch mit Ihm zu meiden. In dieser Zeit betete ich lediglich mit dem Mund. Ich tat dies aus Demut; doch bald musste ich erkennen, dass es keine echte Demut war, sondern eine große Versuchung des Satans. Als ich einmal statt innigen Gebetes ein geistliches Buch zu lesen begann, hörte ich in meiner Seele eindeutig und klar die Worte: „*Du wirst die Welt auf Meine endgültige Wiederkunft vorbereiten.*" Diese Worte durchdrangen mich zutiefst, obwohl ich tat, als hätte ich sie nicht gehört, doch ich verstand sie wohl und hegte hierzu keinerlei Zweifel (TB 429).

Es gibt einige andere Abschnitte wie diese im *Tagebuch* der heiligen Faustyna (s. 635, 848, 965, 1160, 1588, 1146). Natürlich bedeuten solche Abschnitte nicht, dass wir den Tag oder die Stunde des Kommens des Herrn wissen, aber sie geben ein größeres Gespür für die Eindringlichkeit der gegenwärtigen Zeit der Barmherzigkeit. Um mehr darüber zu erfahren, s. Anhang I von *The Second Greatest Story Ever Told:* „bezüglich der endgültigen Wiederkunft des Herrn".

Es ist hier interessant zu bemerken, dass Papst Johannes Paul II. ausdrücklich dieses Thema der Vorbereitung der Welt auf die endgültige Wiederkunft des Herrn in Zusammenhang brachte mit der Weihe oder dem „Anvertrauen" an die Göttliche Barmherzigkeit. Ich sage das, denn während seiner Predigt bei der Einweihung des Heiligtums der Göttlichen Barmherzigkeit in Krakau-Łagiewniki (Polen) am 17. August 2002, vertraute der Papst die ganze Welt der Göttlichen Barmherzigkeit an und fügte einen Abschnitt aus dem Tagebuch der heiligen Faustyna an, der von der endgültigen Wiederkunft des Herrn spricht:

> In diesem Heiligtum möchte ich daher heute die Welt feierlich

der Barmherzigkeit Gottes weihen mit dem innigen Wunsch, dass die Botschaft von der erbarmenden Liebe Gottes, die hier durch Schwester Faustyna verkündet wurde, alle Menschen der Erde erreichen und ihre Herzen mit Hoffnung erfüllen möge. Jene Botschaft möge, von diesem Ort ausgehend, überall in unserer geliebten Heimat und in der Welt Verbreitung finden. Möge sich die Verheißung des Herrn Jesus Christus erfüllen: Von hier wird „ein Funke hervorgehen, der die Welt auf Mein endgültiges Kommen vorbereitet" (TB 1732).

Diesen Funken der Gnade Gottes müssen wir entfachen und dieses Feuer des Erbarmens an die Welt weitergeben. Im Erbarmen Gottes wird die Welt Frieden und der Mensch Glückseligkeit finden!

[156] Georgina Molyneux, *Curé d'Ars: A Memoir of Jean-Baptiste-Marie Vianney*, London, Richard Bentley 1869, S. 157

[157] s Anm. 3

[158] In seiner Enzyklika der Göttlichen Barmherzigkeit, *Dives in misericordia*, sprach Papst Johannes Paul II. über die Wichtigkeit eines Aufschreies zu Gott um Barmherzigkeit in unserer Zeit. In der Tat, das ganze letzte Kapitel der Enzyklika ist eine nachhaltige Lehre über die Wichtigkeit „mit lautem Schreien" den Gott des Erbarmens anzurufen (15). Der Papst sagt, dass dieses „laute Schreien" gerade die Kirche unserer Zeit kennzeichnen muss; „sie muss Gott anrufen um Sein Erbarmen" (15).

[159] Der folgende Abschnitt aus dem *Tagebuch* der heiligen Faustyna vermittelt das Original des Rosenkranzes zur Göttlichen Barmherzigkeit und offenbart seine Kraft:

> Am Abend erblickte ich in meiner Zelle einen Engel, den Vollstrecker von Gottes Zorn. Er trug ein helles Gewand, sein Antlitz leuchtete. Unter seinen Füßen war eine Wolke, aus der Donner und Blitze hervorgingen in seine Hände, und erst aus seiner Hand heraus berührten sie die Erde. Als ich das Zeichen von Gottes Zorn sah, das die Erde treffen sollte, besonders aber eine bestimmte Stelle, die ich aus triftigen Gründen nicht nennen kann, bat ich den Engel, eine bestimmte Zeit innezuhalten und die Welt wird Buße tun. Meine Bitte war aber nichts angesichts des Göttlichen Zornes. Da erblickte ich die Heiligste Dreifaltigkeit. Die Größe Ihrer Herrlichkeit durchdrang mich bis ins Innerste und

> ich wagte nicht, meine Bitte zu wiederholen. Im gleichen Augenblick fühlte ich in meiner Seele die Macht der Gnade Jesu, die in meiner Seele wohnt. Als mir diese Gnade bewusst geworden war, wurde ich augenblicklich vor den Thron Gottes entrückt. O wie groß ist unser Herr und Gott und wie unbegreiflich ist Seine Heiligkeit! Ich will mich nicht hinreißen lassen, Seine Größe zu beschreiben, denn bald werden wir Ihn alle sehen, wie Er ist. Ich begann, Gott für die Welt zu bitten, mit innerlich vernommenen Worten.
> Als ich so betete, sah ich die Ohnmacht des Engels, der die gerechte Strafe, die für die Sünden fällig war, nicht mehr ausüben konnte. Ich hatte noch niemals mit einer solchen inneren Macht gebetet wie damals (TB 474f).

Die Worte, welche die heilige Faustyna „innerlich vernahm", waren das Gebet des Rosenkranzes zur Göttlichen Barmherzigkeit, der wie folgt gebetet wird:

1. **Machen Sie ein Kreuzzeichen**

2. **Wahlweise ein Eröffnungsgebet**
   Du bist gestorben, Jesus, aber für die Seelen entsprang eine Quelle des Lebens. Für die ganze Welt öffnete sich ein Meer der Barmherzigkeit. O Born des Lebens, unergründliche Barmherzigkeit Gottes, beherrsche die ganze Welt und ergieße Dich über uns (TB 1319).
   O Blut und Wasser, aus dem Herzen JESU als Quelle der Barmherzigkeit für uns entströmt – ich vertraue auf Dich. (TB 187)

3. **Vaterunser**

4. **Gegrüßet seist du, Maria**

5. **Apostolisches Glaubensbekenntnis**

6. **Ewiger Vater**
   Ewiger Vater, ich opfere Dir auf, den Leib und das Blut, die Seele und die Gottheit Deines über alles geliebten Sohnes, unseres Herrn JE-

SUS CHRISTUS, zur Sühne für unsere Sünden und die Sünden der ganzen Welt.

7. Auf den kleinen Perlen jedes Gesätzes

Durch Sein schmerzhaftes Leiden, habe Erbarmen mit uns und mit der ganzen Welt.

8. Wiederholen Sie auf den verbleibenden vier Gesätzen

Sprechen Sie das „Ewiger Vater“ (6) auf der „Vaterunser“-Perle und dann zehn Mal „Durch sein schmerzhaftes Leiden“ (7) auf den folgenden „Gegrüßet seist du Maria“-Perlen.

9. Abschluss mit Heiliger Gott

(Wiederholen Sie drei Mal) Heiliger Gott, heiliger starker Gott, heiliger unsterblicher Gott, habe Erbarmen mit uns und mit der ganzen Welt.

10. Wahlweise ein Abschlussgebet

O ewiger Gott, Dessen Barmherzigkeit unergründlich und Dessen Schatz des Erbarmens unerschöpflich ist, schau gnädig auf uns und vermehre in uns Deine Barmherzigkeit, damit wir in schweren Zeiten nicht verzweifeln und mutlos werden, sondern uns mit großem Vertrauen Deinem heiligen Willen ergeben, der die Liebe und das Erbarmen Selber ist. Amen.

160 Über die Macht kleiner Seelen, die Welt zu retten, erklärte Jesus der heiligen Faustyna: „Deinetwegen gebiete Ich Einhalt der strafenden Hand, deinetwegen segne ich den ganzen Erdkreis“ (TB 431). Faustyna teilte auch die folgende Erfahrung mit, die sie im Gebet gemacht hatte: „Ich nutzte die Vertrautheit, die mir der Herr gewährt, und bat Ihn für die ganze Welt. In solchen Augenblicken habe ich den Eindruck, dass die ganze Welt von mir abhängig ist“ (TB 870). Und ebenso:

> Der Herr zeigte mir während eines Augenblicks die Sünden der ganzen Welt, die an diesem Tag begangen worden waren. Vor Entsetzen fiel ich in Ohnmacht, und obwohl ich die ganze Tiefe der Barmherzigkeit Gottes kenne, wunderte ich mich, dass Gott die Existenz der Menschheit zulässt. Und der Herr gab mir zu

erkennen, wer die Existenz der Menschheit aufrechterhält: Das sind die auserwählten Seelen (TB 926).

[161] *Geschichte einer Seele*, S. 348

[162] Ebd., S. 345

[163] Für eine vollständigere Erklärung der Bewegung zwischen Trost und Trostlosigkeit und wie man glaubenserfüllt und voll Freude bleibt, s. „The Rules for the Discernment of Spirits for Little Souls“ in Anhang I von *Consoling the Heart of Jesus: A Do-It-Yourself Retreat Inspired by the Spiritual Exercises of St. Ignatius of Loyola,* Stockbridge, Marian Press 2010.

[164] Gaucher, S. 94, auf Deutsch: *Geschichte einer Seele*, Johannes-Verl., Leutesdorf, S. 246f

[165] *Geschichte einer Seele*, Johannes-Verl., Leutesdorf, S. 245

[166] Gaucher, S. 191, auf Deutsch: *Ich gehe ins Leben ein*, S. 110

[167] Papst Johannes Paul II.: *Theotókos: Woman, Mother, Disciple,* Boston, Pauline Books and Media 2000, S. 38

[168] KKK 399

[169] TB 367

[170] TB 86

[171] Johannes vom Kreuz, *The Living Flame of Love*, Kommentar zu Strophe 1, Zeile 6 (Gaucher, S. 221)

[172] Van Dijk, Anhang IV

[173] *Geschichte einer Seele,* S. 390

[174] *Briefe der heiligen Theresia von Lisieux*, Nr. 197, S. 303

[175] Die letzte Klausel „und auf jene der Seligen Mutter“ ist besonders angemessen für jene, die sich ganz Jesus durch Maria geweiht haben. Wenn Sie bisher noch keine marianische Weihe abgelegt haben, können Sie trotzdem diese Klausel einfügen. Erwägen Sie jedoch bitte, sich bald Jesus durch Maria zu weihen.

[176] Bezüglich der Klausel „durch die Hände meiner Unbefleckten Mutter Maria“ s. Anm. 175

[177] Ahern, S. 84

[178] Für das Beten in der Gruppe schlage ich das Gebet der Weihe an die barmherzige Liebe vor.

[179] *Geschichte einer Seele*, S. 229

[180] Ebd.

[181] *Geschichte einer Seele*, S. 211

[182] Noch einmal: Für das Beten in der Gruppe schlage ich das Gebet der

Weihe an die barmherzige Liebe vor.

183 *Selbstbiographie*, S. 280-282

184 s. Pastorale Konstitution über die Kirche in der Welt von heute, *Gaudium et spes* (7.12.1965) und die Erklärung über die Religionsfreiheit *Dignitatis humanae* (7.12.1965) des Zweiten Vatikanischen Konzils

185 *Geschichte einer Seele,* S. 38

186 Ebd., S. 38f

187 Theresia Martin, *Ich gehe ins Leben ein. Letzte Gespräche der Heiligen von Lisieux*, Seite 152

188 *Geschichte einer Seele*, S. 228f

189 Auf Deutsch gibt es verschiedene Übersetzungen der *Geschichte einer Seele*. Die Übersetzerin hat sich für die Herder-Ausg., Freiburg u.a. von Andreas Wollbold entschieden.

190 TB 611. 651

191 Zu diesen Gnaden, verbunden mit dem Bild der Göttlichen Barmherzigkeit, s. die folgenden Worte Jesu zur heiligen Faustyna, die in ihrem *Tagebuch* aufgezeichnet sind:

> Ich verspreche, dass jene Seele, die dieses Bild verehrt, nicht verlorengeht. Ich verspreche auch, hier schon auf Erden, den Sieg über Feinde, besonders in der Stunde des Todes. Ich selbst werde sie verteidigen wie meine Ehre (TB 48).
>
> Ich überreiche den Menschen ein Gefäß, mit dem sie zur Quelle der Barmherzigkeit um Gnaden kommen sollen. Das Gefäß ist dieses Bild mit der Unterschrift: „Jesus, ich vertraue auf Dich" (TB 327).
>
> Durch das Bild werde Ich den Seelen viele Gnaden erteilen, deshalb soll jede Seele Zugang zu ihm haben (TB 570).
>
> Erlaube den Strahlen der Gnade, in die Seele einzudringen; sie bringen Licht, Wärme und Leben (TB 1486).

192 Über das Bild der Göttlichen Barmherzigkeit sagt Jesus der heiligen Faustyna: „Nicht in der Schönheit der Farben oder des Pinselstrichs liegt die Größe dieses Bildes, sondern in Meiner Gnade" (TB 313).

193 Ahern, S. 84

194 Während der Gedanke den Menschen manchmal Schwierigkeiten bereitet, dass wir Jesus, das Haupt des mystischen Leibes, trösten können, ist der Gedanke, dass wir Jesus in den Gliedern Seines Leibes trösten können, gewöhnlich kein Problem. Folgendermaßen wird es oft erklärt:

Wir können Jesus trösten indem wir den Gliedern Seines Leibes Trost gewähren. Mit anderen Worten, wir trösten Jesus, indem wir einander trösten, weil wir alle Glieder des mystischen Leibes Christi sind (1 Kor 12,12-27). Wir trösten Jesus, wenn wir die Leiden der Armen, Kranken und Einsamen lindern, weil sie wirklich Christus für uns sind. Der Herr Jesus sagt uns dies Selbst in der Heiligen Schrift: „Was ihr für einen Meiner geringsten Brüder getan habt, das habt ihr Mir getan" (Mt 25,40).

195 *Consoling the Heart of Jesus*, S. 46-59

196 TB 244

197 Ebd., 1120

198 KKK 467

199 Die sorgfältige Abhandlung der Geheimnisse des Herzens Jesu in den Heiligen Schriften von Timothy O'Donnell STD, in: *Heart of the Redeemer: An Apologia for the Contemporary and Perennial Value of the Devotion to the Sacred Heart of Jesus*, (San Francisco: Ignatius Press, 1989), S. 23-53

200 KKK 478

201 Die heilige Mutter Teresa von Kalkutta, deren zentrales Verlangen es war, den Durst Jesu zu löschen und Sein Herz zu trösten, drückt diesen Gedanken am besten in ihrem „Mich dürstet"-Brief aus, den Sie in: *33 Days to Morning Glory*, S. 70f finden können (auf Deutsch im Internet: https://www.horeb.org/fileadmin/downloads/Testament-mutter-teresa.pdf). S. auch ebd., S. 81-83, um darüber mehr zu lernen, wie sie die Spiritualität des „Jesus trösten" lebte.

202 Papst Pius XI. benutzte die Terminologie „Trösten" in seiner Enzyklika *Miserentissimus redemptor*, als er beschrieb, wie wir dem Heiligsten Herzen Jesu Sühne leisten:

> Unsere Sünden lagen in der Zukunft, waren aber *vorausgesehen*; auch ihretwegen wurde Christi Seele todtraurig. Unsere Sühne *sah er gleichfalls voraus*; wer dürfte zweifeln, dass er auch aus ihr sich etwas Trost holte, schon damals, als vom Himmel ihm ein Engel erschien (Lk 22,43), um sein von Ekel und Angst gepeinigtes Herz zu trösten? Tatsächlich *können und sollen wir so sein Heiliges Herz, das von Sünden des Undanks immerfort verwundet wird, auch jetzt wundersam und doch wahrhaftig trösten*. Wie wir auch in der heiligen Liturgie lesen, klagt ja Christus darüber, dass seine Freunde ihn verlassen haben, mit den Worten des Psalmis-

ten: Schmach bricht mir das Herz und Jammer; ich hoffe auf Mitleid, aber vergebens; auf Tröster, und finde keinen (Ps 68,2) (Hervorhebungen v. mir).

203 *Enzyklika Dives in misericordia*, 7-8

204 KKK 1085. S. das vollständige Zitat, das sich auf das Pascha-Mysterium bezieht, was aber zu tun hat mit „allem, was Christus tat“:

> Dieses tatsächliche Ereignis, welches sich in unserer Geschichte ereignet hat, ist ganz und gar einmalig: Alle anderen Ereignisse geschehen einmal, dann gehen sie vorüber, versinken in der Vergangenheit. Das Pascha-Mysterium Christi hingegen kann nicht in der Vergangenheit bleiben, denn durch Seinen Tod hat er den Tod besiegt. Alles, was Christus ist, und alles, was Er für alle Menschen getan und gelitten hat, nimmt an der Ewigkeit Gottes teil, steht somit über allen Zeiten und wird ihnen gegenwärtig. Das Ereignis des Kreuzes und der Auferstehung ist etwas Bleibendes und zieht alles zum Leben hin.

Für eine in die Tiefe gehende Erklärung, wie wir durch den Glauben „in Kontakt kommen“ mit diesem bleibenden Geheimnis des Lebens Christi (was erklären hilft, wie wir Jesus trösten können, wenn er „glücklich im Himmel ist“), s. *The One Thing Is Three*, S. 76-81.

205 KKK 478

206 Aristoteles, Nikomachische Ethik, 1158b (VIII, 8), s. http://gutenberg.spiegel.de/buch/nikomachische-ethik-2361/107

207 George Weigel, *Zeuge der Hoffnung. Johannes Paul II., eine Biographie*, Schöningh, S. 106

208 Ebd.

209 Nach Papst Johannes Paul II. in seiner Enzyklika *Dives in misericordia* ist Barmherzigkeit eine „gegenseitige“ Wirklichkeit, eine Zwei-Bahn-Straße (14). Mit anderen Worten, Barmherzigkeit kann nicht von einem hohen Sockel ausgeteilt werden. Erstaunlicherweise *erlaubt Gott in Christus Jesus, dieses Prinzip anzuwenden auf Sein Verhältnis zu uns*. Wir sind barmherzig mit Jesus, indem wir Ihm erlauben, barmherzig mit uns zu sein. Es ist, als ob Jesus zu uns sagen würde: „Würdest du bitte barmherzig mit Meinem Herzen sein, indem du dich von Mir retten lässt, dich lieben lässt und dich glücklich machen lässt?“ Hier ist das vollständige Zitat von Johannes Paul II. über Barmherzigkeit als eine „gegenseitige“ Wirklichkeit (die immer für Gott gilt, indem Er in Christus barmherzig mit uns ist):

Dieses Vorbild ins Auge fassend, müssen wir auch ständig all jene Handlungen und Absichten läutern, in denen wir das Erbarmen nur in einer Richtung, nur als Wohltat für den anderen auffassen und üben, während ein echter Akt erbarmender Liebe die Überzeugung in uns voraussetzt, dass wir zugleich von denen Erbarmen empfangen, denen wir es erweisen. Fehlt diese Gegenseitigkeit, dann sind weder unsere Handlungen echte Akte des Erbarmens, noch hat sich in uns die Bekehrung restlos vollzogen, deren Weg uns Christus mit Seinem Wort und Beispiel bis zum Kreuz gewiesen hat, noch haben wir schon vollen Anteil an dem wunderbaren Quell der erbarmenden Liebe, den Er uns erschlossen hat (14).

210 TB 761

211 *Summa Theologica*, III, q. 80, a. 2, s.c. und ad 3 (d.h. Teil 3 der *Summa Theologica*, Frage 80, Artikel 2, beides, die Hauptantwort und die Antwort zu Objekt 3. S. auch http://www.unifr.ch/bkv/summa/kapitel786-2.htm:

Ich antworte … Wird Christus aber als unter den sakramentalen Gestalten bestehend angesehen, soweit man nämlich an Christum glaubt mit dem Verlangen, dieses Sakrament zu nehmen, so ist da Christus geistige Nahrung, aber inwiefern Er verhüllt ist unter den Gestalten des Sakramentes. Und so kommt es den Engeln nicht zu, dieses Sakrament als solches geistiger Weise zu empfangen.

Antwort auf Objekt III: Der Herr bleibt während des irdischen Lebens in den Menschen vermittelst des Glaubens.

212 S. Anm. 191

213 Während ich das Wort „Familie" benutze, hier im traditionellen Sinn, können andere Gruppen von Menschen, die zusammenleben (ohne im Stande der Sünde zu sein), auch diese Aufopferung machen. Es kann zum Beispiel eine Gruppe von Kolleg-Mitbewohnern die Aufopferung machen. Jedoch jemanden, der für sich allein lebt, möchte ich ermutigen, die individuelle Aufopferung an die barmherzige Liebe der heiligen Theresia von Lisieux zu machen. Eigentlich können Familienmitglieder auch die individuelle 33-Tage-Vorbereitung und die Weihe in Verbindung mit der Familien-Aufopferung und Inthronisierung machen. Ich möchte so eine Person auch ermutigen, dennoch die Inthronisierung des Bildes der Göttlichen Barm-

herzigkeit vorzunehmen.

214 Gottes Barmherzigkeit mit anderen zu teilen, ist der Schlüssel, um die Familien-Aufopferung an die barmherzige Liebe zu leben. Dies hebt die Wahrheit hervor, dass das Bitten um die abgelehnte Barmherzigkeit kein egoistischer Akt ist und dass es den anderen keine Gnaden wegnimmt. Wenn „Familie A" die Barmherzigkeit Gottes ablehnt und „Familie B" sie erhält und anderen Barmherzigkeit erweist, dann wird Familie B ein Licht für Familien, die Gottes Barmherzigkeit abgelehnt haben, wie die Familie A. In der Tat wird die barmherzige Liebe, die von Familie B zu Familie A fließt, in gewissem Sinne eine zweite Chance für Familie A, um Gottes Barmherzigkeit zu empfangen. Zusammengefasst: Wenn Familie A Gottes Barmherzigkeit ablehnt und Familie B sie erhält, dann hat Familie A eine zweite Chance, Barmherzigkeit zu erhalten durch die Barmherzigkeit, welche durch barmherzige Taten, Worte und Gebete der Familie B fließt.

[215] TB 723

[216] Ebd., 1074

[217] Ebd., 367

[218] Ebd., 454

[219] Ebd., 1017

[220] Ungeachtet des Tages, an dem diese Aufopferung das erste Mal gemacht wurde, ist es eine gute Idee, sie am Barmherzigkeitssonntag zu erneuern, der ein Tag der großen Gnade ist und das herausragende Fest für die Andacht zur Göttlichen Barmherzigkeit.

[221] S. Anm. 191

[222] TB 327

[223] Ebd., 570

[224] Ebd., 341

Fotos aus dem Leben der heiligen Theresia von Lisieux

1877.

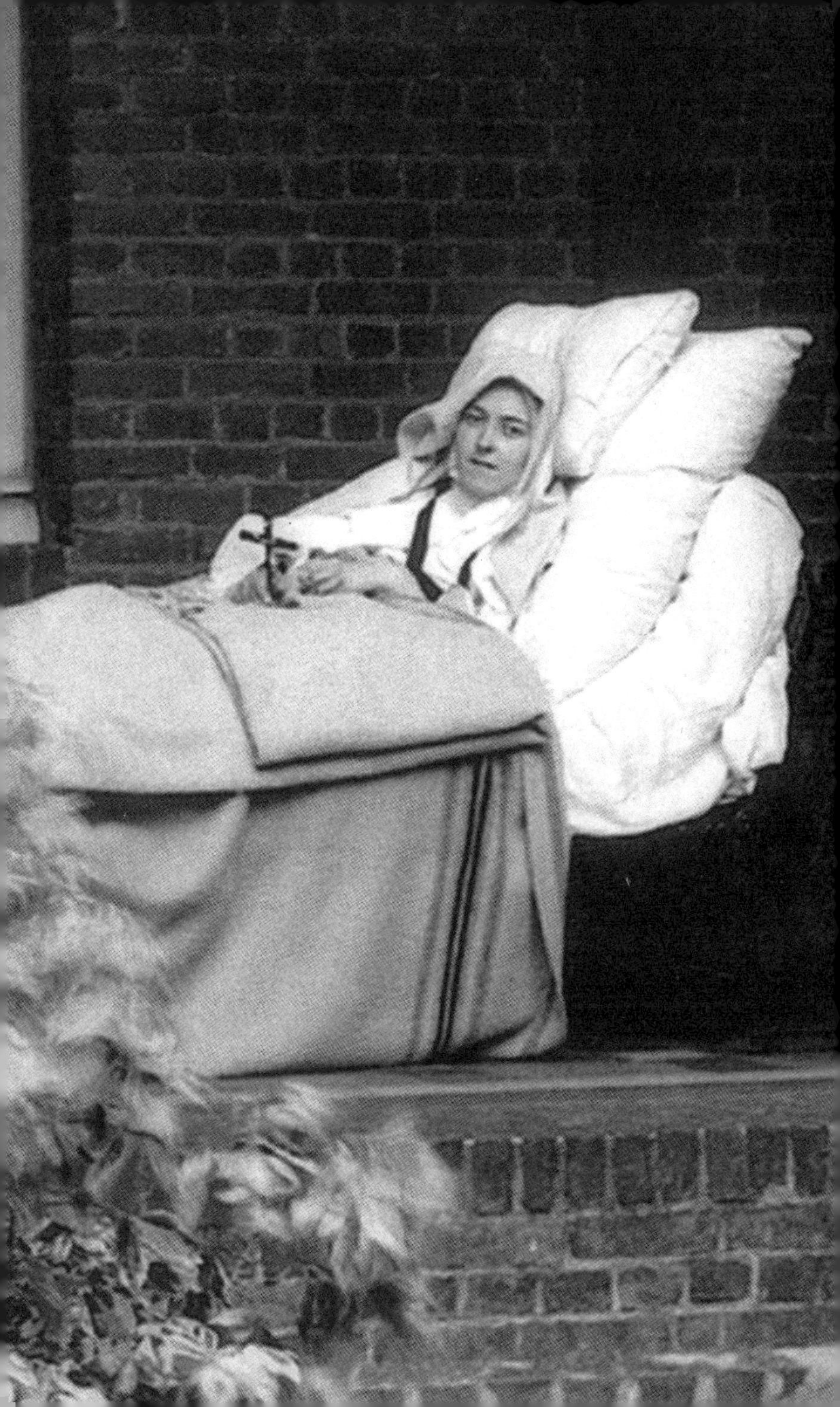

AU
DE CETTE
SEREZ
L'A